U0726518

大数据信息技术与新媒体发展

董庆强　罗益勇　张玉洁　著

吉林科学技术出版社

图书在版编目（CIP）数据

大数据信息技术与新媒体发展 / 董庆强，罗益勇，张玉洁著 . -- 长春 : 吉林科学技术出版社，2023.6
ISBN 978-7-5744-0611-7

Ⅰ . ①大… Ⅱ . ①董… ②罗… ③张… Ⅲ . ①信息技术—研究②传播媒介—发展—研究 Ⅳ . ① G202 ② G206.2

中国国家版本馆 CIP 数据核字 (2023) 第 130197 号

大数据信息技术与新媒体发展

著	董庆强　罗益勇　张玉洁	
出 版 人	宛　霞	
责任编辑	袁　芳	
封面设计	刘梦杏	
制　　版	刘梦杏	
幅面尺寸	185mm × 260mm	
开　　本	16	
字　　数	360 千字	
印　　张	19	
印　　数	1–1500 册	
版　　次	2023年6月第1版	
印　　次	2024年2月第1次印刷	

出　　版　吉林科学技术出版社
发　　行　吉林科学技术出版社
地　　址　长春市福祉大路5788号
邮　　编　130118
发行部电话/传真　0431-81629529 81629530 81629531
　　　　　　　　　　81629532 81629533 81629534
储运部电话　0431-86059116
编辑部电话　0431-81629518
印　　刷　三河市嵩川印刷有限公司

书　　号　ISBN 978-7-5744-0611-7
定　　价　113.00元

前 言 /PREFACE

　　自我国进入互联网时代以来，数据便作为一种副产品不断地产生与积累，其规模也在不断扩大。近年来，随着互联网平台的不断完善、云技术等相关技术的不断发展，数据逐渐呈现出指数增长的态势，由此展开了一场社会领域的数据革命，正是这场革命带领着我们进入大数据时代。在今天，数据已经成为一种重要的生产因素，渗透到各行各业中。与此同时，对数据的合理分析与运用也助推着行业的发展。

　　大数据有助于新媒体找准自身定位，提高竞争力。从事新媒体工作，绝大多数时间都要与数据打交道，而通过分析这些数据，便可对受众的基本情况有所了解。在分析某个公众号的粉丝数据时，就能够对粉丝的性别比、年龄分布、所处地域等情况有一个清楚的认知，通过分析内容数据，可以获取众多的信息，如阅读趋势等，这有助于新媒体了解受众，明确自身的定位，提升自己的竞争力，从而在众多的新媒体中脱颖而出。大数据还有助于新媒体更好地把握热点，获知民众当下关注的内容。当一个热点出来的时候，其往往能够在榜单中有所体现。在大数据时代，通过互联网等提供的数据平台，能够对民众相关的数据进行分析，从而最快地获知民众当下关注的内容。很多公众号善于抓热点，这与大数据不无关系，通过对海量数据的分析，新媒体内容的生产者与创作者能够尽可能快地对人们当前关注的内容了然于胸，从而更好地结合自身的定位创作出时效性更高、针对性更强、人们更乐于接受的作品。

　　本书参考了大量的相关文献资料，借鉴、引用了诸多专家、学者和教师的研究成果，得到了很多领导与同事的支持和帮助，在此深表谢意。由于能力有限，时间仓促，虽经多次修改，仍难免有不妥与遗漏之处，恳请专家和读者指正。

目 录 /CONTENTS

第一章　大数据理论

第一节　数据科学与生态环境

一、数据科学

数据科学是关于数据的科学，基于数据的广泛性和多样性研究数据的共性。数据科学是研究探索CYBER空间中数据界的理论、方法和技术。

（一）数据科学的相关术语

1.CYBER空间

CYBER空间意译为异次元空间、多维信息空间、计算机空间、网络空间等。其本意是指以计算机技术、现代通信网络技术、虚拟现实技术等信息技术的综合运用为基础，以知识和信息为内容的新型空间，是人类运用知识创造的人工世界，是一种用于知识交流的虚拟空间。信息化是一个数据生产的过程，是将现实世界中的事物和现象以数据的形式存储到CYBER空间中。数据记录了人类的行为，包括工作、生活和社会的发展，是自然和生命的一种表示形式。

2.数据爆炸

数据快速大量地产生并存储在CYBER空间中的现象称为数据爆炸，数据爆炸在CYBER空间中形成数据自然界。数据是CYBER空间中的唯一存在，需要研究和探索CYBER空间中数据的规律和现象。探索CYBER空间中数据的规律和现象是探索宇宙规律、探索生命规律、寻找人类行为规律、寻找社会发展规律的一种重要手段。

3.数据科学的定义

数据科学是关于数据的科学或者研究数据的科学，是探索CYBER空间中数据界奥秘的理论、方法和技术，研究的对象是数据界中的数据。与自然科学和社会科学不同，数据科学的研究对象是CYBER空间数据。数据科学主要包括两方面：一是研究数据本身，以科学的方法研究数据的各种类型、状态、属性及变化形式和变化规律；二是用数据的方法研究科学，为自然科学和社会科学研究提供一种新的方法，称为科学研究的数据方法，其目的在于揭示自然界和人类行为现象和规律。

4.数据科学的方法和技术

数据科学采用收集数据的形式，进行开放式分析，不做预先假定。在许多数据科学项目中，首先要浏览原始数据，形成一个假定，然后基于假定进行调查确认。数据科学是一门经验科学，直接基于数据进行科学处理。数据科学已经有一些方法和技术，如数据获取、数据存储与管理、数据安全、数据分析、可视化等。

数据科学不仅完成分析，而且涉及整个端到端的生命周期，数据系统本质上是用于研发真实世界理解模型的科学设备。这就表明必须深刻理解数据的来源、数据转换的适用性和准确性转换算法和过程之间的相互作用，以及数据存储机制。这个端到端概览的角色能够确保所有事物都能够正确执行，从而探索数据、创建并验证各项科学假设。

（二）数据科学的主要内容

数据科学的主要内容包括基础理论和数据预处理、数据计算、数据管理等。其中，基础理论包括概念、理论、方法、技术和工具等。数据科学的理论基础是统计学、机器学习、数据可视化及领域实务知识与经验等。数据科学学科的建立，需要完成知识结构、课程设置和专业设置等学科体系建设，探讨数据科学与自然科学和社会科学之间的关系，以及数据科学与计算机科学和信息科学之间的关系等。

1.基础理论

观察和逻辑推理是科学的基础，数据科学中主要采用观察方法与数据推理的理论和方法，包括数据的存在性、数据测度、时间、数据代数、数据分类、数据相似性与簇论等。

2.实验方法与逻辑推理方法

需要建立数据科学的实验方法，需要提出科学假说和建立理论体系，并通过这些实验方法和理论体系进行数据科学的研究，从而掌握数据的各种类型、状态、属性、变化形式和变化规律，揭示自然界和人类行为现象和规律。

3.领域数据学

广泛应用数据科学的理论和方法，开发出专门的理论、技术和方法，从而形成专门领域的数据科学，如脑数据学、行为数据学、生物数据学、气象数据学、金融数据学和地理数据学等。

4.数据资源的开发方法和技术

数据资源是重要的现代战略资源，具有巨大的价值，越来越凸显其重要性，是继石油、煤炭、矿产等传统资源之后的最重要的资源之一。人类的社会和经济都将依赖于数据资源，而石油、煤炭、矿产等传统资源的勘探、开采、运输、加工、产品销售等也都依赖于数据资源，离开了数据资源，将无法开展与完成这些工作。

其中，理论基础是在数据科学的边界之外。

（三）数据科学的研究过程与体系框架

1.数据科学的研究过程

（1）数据集获取与存储。常用的数据类型有表格、点集、时间序列、图像、视频、网页和网络数据等。获取的数据存储于数据库系统中。

（2）数据的预处理。通过数据抽取、清洗、去噪与标准化、约简和集成，获得达到一定质量要求的数据。

（3）数据分析与挖掘。以科学的方法进行数据分析，进而发现整体特性。数据分析的基本假设是观察到的数据都是基于某个模型产生，通过数据分析找出这个模型。数据分析的主要困难是数据维数高，为此，需要降低算法的复杂度和应用分布式计算。通过数据分析与挖掘，发现数据规律。

2.数据科学的构成

数据科学主要是计算机科学、数学与统计学知识以及行业经验的交集。

3.数据科学的体系框架

（1）从数据中获取信息与知识

数据科学的研究对象、研究目的与研究方法等不同于计算科学、信息科学。数据存于CYBER空间中，信息是自然界、人类社会及人类思维活动中存在和发生的现象，知识是人们在实践中所获得的认识和经验。数据可以作为信息和知识符号的表示或载体，但数据本身并不是信息或知识。数据科学研究的对象是数据，而不是信息，也不是知识。数据科学通过以科学的方法从数据中获取对自然、生命和行为的认识，进而获得重要信息与知识。

（2）通过认识与探索数据来认识自然和行为

自然科学研究自然现象和规律，认识的对象是整个自然界物质的各种类型、状态、属性及运动形式。行为科学研究自然和社会环境中人的行为以及低级动物的行为，已经确认的学科包括心理学、社会学、社会人类学等。数据科学支持自然科学和行为科学的研究。随着数据科学的进展，越来越多的科学研究可以直接针对数据进行，这将使人类通过数据研究科学，来认识与探索数据进而认识自然和行为。

人们生活在现实自然界和数据自然界两个世界中，人、社会和宇宙的历史将变为数据的历史。人类可以通过探索数据自然界来探索自然界，人类还需要探索数据自然界特有的现象和规律，这是数据科学的任务。可以期望与看出，目前的所有的科学研究领域都可能形成相应的数据科学。

数据科学的最终目的不仅是回答若干问题，还要生产数据产品。数据产品能够让其他人也利用上数据，并在此基础上进行数据分析。

（3）促进了科学与产业之间关系的发展

数据科学不仅将给科研和教学体制带来大幅度的变革，也会给科学与产业之间及科学与社会之间的关系带来大幅度的变革。信息时代，万物数化，许多学科已经和信息科技深度融合，形成新的研究领域，如生物信息学、天体信息学、数字地球、计算社会学等。一方面，用数据来研究科学与技术已经是科学研究的主要手段之一。另一方面，大量的、非结构化的数据，同样需要利用科学的手段进行研究。产业界在生产经营中积累了丰富的数据，学术界则有待于实践检验的模型和算法。数据科学为学术界和产业界的紧密衔接提供了纽带和桥梁，促进了产、学、研的深度融合与协作。

（四）数据科学、数据技术与数据工程

科学是对客观世界本质规律的探索与认识，其发展的主要形态是发现，主要手段是研究，主要成果是学术论文与专著。技术是科学与工程之间的桥梁。其发展的主要形态是发明，主要手段是研发，主要成果是专利，也包括论文和专著。工程是科学与技术的应用和归宿，是以创新思想对现实世界发展的新问题进行求解，其主要发展形态是综合集成，主要手段是设计、制造、应用与服务，主要成果是产品、作品、工程实现与产业。科学家的工作是发现，工程师的工作是创造。

1.数据科学

数据科学是对大数据世界的本质规律进行探索与认识，是基于计算机科学、统计学、信息系统等学科的理论，甚至发展出新的理论。它研究数据从产生与感知到分析与利用整个数据处理周期的本质规律，是一门新兴的学科。

2.数据技术

数据技术是数据科学与数据工程之间的桥梁，包括数据的采集与感知技术、数据的存储技术、数据的计算与分析技术、数据的可视化技术等。

3.数据工程

数据工程是数据科学与数据技术的应用，是以创新思想对现实世界的数据问题进行求解，利用工程的观点进行数据管理和分析以及开展系统的研发和应用，包括数据系统的设计、数据的应用、数据的服务等。

　　数据科学和工程可以作为支撑大数据研究与应用的交叉学科，其理论基础来自多个不同的学科领域，包括计算机科学、统计学、人工智能、信息系统、情报科学等。数据科学与工程学科的目的在于系统深入地探索大数据应用中遇到的各类科学问题、技术问题和工程实现问题，包括数据全生命周期管理、数据管理和分析技术及算法、数据系统基础设施建设，以及大数据应用实施和推广。因此，多学科交叉融合是数据科学与工程学科的一个特点。与传统计算机和软件工程等学科相比，数据科学与工程学科具备独特的学科基础和内涵。数据科学与工程学科的理论基础涉及统计分析、商务智能以及数据处理基础。

　　随着计算机应用数据科学逐渐从以计算为中心向以数据为中心迁移，使得数据科学与工程学科的内涵和外延更加宽泛。软件工程学科中的相关技术提供了数据分析处理的工具以及具体开发的范式。数据处理技术是数据研究领域的一种重要的研究方法，用于研究和发现数据本身的现象和规律。

（五）大数据问题

　　大数据是指传统数据处理应用软件不足以处理的大的或复杂的数据集。大数据表达理论方面主要包括大数据的处理周期、演化与传播规律，数据科学与社会学、经济学等之间的互动机制，以及大数据的结构与效能的规律性。在大数据计算理论方面主要研究大数据的表示以及大数据的计算模型及其复杂性；在大数据应用基础理论方面主要研究大数据与知识发现，大数据环境下的实验与验证方法以及大数据的安全与隐私。

　　大数据可分成大数据技术、大数据工程和大数据应用等领域。从解决问题角度出发，目前关注最多的是大数据技术和大数据应用。大数据工程指大数据的规划建设运营管理的系统工程。

　　大数据技术是指从数据采集、清洗、集成、挖掘和分析，进而从各种各样类型的巨量数据中快速获得有价值信息的全过程所使用的技术总称。

　　任何领域的研究要成为一门科学，一定是研究共性的问题。针对非常狭窄领域的某个具体问题，主要依靠该问题涉及的特殊条件和专门知识做数据挖掘，不大可能使大数据成为一门科学。数据科学的研究需要在一个领域发现的数据相互关系和规律具有可推广到其他领域的普适性。由于抽象出一个领域的共性往往需要较长的时间，所以提炼"数据界"的共性科学问题还需要一段时间的实践积累，还需要众多学者合力解决大数据带来的技术挑战问题。

　　在大数据人才的需求中，既需要优秀的数据科学家，也需要数据工程师这样的工程型人才，更需要大量高素质的能够创造性解决国民经济与社会发展实际问题的卓越应用型人才。

二、大数据的生态环境

大数据是人类活动的产物，来自人们改造客观世界的过程，是生产与生活在网络空间的投影。信息爆炸是对信息快速发展的一种逼真的描述，形容信息发展的速度如同爆炸一般席卷整个空间。20世纪40—50年代，信息爆炸主要指的是科学文献的快速增长；到90年代，由于计算机和通信技术广泛应用，信息爆炸主要指的是所有社会信息快速增长，包括正式交流过程和非正式交流过程所产生的电子式的和非电子式的信息；21世纪，信息爆炸是由于数据洪流的产生和发展造成的。在技术方面，新型的硬件与数据中心、分布式计算、云计算、高性能计算、大容量数据存储与处理技术、社会化网络、移动终端设备、多样化的数据采集方式使大数据的产生和记录成为可能。在用户方面，日益人性化的用户界面、信息行为模式等都容易作为数据量化而被记录，用户既可以成为数据的制造者，也可以成为数据的使用者。可以看出，随着云计算、物联网计算和移动计算的发展，世界上所产生的新数据，包括位置、状态、思考、过程和行动等数据都能够汇入数据洪流。互联网的广泛应用，尤其是"互联网+"的出现，促进了数据洪流的发展。归纳起来，大数据主要来自互联网世界与物理世界。

（一）互联网世界

大数据是计算机和互联网相结合的产物，计算机实现了数据的数字化，互联网实现了数据的网络化，两者结合起来之后，赋予了大数据强大的生命力。随着互联网如同空气、水、电一样渗透人们的工作和生活，以及移动互联网、物联网、可穿戴联网设备的普及，新的数据正在以指数级的加速度产生，目前世界上90%的数据是互联网出现之后迅速产生的。来自互联网的网络大数据是指"人、机、物"三元世界在网络空间中交互、融合所产生并在互联网上可获得的大数据，网络大数据的规模和复杂度的增长超出了硬件能力增长的摩尔定律。

大数据来自人类社会，互联网的发展为数据的存储、传输与应用创造了基础与环境。依据基于唯象假设的六度分割理论而建立的社交网络服务，以认识朋友的朋友为基础，扩展自己的人脉。基于Web 2.0交互网站建立的社交网络，用户既是网站信息的使用者，也是网站信息的制作者。社交网站记录人们之间的交互，搜索引擎记录人们的搜索行为和搜索结果，电子商务网站记录人们购买商品的喜好，微博网站记录人们所产生的即时的想法和意见，图片视频分享网站记录人们的视觉观察，百科全书网站记录人们对抽象概念的认识，幻灯片分享网站记录人们的各种正式和非正式的演讲发言，机构知识库和开放获取期刊记录学术研究成果等。归纳起来，来自互联网的数据可以划分为下述几种类型：视频、图片与照片、音频、日志、网页等。

（二）物理世界

来自物理世界的大数据又称科学大数据。科学大数据主要是指来自大型国际实验，以及跨实验室、单一实验室或个人观察实验所得到的科学实验数据或传感数据。最早提出大数据概念的学科是天文学和基因学，这两个学科从诞生之日起就依赖于海量数据的分析方法。由于科学实验是科技人员设计的，数据采集和数据处理也是事先设计，所以不管是检索还是模式识别，都有科学规律可循。例如希格斯粒子（又称上帝粒子）的寻找，采用了大型强子对撞机实验。这是一个典型的基于大数据的科学实验，至少要在1万亿个事例中才可能找出一个希格斯粒子。从这一实验可以看出，科学实验的大数据处理是整个实验的一个预订步骤，这是一个有规律的设计，发现有价值的信息可在预料之中。大型强子对撞机每秒生成数据量约为1 PB。建设中的下一代巨型射电望远镜阵每天生成的数据约为1 EB。波音发动机上的传感器每小时产生20 TB左右的数据。

随着科研人员获取数据方法与手段的变化，科研活动产生的数据量激增，科学研究已成为数据密集型活动。科研数据因其数据规模大、类型复杂多样、分析处理方法复杂等特征，已成为大数据的一个典型代表。大数据所带来的新的科学研究方法反映了未来科学的行为研究方式，数据密集型科学研究将成为科学研究的普遍范式。

利用互联网可以将所有的科学大数据与文献联系在一起，创建一个文献与数据能够交互操作的系统，即在线科学数据系统。

对于在线科学数据，由于各个领域互相交叉，所以不可避免地需要使用其他领域的数据。利用互联网能够将所有文献与数据集成在一起，可以实现从文献计算到数据。这样可以提高科技信息的速度，进而大幅度地提高生产力。也就是说，在阅读某人的论文时，可以查看原始数据，甚至可以重新分析，也可以在查看某一些数据时查看所有关于这一数据的文献。

第二节　大数据概念与性质

一、大数据的概念

大数据是指数据规模大，尤其是由于数据形式多样性、非结构化特征明显，导致数据存储、处理和挖掘异常困难的那类数据集。大数据增长快速，种类繁多，如文本、图像和视频等。大数据处理包含数千万个文档、数百万张照片或者工程设计图的数据集，如何快速访问数据成为核心挑战。无法用常规的软件工具捕捉与处理。

通常将大数据的特点归纳为5个V：Volume（数据容量）、Variety（数据类型）、Value（价值密度）、Velocity（速度）、Veracity（真实性）。

（一）数据容量

一般说来，超大规模数据是处在GB级的数据，海量数据是指TB级的数据，而大数据则是指PB级及其以上的数据。可以想象，随着存储设备容量的增大，存储数据量的增多，大数据的容量指标是动态增加的，也就是说还会增大。下一代计算机存储单位还会出现BrontoByte、GegoByte等存储单位。

（二）数据类型

Variety代表数据种类繁多，由于大数据主要来源互联网，所以大数据包含多种数据类型。例如，各种声音和电影文件、图像、文档、地理定位数据、网络日志、文本字符串文件、元数据、网页、电子邮件、社交媒体供稿、表格数据等。其中，视频、图片和照片日志为非结构化数据，网页为半结构化数据。

（三）价值密度

Value代表价值密度。通过对大数据获取、存储、抽取、清洗、集成、挖掘与分析来获得价值。大数据价值密度低，大概80%甚至90%的数据都是无效数据。以视频为例，连续不间断监控过程中，可能有用的数据仅仅有一两秒，难以进行预测分析、运营智能、决策支持等计算。通常利用价值密度比来描述这一特点，价值密度的高低与数据总量大小成反比，总量越大，无效冗余的数据越多。随着物联网的广泛应用，信息感知无处不在，信息海量，如何通过强大的计算机算法迅速地完成数据的价值提纯，是亟待解决的难题。

（四）速度

Velocity代表大数据产生的速度快、变化的速度快。Facebook每天产生25亿个以上条目，每天增加数据超过500TB，这样的变化率产生的数据需要快速处理，进而创造出价值。传统技术不能完成大数据高速存储、管理和使用，因此需要研究新的方法与技术。如果数据创建和聚合速度非常快，就必须使用迅速的方式来揭示其相关的模式和问题。发现问题的速度越快，越有利于从大数据分析中获得更多的机会与结果。

（五）真实性

Viracity代表数据真实性。真实性是指数据是所标识的数据，而不是假冒的。准确性是真实性的描述，不真实的数据需要进行清洗、集成和整合，获得高质量的数据，再进行分析。也就是说，采集来的大数据不能保证完全真实，但是，大数据分析需要真实的数据。越真实的数据，数据质量越高，分析的效果越好。

二、大数据的性质

从大数据的定义中可以看出，大数据具有规模大、种类多、速度快、价值密度低和真实性差等特点，在数据增长、分布和处理等方面具有更多复杂的性质。

（一）非结构性

结构化数据是可以在结构数据库中存储与管理，并可用二维表来表达实现的数据。这类数据先定义结构，然后才有数据。结构化数据在大数据中所占比例较小，只占15%左右，现已得到广泛应用。当前的数据库系统以关系数据库系统为主导，例如银行财务系统、股票与证券系统、信用卡系统等。

非结构化数据是指在获得数据之前无法预知其结构的数据。目前所获得的数据85%以上是非结构化数据，而不再是纯粹的结构化数据。

传统的系统无法处理这些数据，从应用角度来看，非结构化数据的计算是计算机科学的前沿。大数据的高度异构也导致抽取语义信息的困难。如何将数据组织成为合理的结构是大数据管理中的一个重要问题。

半结构化数据具有一定的结构。这样的数据与结构化数据、非结构化数据都不一样，半结构化数据是结构变化很大的结构化的数据。因为需要了解数据的细节，所以不能将数据简单地组织成一个文件按照非结构化数据处理；由于结构变化很大，所以也不能够简单地建立一个表和它对应。

例如，存储员工的简历。不像员工基本信息那样一致，每个员工的简历大不相同。有的员工的简历很简单，如只包括教育情况；有的员工的简历却很复杂，如包括工作情况、婚姻情况、出入境情况、户口迁移情况、技术技能等；还有可能有一些没有预料的信息。通常要完整地保存这些信息并不是很容易，因为不希望系统中表的结构在系统运行期间进行变更。

大数据激励了大量研究问题出现。非结构化和半结构化数据的个体表现、一般性特征和基本原理尚不清晰，需要通过包括数学、经济学、社会学、计算机科学和管理科学在内的多学科交叉研究。对于半结构化或非结构化数据，例如图像，需要研究如何将它转化成多维数据表、面向对象的数据模型或者直接基于图像的数据模型。大数据的每一种表示形式都仅呈现数据本身的一个侧面，而非其全貌。

由于现存的计算机科学与技术架构和路线已经无法高效处理大数据，如何将大数据转化成一个结构化的格式是一项重大挑战，如何将数据组织成合理的结构也是大数据管理中的一个重要问题。

（二）不完备性

数据的不完备性是指在大数据条件下所获取的数据常常包含一些不完整的信息和错误的数据，即脏数据。在数据分析阶段之前，需要进行抽取、清洗、集成，进而得到高质量的数据之后，再进行挖掘和分析。

（三）时效性

数据规模越大，分析处理时间就会越长，所以高速度进行大数据处理非常重要。如果设计一个专门处理固定大小数据量的数据系统，其处理速度可能会非常快，但并不能适应大数据的要求。因为在许多情况下，用户要求立即得到数据的分析结果，需要在处理速度与规模的折中考虑中寻求新的方法。

（四）安全性

大数据高度依赖数据存储与共享，必须考虑寻找更好的方法来消除各种隐患与漏洞，才能有效地管控安全风险。数据的隐私保护是大数据分析和处理的一个重要问题，对个人数据使用不当，尤其是有一定关联的多组数据泄露，将导致用户的隐私泄露。因此，大数据安全性问题是一个重要的研究方向。

（五）可靠性

可以通过数据清洗、去冗等技术来提取有价值的数据，实现数据质量高效管理，以及对数据的安全访问和隐私保护，这已成为大数据可靠性的关键需求。因此，针对互联网大规模真实运行数据的高效处理和持续服务需求，以及出现的数据异质异构、非结构乃至不可信的特征，数据的表示、处理和质量已经成为互联网环境中大数据管理和处理的重要问题。

三、大数据处理周期

大数据处理周期是指从数据采集、清洗、集成、挖掘和分析，进而从各种各样类型的巨量数据中快速获得有价值信息的过程。目前所说的大数据有双重含义，它不仅指数据本身的特点，而且包括采集数据的工具、平台和数据分析系统。大数据的研究目的是发展大数据技术并将其应用到相关领域，通过解决大数据处理问题实现突破性发展。因此，大数据带来的挑战不仅体现在如何处理大数据并从中获取有价值的信息，而且体现在如何加强大数据技术研发、抢占时代发展的前沿。

（一）大数据处理全过程

1.数据获取与存储管理

大数据的获取与存储管理是指利用各种数据库接收发自Web、App或者传感器等客户端的数据，并且用户可以通过这些数据库来进行简单的查询和处理工作。在大数据的获取过程中，其主要特点是并发率高、数据量巨大，因为可能有成千上万的用户同时访问和操作数据库系统。

2.数据抽取与清洗

虽然在数据获取端设置了大量的数据库系统，但是如果要对这些数据进行有效的分析，还是应该将这些来自前端的数据抽取到一个大型分布式数据库中，或者分布式存储集群中，并且可以在抽取基础上完成数据清洗等一系列预处理工作。也有一些用户在抽取时使用流式计算工具对数据进行流式计算，来满足部分业务的实时计算需求。大数据抽取、清洗与清洗过程的主要特点是抽取的数据量大，每秒钟的抽取数据量可达到百兆数量级，甚至千兆数量级。

3.数据约简与集成

数据约简技术是寻找依赖于发现目标数据的有用特征，以缩减数据规模，从而在尽可能保持数据原貌的前提下，最大限度地精简数据量。数据集成技术的任务是将相互关联的分布式异构数据源集成，使用户能够以完全透明的方式进行访问。在这里，集成需要维护数据源整体数据一致性，提高信息共享利用的效率。透明方式是指用户不必关心如何访问异构数据源，只关心用何种方式访问何种数据库即可。

前三步称为预处理过程，通过预处理过程，可以获得高质量的低冗余大数据，进而为分析与挖掘奠定基础。预处理过程涉及的技术与工具环境较多，工作量巨大，一般来说，预处理过程可能占到全过程70%左右的工作量。

4.数据分析与挖掘

可以利用分布式计算集群来对存储其内的大数据进行分析，以满足大多数常见的分析需求。分析方法主要包括假设检验、显著性检验、差异分析、相关分析、检验、方差分析、偏相关分析、距离分析、回归分析、简单回归分析、多元回归分析、逐步回归、回归预测与残差分析、曲线估计、因子分析、聚类分析、主成分分析、因子分析、判别分析、对应分析、多元对应分析等。

数据挖掘完成的是高级数据分析的需求，一般没有预先设定的主题，主要是在现有数据上进行基于各种算法的计算，起到预测的效果。数据挖掘主要进行分类、估计、预测、相关性分组或关联规则、聚类、描述和可视化、复杂数据类型挖掘等工作。比较典型的算法有k-Means聚类算法、深度学习算法、SVM统计学习算法和朴素贝叶斯分类算法。该过程的主要特点是挖掘的算法复杂，并且计算所涉及的数据量和计算量大。

数据挖掘选择主要有两个考虑因素：一是不同的数据有不同的特点，因此需要用与之相关的算法来挖掘；二是用户或实际运行系统的要求，例如，有的用户希望获取描述型的、容易理解的知识，而有的用户只是希望获取预测准确度尽可能高的预测型知识，并不在意获取的知识是否易于理解。

数据挖掘阶段使用模式，经过评估，可能存在冗余或无关的模式，这时需要将其删除；也有可能模式不满足用户要求，这时则需要整个发现过程回退到前续阶段，如重新选取数据、采用新的数据变换方法、设定新的参数值，甚至更换算法等。

5.结果解释

由于知识发现最终是面向人类用户，因此，需要对发现的模式进行可视化，或者把结果转换为用户易于理解的表示。也就是说，仅能够分析大数据，但却无法使得用户理解分析的结果，这样的结果价值不大。如果用户无法理解分析，那么需要决策者对数据分析结果进行解释。解释通常包括检查所提出的假设并对分析过程进行追踪，采用可视化模型展现大数据分析结果，例如利用云计算、标签云、关系图等呈现。知识评估阶段是知识发现的一个重要环节，不仅需要将数据分析系统发现的结果以用户能了解的方式呈现，而且需要进行知识评价，如果没有达到用户的目标，则需要返回前面相应的步骤进行螺旋式处理，以最终获得满意的结果。

（二）大数据技术的特征

1.分析全面的数据而非随机抽样

在大数据出现之前，由于缺乏获取全体样本的手段和可能性，针对小样本提出了随机抽样的方法，在理论上，越随机抽取样本，越能代表整体样本，但是获取随机样本的代价极高，而且费时。出现数据仓库和云计算之后，获取足够大的样本数据及获取全体数据变得更为容易并成为可能。所有的数据都在数据仓库中，完全不需要以抽样的方式调查这些数据。获取大数据本身并不是目的，能用小数据解决的问题绝不要故意增大数据量。当年开普勒发现行星三大定律、牛顿发现力学三大定律都是基于小数据。从通过小数据获取知识的案例中得到启发，人脑具有强大抽象能力，如2～3岁的小孩看少量图片就能正确区分马与狗、汽车与火车，似乎人类的知识抽象能力是与生俱来的。从少量数据中如何高效抽取概念和知识是值得深入研究的方向。至少应明白解决某类问题，多大的数据量是合适的，不要盲目追求超额的数据。数据无处不在，但许多数据是重复的或是没有价值的。未来的主要任务不是获取越来越多的数据，而是数据的去冗分类、去粗取精，从数据中挖掘知识，获得价值。

2.重视数据的复杂性，弱化精确性

对小数据而言，最基本和最重要的要求就是减少错误、保证质量。由于收集的数据少，所以应使记录下来的数据尽量准确。例如，使用抽样的方法，需要在具体的运算上非常精确，在一个总样本为1亿人口随机抽取1000人，如果在1000人上的运算出现错误，那么放大到1亿人中将会放大偏差；但在全体样本上，产生多少偏差就为多少偏差，不会被放大。

精确的计算是以时间消耗为代价的。在小数据情况，追求精确是为了避免放大的偏差不得已而为之；但在样本等于总体大数据的情况，快速获得一个大概的轮廓和发展趋势比严格的精确性重要得多。

大数据的简单算法比小数据更有效，大数据不再期待精确性，也无法实现精确性。

3.关注数据的相关性，而非因果关系

相关性表明变量A与变量B有关，或者说变量A的变化与变量B的变化之间存在一定的比例关系，但在这里的相关性并不一定是因果关系。

亚马逊的推荐算法指出，可以根据消费记录来告诉用户他可能喜欢什么，这些消费记录有可能是别人的，也有可能是该用户历史的，并不能说明喜欢的原因。不能说都喜欢购买A和B，就存在购买A之后的结果是购买B，这是一个或然的事情，但其相关性高，或者说概率大。大数据技术只知道是什么，而不需知道为什么，就像亚马逊的推荐算法指出的那样，知道喜欢A的人很可能喜欢B，但却不知道其中的原因。知道是什么就足够了，没

有必要知道为什么。在大数据背景下，通过相互关系就可以比以前更容易、更快捷、更清楚地进行分析，找到一个现象的关系物。系统相互依赖的是相互关系，而不是因果关系。相互关系可以告知将发生什么，而不是为什么发生，这正是这个系统的价值。大数据的相互关系分析更准确、更快，而且不易受到偏见的影响。建立相互关系分析法的预测是大数据的核心。完成相互关系分析之后，当又不满足仅仅知道为什么时，可以再继续研究因果关系，找出为什么。

（三）大数据的一些热点技术

大数据来源非常丰富，且数据类型多样，存储和分析挖掘的数据量庞大，对数据展现的要求较高，重视高效性和可用性。

1.非结构化和半结构化数据处理

如何处理非结构化和半结构化数据是一项重要的研究课题。如果把通过数据挖掘提取粗糙知识的过程称为一次挖掘过程，就将粗糙知识与被量化后的主观知识，包括具体的经验、常识、本能、情境知识和用户偏好相结合而产生智能知识的过程称为二次挖掘。从一次挖掘到二次挖掘是量到质的飞跃。

由于大数据所具有的半结构化和非结构化特点，基于大数据的数据挖掘所产生的结构化的粗糙知识（潜在模式）也伴有一些新的特征。这些结构化的粗糙知识可以被主观知识加工处理并转化，生成半结构化和非结构化的智能知识。寻求智能知识反映了大数据研究的核心价值。

2.大数据复杂性与系统建模

大数据复杂性、不确定性特征描述的方法及大数据的系统建模这一问题的突破是实现大数据知识发现的前提和关键。从长远角度来看，依照大数据的个体复杂性和随机性所带来的挑战将促使大数据数学结构的形成，从而导致大数据统一理论的完备。从近期角度来看，宜发展一种一般性的结构化数据和半结构化、非结构化数据之间的转化原则，以支持大数据的交叉应用。管理科学，尤其是基于最优化的理论将在发展大数据知识发现的一般性方法和规律性中发挥重要的作用。

大数据的复杂形式导致许多关于粗糙知识的度量和评估的研究问题。已知的最优化、数据包络分析、期望理论、管理科学中的效用理论可以被应用到研究如何将主观知识融合到数据挖掘产生的粗糙知识的二次挖掘过程中，人机交互将起到至关重要的作用。

3.大数据异构性与决策异构性影响知识发现

由于大数据本身的复杂性，致使传统的数据挖掘理论和技术已不适应大数据知识发现。在大数据环境下，管理决策面临着两个异构性问题，即数据异构性和决策异构性问题。决策结构的变化要求人们去探讨如何为支持更高层次的决策去做二次挖掘。无论大数据带来了何种数据异构性，大数据中的粗糙知识仍可被看作一次挖掘的范畴。寻找二次挖掘产生的智能知识作为数据异构性和决策异构性之间的连接桥梁。

寻找大数据的科学模式将带来对大数据研究的一般性方法的探究，如果能够找到将非结构化、半结构化数据转化成结构化数据的方法，已知的数据挖掘方法将成为大数据挖掘的工具。

4.流处理

随着业务流程的复杂化，大数据趋势日益明显，流处理已成为重要的处理技术。应用流处理可以完成实时处理，能够处理随时发生的数据流的架构。

例如，计算一组数据的平均值，可以使用传统的方法实现。但对于移动数据平均值的计算，不论是到达、增长还是一个又一个的单元，需要更高效的算法。如果想创建的是一个数据流统计集，那么需要对此逐步添加或移除数据块，进行移动平均计算。

5.并行化

小数据的情形类似于桌面环境，磁盘存储能力在1～10GB；中数据的数据量在100 GB～1TB；大数据分布式存储在多台机器上，包含1TB到多个PB的数据。如果在分布式数据环境中工作，并且需要在很短的时间内处理数据，那么就需要分布式处理。

6.摘要索引

摘要索引是一个对数据创建预计算摘要以加速查询运行的过程。摘要索引的问题是必须为要执行的查询做好计划。数据增长飞速，对摘要索引的要求永不会停止，不论是基于长期还是短期考虑，都必须对摘要索引的制定有一个确定的策略。

7.可视化

数据可视化包括科学可视化和信息可视化。可视化工具是实现可视化的重要基础，可视化工具有两大类。

（1）探索性可视化

描述工具可以帮助决策者和分析师挖掘不同数据之间的联系，这是一种可视化的洞察力。

（2）叙事可视化

工具可以独特的方式探索数据。例如，如果需要以可视化的方式在一个时间序列中按照地域查看一个企业的销售业绩，将预先创建可视化格式，然后可使数据按照地域逐月展示，并根据预定义的公式排序。

第二章　大数据技术

第一节　大数据获取与存储管理技术

一、大数据获取

获取的数据是指已被转换为电信号的各种物理量，例如温度、水位、风速、压力等，这些物理量可以是模拟量，也可以是数字量。获取方式一般是采样方式，采样频率遵循奈奎斯特定理。当采样频率大于信号中最高频率的2倍时，采样之后的数字信号能够完整地保留原始信号中的信息，进而减少了数据量。

（一）大数据获取的挑战

大数据获取是利用数据获取工具，从系统外部获取数据并存入系统内部的存储资源。在各个领域，数据获取技术应用广泛，例如摄像头、麦克风和传感器等都是经常使用的数据获取工具。大数据获取的挑战主要包括下述几个方面：（1）面对数据源多种多样。（2）面对数据量巨大。（3）面对数据变化快。（4）保证数据获取的可靠性。（5）避免重复数据。（6）保证数据的真实性。

（二）传统的数据获取与大数据获取的区别

传统的数据获取来源单一，且存储、管理和分析数据量也相对较小，采用关系型数据库和并行数据库可以完成处理。对于依靠并行计算提升数据处理速度方面，并行数据库技术追求高度一致性和容错性，根据CAP理论，难以保证其可用性和扩展性。大数据存储使用了NoSQL、NewSQL和SQL数据库技术。

二、领域数据

将各领域产生的数据称为领域数据，常见的领域数据如下。

统计数据：统计年鉴数据、人口数据、产业数据、气候数据和用地数据等。

基础地图数据：河流水系数据、行政边界数据、各级道路数据和绿化植被数据等。

交通传感数据：公交IC卡数据、专车GPS数据和长途客物流数据等。

互联网数据：PIO数据、街景数据、社交网络数据、人流和车流数据和OSM开源地图数据等。

民生数据：电商数据、医疗数据和超市购物数据等。

遥感测绘数据：地质水文数据、遥感影像数据和地形地貌数据等。

智慧设施数据：用电数据、用水数据和通信网络数据等。

移动设备数据：手机信令数据、移动App定位数据和其他移动终端数据等。领域数据由下述数据组成。

（一）文本数据

文本数据包括广告、杂志、报纸和教材等多种形式的数据。要求获取工具的灵活度高、速度快，可以根据需求定制文本获取方案。例如，获取指定广告内容、指定年份的期刊/杂志/报纸内容等。

在互联网营销中，用户反馈承担的核心任务是为产品收集用户舆情信息。常规的用户自发反馈信息来自微博、贴吧、第三方论坛、社区和应用商店等的用户意见反馈。

1.评价类用户反馈

评价类用户反馈主要来自应用市场，涉及用户对产品的评价、情感的宣泄、特殊问题的提出等。这类反馈对其他用户具有影响效应。

2.意见建议类用户反馈

意见建议类用户反馈主要来自产品的用户，针对性较强，用户多是为咨询问题或者提出建议而来。因为是封闭式反馈，可证明这类反馈者是在使用过程中产生的意见建议，是期待问题解决的反馈。

3.传播类用户反馈

传播类用户反馈主要来自第三方论坛和社区，通常涉及表达个人感受、反馈问题需求帮助、暴露问题发泄情绪等。这类反馈信息通常具有广播性质，其影响不是单点，而是病毒性的传播。

需要对不同平台用户反馈的信息，进行定期的用户反馈舆情数据获取、监控、分析与挖掘，进而获得具有价值的信息。

（二）语音数据

为了提供各种特定条件下的语音获取服务，需要获取目标人群分散广、覆盖全，获取数据高度真实有效。为了使得获取效率高，可以多人并发获取。语音获取类型主要包括各地方言、多国外语、男/女/童声、多种录音环境等。语音内容可为单词、短句、诗词、短文等。

（三）图片数据

根据实际需求获取特定场景的图片数据，包括实体图片、人物图片、场景图片、基于地理位置的图片，获取的图片针对性强、质量高，不与其他用户共享。获取的应用实例包括特定人群人脸图片、药盒图片、医疗单图片、街道全景、名片和多角度照片等。

（四）摄像头视频数据

摄像头的工作原理大致为：景物通过镜头生成的光学图像投射到图像传感器表面上，然后转为电信号，经过A/D（模数转换）转换后变为数字图像信号存储。

传感器是一种能把物理量或化学量转变成便于利用的电信号的器件，通常由敏感元件和转换元件组成。国际电工委员会（IEC）的定义为："传感器是测量系统中的一种前置部件，它将输入变量转换成可供测量的信号。"传感器是传感系统的一个组成部分，它是被测量信号输入的第一道关口。传感器可分为有源的和无源的两类。图像传感器是一种半导体芯片，其表面包含有几十万到几百万的光电二极管，光电二极管受到光照射时，就会产生电荷。

（五）图像数字化数据

图像数字化是将连续色调的模拟图像经采样量化后转换成数字影像的过程。将空间上连续/不分割、信号值不分等级的模拟图像，转换成图像空间上被分割成离散像素，信号值分为有限个等级、用数码"0"和"1"表示的数字图像。数字化运用的是计算机图形和图像技术，在测绘学与摄影测量与遥感学等学科中得到广泛应用。

图像数字化是将模拟图像转换为数字图像，以便于计算机存储与处理。图像数字化是进行数字图像处理的前提。图像数字化必须以图像的电子化作为基础，把模拟图像转变成电子信号，随后将其转换成数字图像信号。

数字图像可以由许多不同的输入设备和技术生成，如数码照相机、扫描仪、坐标测量机等，也可以从任意的非图像数据合成获得。

图像信息获取主要采用扫描技术，目前该技术已非常成熟。另外，还可直接运用数字摄影技术。

（六）图形数字化数据

图形数字化是将图形的连续模拟量转换成离散的数字量的过程。在计算机辅助设计、机助制图及地理信息系统应用中，为了对图形进行计算机处理，输入的图形必须是数字化的图形数据，才能为计算机接收。

图形数字化一般用数字化仪进行。依据数字化仪结构和工作方式的不同，数字化形式也各不同。例如，采用跟踪数字化仪作业，则有点方式、线方式（时间增量或坐标增量方式）和栅格方式（按设定的格网形式记录其交叉点的坐标值）等。还可用人工读点方式进行，一般多用于以格网为基础的数字地形模型的建立，用键盘输入读出的数据，并记录在磁盘或磁带上。如果采用扫描数字化仪，如摄像机扫描或激光扫描，则是一种逐点、逐行连续进行的面积方式数字化，对于复杂的图形，其速度快，但点、线间关系的处理则较复杂。

（七）空间数据

空间数据是指用来表示空间实体的位置、形状、大小及其分布特征诸多方面信息的数据，它可以用来描述来自现实世界的目标，具有定位、定性、时间和空间关系等特性。空间数据是一种用点、线、面以及实体等基本空间数据结构来表示自然世界的数据。

1.空间数据获取的任务

空间数据获取的任务包括对地图数据、野外实测数据、空间定位数据、摄影测量与遥感图像、多媒体数据等进行获取。将现有的地图、外业观测成果、航空照片、遥感图片数据、文本资料等转换成GIS可以接收的数字形式，在文字数据数据库入库之前进行验证、修改、编辑等处理，保证数据在内容和逻辑上的一致性。配置不同的设备和仪器：不同的数据来源要用到不同的设备和方法，如几何纠正、图幅拼接、拓扑生成等。

2.GIS数据的内容

地图数据：最常见的数据来源。

野外实测数据：指各种野外实验，实地测量所得数据，它们通过转换可直接进入空间数据库。

遥感数据：也是一个极其重要的数据来源。

统计数据：许多部门和机构拥有不同领域的数据，如人口、自然资源、国民经济等方面的诸多统计数据。

共享数据：随着各种GIS专题图件的建立和各种GIS系统的建立直接获取的数字图像数据和属性数据。

多媒体数据、文本资料数据在GIS数据中也占有很重要的地位。

3.地图数字化方法

地图数字化的目的是让图形数据更好地在计算机中进行存储、分析和输出。常见的地图数字化方法有手工数字化、数字化仪数字化、扫描跟踪数字化等。地图数字化过程是首先用扫描仪对地图进行扫描处理获得栅格数据，然后利用GIS软件对栅格数据进行转换使之成为矢量数据，最后对矢量数据进行编辑和处理。地图数字化方法分为手工数字化、数字化仪数字化、扫描跟踪数字化三种。

三、网站数据

网站数据主要分为网站内部数据、外部数据和移动网站数据。网站内部数据主要有日志数据和数据库数据，通常存放在网站的文件系统或数据库中。外部数据主要有互联网环境数据。网站的外部数据比其内部数据的真实性差，不确定性比较高，其中移动网站数据量巨大，主要包括用户手机连接移动网络之后可以获得的用户各种数据。

（一）网站内部数据

网站内部数据是网站最容易获取到的数据，它们通常存放在网站的文件系统或数据库中，也是与网站本身最为密切相关的数据，是网站分析最常用的数据来源。

1.日志数据

日志数据是在网络上详细描述一个过程和经历的记录。服务器日志数据是个人浏览Web服务器时，服务器方所产生服务器日志、错误日志和Cookie日志等三种类型的日志文件。利用服务器日志文件，可以分析服务器日志文件格式蕴含的有用信息和存取请求失败的数据，例如丢失连接、授权失败或超时等。Cookie是一种用于自动标记和跟踪站点的访问者。在电子商务的环境中，存储在Cookie日志中的信息可以为交易信息。

通常在数据获取部署大量数据库，并考虑到了数据库之间的负载均衡和分片。很多互联网企业都有自己的海量数据获取工具，多用于系统日志获取，这些工具均采用分布式架构，能满足每秒数百MB的日志数据获取和传输需求。例如，Hadoop的Chukwa、Cloudera的Flame等。

2.数据库数据

网站数据库中的数据主要包括网站用户信息数据、网站应用或产品数据和网站运营数据等。

（二）网站外部数据

网站外部数据主要包括互联网环境数据、竞争对手数据、合作伙伴数据和用户数据等。

网站的外部数据比内部数据的真实性差，不确定性比较高。虽然网站内部数据也不准确，但至少可以知道数据的误差，而外部数据一般都是由其他网站或机构公布的，每个公司，无论是数据平台、咨询公司还是合作伙伴都可能为了某些利益而使其公布的数据具有一定的偏向性。非本网站的网页是主要的网站外部数据。

（三）移动网站数据

在用户手机连接移动网络之后，可以获得用户的各种数据，包括用户手机号、操作系统、Mac地址、地理信息等。

布局移动互联网入口的软硬件，例如手机本身，MIUI、OS等深度定制版系统，无线路由器，各种App，各种第三方SDK嵌入等。此种方式获取的数据深度和广度受限于布局的范围。

在各App、移动Web站点中嵌入图片等能执行获取信息或直接发送请求附带信息的元素。此类获取信息较为零碎、收集困难、噪声较大、布局困难，但实现相对比较容易。

通过购买，如各互联网数据和第三方统计工具等，方便易得。但经媒体及提供商二次加工，数据真实性无法保障。

利用搜索引擎搜索各互联网，搜索数据公司发布的市场化数据。

四、大数据存储

大数据存储是对分布式存储的扩展，大数据容量已扩展到与互联网数据规模相当的级别，但在科学大数据中，数据量更大。

（一）大数据存储模型

大数据主要的存储模型分为无格式的文件数据存储和有格式的数据存储模型。

1.无格式的文件数据存储

无格式的文件数据是指无任何格式的文件数据，也就是说，被存储的文件数据是任意的二进制流，是非结构化数据。例如，文档文件就是无格式的文件。

2.有格式的文件数据存储

有格式的文件数据存储是指具有一定格式的数据存储，也就是说，被存储的数据具有确定的格式，是结构化数据。例如，关系数据库中的数据具有确定的格式或结构，构成二维数据表格的形式。

（二）大数据存储问题

1.容量

大数据的容量可达到PB级的数据规模，因此对于海量数据存储系统需要有相应等级的扩展能力。存储系统的扩展要简便，可以通过增加模块或磁盘柜来增加容量，甚至不需要停机。在解决容量问题上，LSI公司提出的Nytro TM智能化闪存解决方案，可以将数据库事务处理性能提高30倍，并且具有超过每秒4.0GB的持续吞吐能力，非常适用于大数据分析与处理。

2.延迟

涉及与网上交易或者金融类相关的应用，由于仅允许小延迟，所以大数据应用的实时性问题更显突出。为了满足延迟指标，各种模式的存储设备应运而生。

3.安全

虽然某些特殊行业的应用都有自己的安全标准和保密性需求，但是，大数据分析需要多种类数据相互参考，因此大数据应用提出一些新的需要考虑的安全性问题。

4.成本

成本控制表明要使得每一台设备都实现更高的效率，同时还要减少昂贵的部件。一方面，需要通过删除重复数据来提升存储效率；另一方面，需要通过附加服务器提供引导镜像，减少后端存储的消耗。

5.长期保存

因为任何数据都是历史记录的一部分，而且数据的分析大都是基于时间段进行的，所以大数据应用要求数据要保存多年。要实现长期的数据保存，就要求能够持续进行数据一致性检测的功能以及保证长期高可用的特性，同时还要实现数据直接在原位更新的功能需求。

6.灵活性

大数据存储系统的基础设施规模大，因此，必须经过仔细设计，才能保证存储系统的灵活性，并使其能够随着应用分析软件一起扩容及扩展。在大数据存储环境中，已经没有必要再做数据迁移，这是由于数据同时保存在多个部署站点中。

7.应用感知

应用感知可以根据性能、可用性、可恢复性、法规要求及其价值来调整存储，以适应存储对应的单个应用。应用感知存储可以优化数据布局、数据行为和服务质量水平，以确保最佳性能。应用感知磁盘按照关键任务次序识别与存储数据。

（三）大数据存储方式

1.直接连接存储

DAS（Direct Attached Storage，直接连接存储）是指将外置存储设备通过连接电缆，直接连接到一台主机上，再直接连接到存储系统中，使得数据存储是整个主机结构的一部分，在这种情况下，文件和数据的管理依赖于本机操作系统。操作系统对磁盘数据的读写与维护管理，需要占用主机资源，如CPU、系统I/O等。直接连接存储的优点是中间环节少，磁盘读写带宽的利用率高，成本也比较低；缺点是其扩展能力有限，数据存储占用主机资源，使得主机的性能受到相当大的影响，同时主机系统的软硬件故障将直接影响对存储数据的访问。直接连接存储方式适用于小型网络及一些硬盘播出系统。

2.网络连接存储

NAS（Network Attached Storage，网络连接存储）全面改进了低效的DAS存储。它采用独立于服务器，单独为网络数据存储而开发的一种文件服务器来连接所存储设备，自形成一个网络。这样数据存储不再是服务器的附属，而是作为独立网络结点存在于网络之中，可由所有的网络用户共享。

由于NAS可无须网络文件服务器，不依赖通用的操作系统，而是采用一个专门用于数据存储的简化操作系统，内置了网络通信协议，其内嵌的操作系统及硬件体系结构专门针对文件管理和存储管理进行设计和优化，去掉了通用服务器的大多数计算及多媒体功能，能提供高效率的文档服务，不仅响应速度快，而且数据传输速率高。

3.存储域网络存储

SAN（Storage Area Network，存储域网络）是指通过支持SAN协议的光纤信道交换机，将主机和存储系统联系起来，组成一个LUN Based的网络。与传统技术相比，SAN技术的最大特点是将存储设备从传统的以太网中隔离出来，成为独立的存储局域网络。SAN使得存储与服务器分开成为现实。SAN技术的另一大特点是完全采用光纤连接，从而保证了大的数据传输带宽。SAN具有以下优点：专为传输而设计的光纤信道协议，使其传输速率和传输效率都非常高，特别适合于大数据量高带宽的传输要求。SAN采用了网络结构，所以具有无限的扩展能力。SAN的缺点是成本高、管理难度大。

4.DAS、NAS和SAN三种存储比较

DAS、NAS和SAN三种存储共存与互补，已经能够很好地满足数据存储的应用。

（1）连接方式

从连接方式上比较，DAS采用了存储设备直接连接应用服务器，具有一定的灵活性和限制性；NAS通过网络（TCP/IP、ATM、FDDI）技术连接存储设备和应用服务器，存储设备位置灵活，随着万兆网的出现，传输速率有了很大的提高；SAN则是通过光纤通道技术

连接存储设备和应用服务器，具有很好的传输速率和扩展性能。三种存储方式各有优势，相互共存，占到了现在磁盘存储市场的70%以上。

（2）产品的价格

SAN和NAS产品的价格仍然远远高于DAS，许多用户出于价格因素考虑选择了低效率的直连存储而不是高效率的共享存储。

（3）自动精简配置

SAN和NAS系统可以利用自动精简配置技术来弥补早期存储分配不灵活问题。与直连存储架构相比，共享式的存储架构（如SAN或者NAS）都可以较好地完成存储问题。于是淘汰直接连接存储的进程越来越快。但是，目前直接连接存储仍然是服务器与存储连接的一种常用方式。

五、大数据存储管理技术

随着大数据应用的飞快发展，现已经出现了其独特的架构，而且直接推动了存储、网络以及计算技术的发展。由于大数据处理的需求是一个新的挑战，硬件的发展最终还是需要软件需求推动，所以大数据分析应用需求正在影响和促进数据存储基础设施的发展。随着结构化数据和非结构化数据量的持续增长，以及被分析数据的来源多样化，现有的存储系统已经无法满足大数据存储的需要。基于存储基础设施研究的考虑，可以通过修改基于块和文件的存储系统的架构设计适应这些新的要求。

（一）数据容量问题

大数据容量为PB级的数据规模，因此数据存储系统需要具有一定相应等级的扩展能力。与此同时，存储系统的扩展一定要简便，可以通过增加模块或增加磁盘柜的方式来增加容量，甚至不需要停机。基于这样的需求，客户现在越来越多地选择规模可扩展架构的存储。规模可扩展集群结构的特点是每个结点除了具有一定的存储容量之外，内部还具备数据处理能力以及互联设备，与传统存储系统的架构完全不同，规模可扩展架构能够实现无缝平滑的扩展，避免存储孤岛的出现。

在文件系统中，文件是文件系统的存储单位，大数据除了数据容量巨大之外，文件数量也十分庞大。因此，管理文件系统层累积的元数据是一个困难问题，如果处理不当，将影响系统的扩展能力和性能，例如传统的网络连接存储系统就存在这一"瓶颈"。但是，基于对象的存储架构就不存在这个问题，它可以在一个系统中管理十亿级别的文件数量，而且不像传统存储一样遇到元数据管理的困扰。基于对象的存储系统还具有广域性扩展能力，可以在多个不同的地点部署并组成一个跨区域的大型存储基础架构。

大数据的存储是分布式的，并呈现出与计算融合的趋势。由于TB、PB级数据的急剧膨胀，传统的数据移动方式已经不适用，导致新的融合趋势的存储服务器出现。在这样的架构中，数据不再移动，写入以后分散存储，它的计算结点融合在数据旁边的CPU中，数据越来越贴近计算结点，形成以数据为中心的架构模式。

（二）大图数据

1.大图存储的基本框架

大图存储的基本框架是分布式存储框架，其原因如下。

（1）大图数据规模大

10亿顶点规模的大图的每个顶点或者边上存储的附加信息，其规模在TB级别，甚至达到PB级。

（2）利用了基于分布式内存的计算框架

为了实现对整个图进行随机访问而不是顺序访问，图计算必须基于内存展开。由于内存规模在GB级别，通过分布式存储就可以直接装入内存，从而降低每台机器上的图的规模，避免频繁进行磁盘交互。

2.图划分技术

（1）负载均衡

避免网络通信代价的极端方法是将完整的图信息仅存储于一台机器上。显然，这一方式很可能超出单台机器的存储上限，同时这一方法也没有并行计算能力。期望图划分的各个部分具有相近的规模，从而避免负载失衡的情况。负载均衡是相对于机器存储容量和计算能力而言的。在复杂的实际应用中，可以构建复杂的度量模型来刻画机器存储容量和计算能力的负载均衡模型。

（2）存储冗余

避免网络通信代价升高的另一种方法是将图的信息在每台机器上复制一份。但这种方法也容易超出单台机器的存储能力，同时导致大量冗余。对于k台机器组成分布式计算系统，这种方法导致k-1份存储冗余。为了降低冗余，可以选择特定顶点及其邻接信息进行复制。通常选择度数较大的顶点进行复制从而在降低通信代价的同时，避免较大冗余。此外，复制顶点个数和位置的选择等都对最终结果有着直接影响。另外，多个副本之间的一致性也是重要的问题，通常需要额外的计算代价保持多份副本与主本的完全一致性。

3.大图数据的查询

（1）文件系统

从20世纪60年代开始，计算机开始装配了操作系统，而文件系统是操作系统提供的一种存储和组织计算机文件的方法。它提供简单的查询功能，供用户搜索文件。

（2）数据库系统

20世纪60年代中期，数据库系统开始应用。70年代，关系数据模型成为数据库管理系统的主流系统。70年代后期出现的结构化查询语言SQL极大地提高了数据查询的灵活性。用户可以通过SQL语言来进行各种复杂的查询。

（3）Web网络

从20世纪90年代开始，随着万维网的兴起，Web搜索引擎得到广泛应用。它们通过提供关键词搜索的功能，使得几乎所有的用户都可以方便地搜索万维网数据。

（4）社交网络

随着Web 2.0的出现和社会计算的兴起，社交网络系统开始大量应用。图查询技术是适合社会计算的搜索方式。社会计算一般需要考虑社会的结构、组织和活动等因素。所有的社会活动构成社交网络，本质上是图的一种表现形式，所以图搜索技术的研究成为关键技术。

（三）数据存储管理

分布式存储与计算架构可以使大量数据以一种可靠、高效、可伸缩的方式进行处理。因为以并行的方式工作，所以数据处理速度相对较快，且成本较低，Hadoop和NoSQL都属于分布式存储技术。硬件的迅速发展是新的数据库模型的最大推动力。多年来，磁盘存储经历了摩尔定律水平的发展。现已实现了将数千块几个TB容量的PC硬盘连接起来，就可以建立起PB级甚至EB级容量的数据库，由于这些硬盘可以通过网络或本地连接，所以促进了分布数据库和联合数据库的发展。内存数据库技术可以作为单独的数据库使用，还能为应用程序提供即时的响应和高吞吐量。列式数据库的特点是可以更好地应对海量关系数据中列的查询，占用更少的存储空间，是构建数据仓库的理想架构之一。云数据库可以不受任何部署环境的影响，随意地进行拓展，进而为客户提供适宜其需求的虚拟容量，并实现自助式资源调配和使用计量，SQLServer可以提供类似的服务。NoSQL数据库适合于庞大的数据量、极端的查询量和模式演化。可以NoSQL得到高可扩展性、高可用性、低成本、可预见的弹性和架构灵活性的优势。随着智能移动终端的普及，对移动数据实时处理和管理要求的不断提高，移动数据库具有平台的移动性、频繁的断接性、网络条件的多样性、网络通信的非对称性、系统的高伸缩性和低可靠性以及电源能力的有限性等。

六、虚拟存储技术

虚拟存储是将硬盘、RAID等多种存储介质模块按照一定的规则集中管理，即在一个存储池中统一管理全部存储模块。从主机的角度来看，一个分区类似一个超大容量的硬盘，将这种能够把多个存储设备统一管理起来，为用户提供大容量、高数据传输性能的存储系统，称为虚拟存储系统。基于虚拟存储系统的拓扑结构不同，可分为对称式和非对称式两种。对称式的拓扑结构是指虚拟存储控制设备、存储软件系统、交换设备集成于一体，内嵌于网络传输路径之中。非对称式的拓扑结构是指虚拟存储控制设备独立于网络传输路径之外。基于虚拟化存储的实现原理不同，可分为数据块虚拟和虚拟文件系统两种方式。

共享存储系统由运行于主机的存储管理软件、互联网络磁盘阵列等网络存储设备组成。可以在共享存储系统的三个层次上实现存储的虚拟化，即基于主机的虚拟存储、基于网络的虚拟存储和基于存储设备的虚拟存储。各个层次上的虚拟存储的特点不同，目的明确，都是为了使共享存储更易于管理。

（一）虚拟存储的特点

虚拟存储提供了一个大容量存储系统集中管理的手段，由网络中的一个环节（如服务器）进行统一管理，避免了由于存储设备扩充所带来的管理方面的麻烦。使用虚拟存储技术，增加新的存储设备时，只需要网络管理员对存储系统进行较为简单的系统配置更改，客户端无须任何操作。

虚拟存储可以大大提高存储系统整体访问带宽。存储系统是由多个存储模块组成，而虚拟存储系统可以很好地进行负载平衡，把每一次数据访问所需的带宽合理地分配到各个存储模块上，这样系统的整体访问带宽就增大了。例如，一个存储系统中有4个存储模块，每一个存储模块的访问带宽为50 Mbit/s，则这个存储系统的总访问带宽就可以接近各存储模块带宽之和，即200 Mbit/s。

虚拟存储技术为存储资源管理提供了更好的灵活性，可以将不同类型的存储设备集中管理使用，保障了用户以往购买存储设备的投资。

虚拟存储技术可以通过管理软件，为网络系统提供一些其他有用功能，如无须服务器的远程镜像、数据快照等。

（二）虚拟存储的应用

由于虚拟存储具有上述特点，虚拟存储技术正逐步成为共享存储管理的主流技术，其应用具体如下：

1.数据镜像

数据镜像就是通过双向同步或单向同步模式在不同的存储设备间建立数据复本。一个合理的解决方案应该能在不依靠设备生产商及操作系统支持的情况下，提供在同一存储阵列及不同存储阵列间制作镜像的方法。

2.数据复制

通过IP地址实现的远距离数据迁移（通常为异步传输）对于不同规模的企业来说，都是一种极为重要的数据灾难恢复工具。好的解决方案不应当依赖特殊的网络设备支持，同时，也不应当依赖主机，以节省企业的管理费用。

3.磁带备份增强设备

过去几年，磁带备份技术鲜有新发展。尽管如此，一个网络存储设备平台亦应能在磁带和磁盘间搭建桥路，以高速、平稳、安全地完成备份工作。

4.实时复本

出于测试、拓展及汇总或一些别的原因，企业经常需要制作数据复本。

5.实时数据恢复

利用磁带来还原数据是数据恢复工作的主要手段，但常常难以成功。数据管理工作一个重要的发展方向是将近期内的备份数据（可以是数星期前的历史数据）转移到磁盘介质，而非磁带介质。用磁盘恢复数据就像闪电般迅速（所有文件能在60s内恢复），并远比用磁带恢复数据安全可靠。同时，整卷数据都能被恢复。

6.应用整合

将服务贴近应用这是存储管理发展的又一新理念，信息技术领域的管理人员不会单纯出于对存储设备感兴趣而去购买。存储设备用来服务于应用，例如数据库，通信系统等。通过将存储设备和关键的企业应用行为相整合，能够获取更大的价值，减少操作过程中遇到的难题。

七、云存储技术

云存储是云计算的延伸，是一种新型的、重要的网络存储技术。

（一）云存储原理

云存储是在云计算基础上延伸和发展出来的一个新的概念。云计算是分布式处理、并行处理和网格计算的发展，通过网络将大型的计算处理程序自动分拆成无数个较小的子程序，再交由多部服务器所组成的集群系统运行，程序经计算分析之后将处理结果回传给用户。通过云计算技术，网络服务提供者可以在数秒之内，处理数以千万计甚至亿计的信息，提供与超级计算机同样强大的服务。云存储的概念是指通过集群应用、网格技术或分布式文件系统等功能，使网络中大量各种不同类型的存储设备通过应用软件集合起来协同工作，共同对外提供数据存储和业务访问功能的一个系统，保证数据的安全性，并节约存储空间。简单来说，云存储就是将存储资源放到云上供用户存取的方案。使用者可以在任何时间、任何地方，通过任何可连网的装置连接到云上方便地存取数据。

（二）网络结构

在局域网中，使用者需要知道网络中每一个软硬件的型号和配置，如交换机型号、端口数量、路由器和防火墙设置等。但当使用广域网和互联网时，则只需要知道接入网和用户名、密码就可以连接到广域网和互联网，并不需要知道广域网和互联网中到底有多少台交换机、路由器、防火墙和服务器，不需要知道数据是通过什么样的路由到达目的计算机，也不需要知道网络中的服务器分别安装了什么软件，更不需要知道网络中各设备之间采用了什么样的连接线缆和端口。也就是说，广域网和互联网对于具体的使用者完全透明。

（三）云的分类

1.公有云

公有云是第三方提供商为用户提供的能够使用的云。公有云可通过Internet使用，可以向整个开放的公有网络中提供服务。公有云的定义是企业通过自己的基础设施直接向外部用户提供服务。外部用户并不拥有云计算资源，而通过互联网访问服务。公有云能够以低廉的价格，提供有吸引力的服务给最终用户，创造新的业务价值，公有云作为一个支撑平台，还能够整合上游的服务（如增值业务、广告）提供者和下游最终用户，构造新的价值链和生态系统。

2.私有云

私有云是为一个客户单独使用而构建的云，可以提供对数据、安全性和服务质量的有效控制。公司拥有基础设施，并可以控制在此基础设施上部署应用程序的方式。私有云可部署在企业数据中心的防火墙内，也可以将它们部署在一个安全的主机托管场所。私有云的核心属性是专有资源。

3.混合云

混合云融合了公有云和私有云，是云计算的主要模式和发展方向。出于安全考虑，用户更愿意将数据存放在私有云中，但是同时又希望可以获得公有云的计算资源，在这种情况下，混合云应运而生。混合云将公有云和私有云进行混合和匹配，以获得最佳的效果，这种个性化的解决方案，达到了既省钱又安全的目的。特别是需要临时配置容量的时候，从公有云上划出一部分容量配置一种私有云可以帮助用户面对迅速增长的负载波动或高峰。

第二节　大数据抽取技术与清洗技术

一、大数据抽取技术概述

采集来的数据通常不能够直接用于数据分析，需要从众多底层数据库中将所需要的数据抽取出来，从中提取出关系和实体，经过关联和聚合之后，再将这些数据存储于同一种数据结构中，进而形成适于数据分析的数据结构。大数据来源十分广泛，数据规模大而且类型多，获取的数据不仅包含结构化数据和半结构化数据，也包含图像、视频等非结构化数据。除此之外，由于监控摄像头、装载有GPS的智能手机、相机和其他便携设备无处不在，产生了保真度不等的位置和轨迹数据，进而形成复杂的数据环境，这就给大数据抽取带来了极大的困难。

数据抽取需要做的首要工作是准确地确定源数据和抽取原则。将多种数据库运行环境中的数据进行整合与处理，然后设计新数据的存储结构，并定义与源数据的转换机制和装载机制，以便能够准确地从各个数据源中抽取所需的数据，并将这些结构和转换信息作为元数据存储起来。在数据抽取过程中，需要全面掌握数据源的结构与特点。在抽取多个异构数据源的过程中，可以将不同的源数据格式转换成一种中间模式，然后再把它们集成起来。数据抽取是知识发现的关键性工作，早期的数据抽取依靠手工编程来实现，现在可以通过高效的抽取工具来实现。即使应用抽取工具，数据抽取和装载仍然是一件很艰苦的工作。应用领域的分析数据通常来自不同的数据源，不仅存在模式定义的差异，而且存在因数据冗余而无法确定有效数据的情形。此外，还需要考虑多个数据库系统存在不兼容的情况。

数据抽取技术的研究主要集中在应用机器学习方法来增强系统的可移植性、探索更深层次的理解技术、篇幅分析技术、多语言文本处理技术、Web信息抽取技术以及时间信息处理等技术。

（一）数据抽取的定义

数据抽取过程是搜索全部数据源，按照某种标准选择合乎要求的数据，并将被选中的数据传送到目的地中存储的过程。简单地说，数据抽取过程就是从数据源中抽取数据并传送到目的数据系统中的过程。

数据源可以是关系型数据库或非关系型数据库，数据可以是结构化数据、非结构化数据和半结构化数据。在数据抽取之前，需要清楚数据源的类型和数据的类型，以便根据不同的数据源和数据类型采取不同的抽取策略与方法。

（二）数据映射与数据迁移

1.数据映射的定义

数据映射是指给定两个数据模型，在模型之间建立起数据元素的对应关系的过程。在数据迁移、数据清洗、数据集成、语义网构造等信息系统中广泛使用数据映射技术。

2.数据映射方式

数据映射具有手工编码和可视化操作两种方式。手工编码是直接用类似XSLT、Java、C++等编程语言来定义数据对应关系。可视化操作通常支持用户在数据项之间画一条线以定义数据项之间的对应关系，有些可视化操作的工具可以自动建立这种对应关系。这种自动建立的对应关系一般要求数据项具有相同的名称。无论采用手工方式操作还是自动建立关系，最终都需要工具自动将图形表示的对应关系转化成可执行程序。

3.数据迁移过程

数据迁移包括三个阶段：数据抽取、数据转换和数据加载，但是如何抽取、如何转换、加载到什么位置等需要有一个明确的规则。因此，需要用数据映射来定义这些规则。也就是说，在数据迁移之前，必须了解源和目的数据库的概念模型，以及源和目的系统之间的对应关系，对这种关系进行分类和细化，并且给出明确的定义和解释，即映射规则。

（三）数据抽取程序

将完成数据抽取的程序称为数据抽取程序，又称包装器。构建数据抽取程序的条件如下。

1.抽取数据对象的类型

数据源中的数据对象繁多、千差万别，从简单的字符串到线性表、树形结构和有向图结构等。如果在数据模型中描述了数据源中数据对象的结构，那么就能够使得数据抽取程序抽取任意数据对象类型的数据，从而使数据抽取程序具有通用性。

2.在数据源中寻找所需的数据对象的方法

可以应用搜索规则驱动一个通用的搜索算法在数据源中搜索与抽取规则相匹配的数据对象。

3.为已找到的数据选择组装格式

应用符合某个数据库模式的格式来组装已经找到的数据对象，对于结构化数据可以使用关系数据库格式，对于非结构化的数据可以利用文档数据库或键值数据库等格式，对于半结构化数据可以应用关系数据库格式和文档数据库或键值数据库相结合的格式。

4.将找到的数据对象组装到数据库中的方法

可以用一组映射规则来描述数据类型与数据库字段之间的关系。当找到一个数据对象之后，先用映射规则根据数据对象所属的数据类型找到所对应的数据库字段，然后将这些数据对象组装到这个字段中。

5.生成和维护数据抽取过程所需的元数据

元数据是数据抽取模型、抽取规则、数据库模式和映射规则的参数，元数据能够使抽取和组装算法正常工作。将在数据仓库系统中的元数据定义为数据仓库管理和有效使用的任何信息。一个数据源需要用一套元数据进行描述，由于数据集成系统包含有大量数据源和元数据，所以维护这些元数据的工作量巨大。

一般不单独设计组装算法，而是设计能够完成数据抽取与组装功能的算法。

（四）抽取、转换和加载

数据抽取、转换和加载（Extraction Transformation Loading，ETL）工具将分布的、异构数据源中的数据，如关系数据、平面数据文件等抽取到临时中间层后进行清洗、转换、集成，最后加载到数据仓库或数据集市中，成为联机分析处理、数据挖掘的基础。

（五）数据抽取方式

不同的数据类型的源和目标抽取方法不同，常用的数据抽取方法简述如下。

1.同构同质数据抽取

同构同质数据库是指同一类型的数据模型、同一型号的数据库系统。例如，MySQL数据库与SQL Server数据库是同构同质数据库。如果数据源与组装的目标数据库系统是同构同质，那么目标数据库服务器和原业务系统之间在建立直接的链接关系之后，就可以利用结构化查询语言的语句访问，进而实现数据迁移。

2.同构异质数据抽取

同构异质是指同一类型的数据模型、不同型号的数据库系统。如果数据源存组装的目标数据库系统是同构异质，对于这类数据源可以通过ODBC的方式建立数据库链接。例如，Oracle数据库与SQL Server数据库可以建立ODBC链接。

3.文件型数据抽取

如果抽取的数据在文件中，可以有结构化数据、非结构化数据与半结构化数据。如果是非结构化数据与半结构化数据，那么就可以以文件为基本单位，利用数据库工具将这些数据导入指定的数据库，然后借助工具从这个指定的文档数据库完成抽取。

4.全量数据抽取

全量数据抽取类似于数据迁移或数据复制，它将数据源中的表或视图的数据原封不动地从数据库中抽取出来，并转换成抽取工具可以识别的格式。

5.增量数据抽取

当源系统的数据量巨大时，或在实时的情况下装载业务系统的数据时，实现完全数据抽取几乎不太可能，为此可以使用增量数据抽取。增量数据抽取是指在进行数据抽取操作时，只抽取数据源中发生改变的地方数据，没有发生变化的数据不再进行重复抽取。也可将增量数据抽取看作时间戳方式，抽取一定时间戳前所有的数据。

二、增量数据抽取技术

要实现增量抽取，关键是如何准确快速地捕获变化的数据。增量抽取机制能够将业务系统中的变化数据按一定的频率准确地捕获到，同时不对业务系统造成太大的压力，也不影响现有业务。相对全量抽取，增量抽取的设计更为复杂。

（一）增量抽取的特点与策略

1.增量抽取的特点

只抽取发生变化的数据。相对于全量抽取更为快捷，处理量更少。采用增量抽取需要与数据装载时的更新策略相对应。

2.增量抽取的策略

时间戳：扫描数据记录的更改时间戳，比较时间戳来确定被更新的数据。

增量文件：扫描应用程序在更改数据时所记录的数据变化增量文件，增量文件是指数据发生变化的文件。

日志文件：目的是实现恢复机制，其中记载了各种操作的影响。

修改应用程序代码：以产生时间戳、增量文件、日志等信息，或直接推送更新内容，达到增量更新目标数据的目的。

快照比较：在每次抽取前首先对数据源快照，并将该快照与上次抽取时建立的快照相互比较，以确定对数据源所做的更改，并逐表、逐记录进行比较，抽取相应更改内容。

在数据抽取中，根据转移方式的不同，可以将数据转移分两个阶段，即初始化转移阶段和增量转移阶段。初始化转移阶段采用全量抽取的方式，增量转移阶段按照上述的增量抽取方式进行有选择的抽取。

（二）基于触发器的增量抽取方式

当数据源存于数据库时，可在数据库管理系统中设置触发器来侦听数据源的增删改事件以监控数据的增量变化，并进一步采取措施将增量变化反映到目标数据中。其具体方法如下：（1）使用配套工具直接捕获数据变化事件并实时刷新目标数据。（2）与时间戳法或增量文件法结合，在数据变化事件处理逻辑中，设置时间戳或产生增量记录。（3）在捕获到数据变化时，将增量数据追加到临时表中。

触发器方式是普遍采取的一种增量抽取机制。该方式是根据抽取要求，在要被抽取的源表上建立插入、修改、删除三个触发器，每当源表中的数据发生变化时，就被相应的触发器将变化的数据写入一个增量日志表，ETL的增量抽取从增量日志表中而不是直接在源表中抽取数据，同时增量日志表中抽取过的数据要及时做标记或者删除。为了简单起见，增量日志表一般不存储增量数据的所有字段信息，而只是存储源表名称、更新的关键字值和更新操作类型（插入修改或删除），ETL增量抽取进程首先根据源表名称和更新的关键字值，从源表中提取对应的完整记录，再根据更新操作类型，对目标表进行相应的处理。

（三）基于时间戳的增量抽取方式

1.时间戳方式

时间戳方式是一种基于快照比较的变化数据捕获方式，在原表上增加一个时间戳字段，当系统中更新修改表数据的时候，同时修改时间戳字段的值。当进行数据抽取时，通过比较上次抽取时间与时间戳字段的值来决定抽取数据。

时间戳方式的优点是性能优异，系统设计清晰，数据抽取相对简单，可以实现数据的递增加载。时间戳方式的缺点是需要由业务系统来完成时间戳的维护，对业务系统需要加入额外的时间戳字段，特别是对不支持时间戳的自动更新的数据库，还要求业务系统进行额外的更新时间戳操作；另外，无法捕获对时间戳以前数据的删除和刷新操作，在数据准确性上受到了一定的限制。

2.基于时间戳的数据转移

时间戳方式抽取数据需要在源表上增加一个时间戳字段，当系统中更新修改表数据的时候，同时修改时间戳字段的值。有的数据库（如SQL Server）的时间戳支持自动更新，即表的其他字段的数据发生改变时，时间戳字段的值也会被自动更新为记录改变的时刻。这时进行ETL实施只需要在源表加上时间戳字段就可以了。对于不支持时间戳自动更新的数据库，要求业务系统在更新业务数据时，通过编程的方式手工更新时间戳字段。使用时间戳方式可以正常捕获源表的插入和更新操作，但对于删除操作则无能为力，需要结合其他机制才能完成。

（四）全表删除插入方式

全表删除插入方式是指每次抽取前先删除目标表数据，抽取时全新加载数据。该方式实际上将增量抽取等同于全量抽取。当数据量不大，全量抽取的时间代价小于执行增量抽取的算法和条件代价时，可以采用该方式。

全表删除插入方式的优点是加载规则简单、速度快，缺点是对于维表加外键不适应，当业务系统产生删除数据操作时，综合数据库将不会记录到所删除的历史数据，不可以实现数据的递增加载，同时对于目标表所建立的关联关系，需要重新进行创建。

（五）全表比对抽取方式

全表比对抽取方式是指在增量抽取时，逐条比较源表和目标表的记录，将新增和修改的记录读取出来。优化之后的全部比对方式是采用MD5校验码，需要事先为要抽取的表建立一个结构类似的MD5临时表，该临时表记录源表的主键值以及根据源表所有字段的数据计算出来的MD5校验码，每次进行数据抽取时，对源表和MD5临时表进行MD5校验码的比对，如果不同，则进行刷新操作。如目标表没有存在该主键值，表示该记录还没有被抽取，则进行插入操作。然后，还需要对在源表中已不存在而目标表仍保留的主键值执行删除操作。

下载文件之后，如果需要知道下载的这个文件与网站的原始文件是否相同，就需要对下载的文件进行MD5校验。如果得到的MD5值和网站公布的相同，可确认下载的文件完整；如有不同，说明下载的文件不完整，其原因可能是在网络下载的过程中出现错误，或此文件已被别人修改。为防止他人更改该文件时放入病毒，不应使用不完整文件。

当用E-mail给好友发送文件时，可以将要发送文件的MD5值告诉对方，这样好友收到该文件以后即可对其进行校验，来确定文件是否安全。在刚安装好系统后可以给系统文件做个MD5校验，过了一段时间后如果怀疑某些文件被人换掉，那么就可以给那些被怀疑的文件做个MD5校验，如果与从前得到的MD5校验码不相同，那么就可以肯定出现了问题。

典型的全表比对的方式是采用MD5校验码。数据抽取事先为要抽取的表建立一个结构类似的MD5临时表，该临时表记录源表主键以及根据所有字段的数据计算出来的MD5校验码。每次进行数据抽取时，对源表和MD5临时表进行MD5校验码的比对，从而决定源表中的数据是新增、修改还是删除，同时更新MD5校验码。MD5方式的优点是对源系统的倾入性较小（仅需要建立一个MD5临时表）；缺点也是显而易见的，与触发器和时间戳方式中的主动通知不同，MD5方式是被动地进行全表数据的比对，性能较差。当表中没有主键或唯一列且含有重复记录时，MD5方式的准确性较差。

（六）日志表方式

对于建立了业务系统的生产数据库，可以在数据库中创建业务日志表，当特定需要监控的业务数据发生变化时，由相应的业务系统程序模块来更新维护日志表内容。增量抽取时，通过读日志表数据决定加载哪些数据及如何加载。日志表的维护需要由业务系统程序用代码来完成。

在业务系统中添加系统日志表，当业务数据发生变化时，更新维护日志表内容，当加载时，通过读日志表数据决定加载哪些数据及如何加载。其优点是不需要修改业务系统表结构，源数据抽取清楚，速度较快，可以实现数据的递增加载；其缺点是日志表维护需要由业务系统完成，需要对业务系统、业务操作程序作修改，记录日志信息。日志表维护较为麻烦，对原有系统有较大影响，且工作量较大，改动较大，有一定风险。

（七）系统日志分析方式

系统日志分析方式通过分析数据库自身的日志来判断变化的数据。关系型数据库系统都会将所有的DML操作存储在日志文件中，以实现数据库的备份和还原功能。ETL增量抽取进程通过对数据库的日志进行分析，提取对相关源表在特定时间后发生的DML操作信息，可以得知自上次抽取时刻以来该表的数据变化情况，从而指导增量抽取动作。

（八）各种数据抽取机制的比较与分析

1.兼容性

数据抽取面对的源系统并不一定都是关系型数据库系统。某个ETL过程需要从若干年前的遗留系统中抽取数据的情形经常发生。这时所有基于关系型数据库产品的增量机制都无法工作，时间戳方式和全表比对方式可能有一定的利用价值。在这种情况下，只有放弃增量抽取的思路，转而采用全表删除插入方式。

2.完备性

在完备性方面，时间戳方式不能捕获删除操作，需要结合其他方式一起使用。

3.性能

增量抽取的性能因素表现在两方面：一方面是抽取进程本身的性能；另一方面是对源系统性能的负面影响。因为触发器方式、日志表方式以及系统日志分析方式不需要在抽取过程中执行比对步骤，所以增量抽取的性能较佳。全表比对方式需要经过复杂的比对过程才能识别出更改的记录，抽取性能最差。在对源系统的性能影响方面，触发器方式是直接在源系统业务表上建立触发器，同时写临时表，对于频繁操作的业务系统可能会有一定的性能损失，尤其是当业务表上执行批量操作时，行级触发器将会对性能产生严重的影响；同步CDC方式内部采用触发器的方式实现，也同样存在性能影响的问题；全表比对方式和日志表方式对数据源系统数据库的性能没有任何影响，只是它们需要业务系统进行额外的运算和数据库操作，会有少许的时间损耗；时间戳方式、系统日志分析方式以及基于系统日志分析的方式（异步CDC和闪同查询）对数据库性能的影响也是非常小的。

4.侵入性

对数据源系统的侵入性是指业务系统是否要为实现增量抽取机制做功能修改和额外操作，在这一点上，时间戳方式值得特别关注。该方式除了要修改数据源系统表结构外，对于不支持时间戳字段自动更新的关系型数据库产品，还必须修改业务系统的功能，让它在源表执行每次操作时都要显式地更新表的时间戳字段，这在ETL实施过程中必须得到数据源系统高度的配合才能达到，并且在多数情况下这种要求在数据源系统看来比较过分，这也是时间戳方式无法得到广泛运用的主要原因。另外，触发器方式需要在源表上建立触发器，这种在某些场合中也遭到拒绝。还有一些需要建立临时表的方式，例如全表比对和日志表方式，可能因为开放给ETL进程的数据库权限而无法实施。同样的情况也可能发生在基于系统日志分析的方式上，因为大多数的数据库产品只允许特定组的用户甚至只有DBA才能执行日志分析。闪回查询在侵入性方面的影响是最小的。

三、非结构化数据抽取

非结构化数据已经逐渐成为大数据的代名词。与交易型数据相比较，非结构化数据的增长速度要快很多。整理、组织并分析非结构化数据，能够为企业带来更多的竞争优势。

（一）非结构化数据类型

1.文本

在掌握了元数据结构之后，就能够解译机器生成的数据等。当然，流数据中有一些字段需要利用更加高级的分析和发掘功能。

2.交互数据

交互数据是指社交网络中的数据，大量的业务价值隐藏其中。人们表达对人、产品的看法和观点，并以文本字段的方式存储。为了自动分析这部分数据，需要借助实体识别以及语义分析等技术。需要将文本数据以实体集合的形式展现，并结合其中的关系属性。

3.音频

许多研究是针对解译音频流数据的内容，并能够判断说话者的情绪，然后再利用文本分析技术对这部分数据进行分析。

4.视频

视频是最具挑战性的数据类型。图像识别技术可以对每一帧图像进行抽取，当然，要真正做到对视频内容进行分析还需要技术的进一步发展。而视频中又包括音频，可以用上述的技术进行解译。

（二）非结构化数据模型

对于非结构化数据的描述，除了采用关键字，还可以基于领域知识对数据中的对象进行解释。借助解释使得被解释的对象可以用一些概念来表达，并且基于这些概念进行对象检索，将这种检索方式称为基于概念的检索，例如OVID、CORE、SCORE系统等。随着本体（Ontology）理论在知识管理中的应用，基于本体的数据描述与检索方法也成为研究的热点。本体是以文本形式对一个共享概念的形式化规范说明。利用本体的词汇、规则和关系可以描述非结构化数据中各种对象所包含的概念，以及各种概念之间的关系结构，从而形成对数据所包含语义的注释。对于非结构化数据的检索，可以基于这些概念以及注释进行。基于内容的检索是以图像、音频、视频等多媒体数据中所包含的内容信息为索引进行的。这种检索方式以多媒体处理中的模式识别技术为基础，主要方法是抽取多媒体数据的内容特征，如图像的颜色、纹理、形状，以及内容特征之间的空间和时间关系，并以特征向量的形式存储。在检索时，计算被查询数据的特征向量与目标数据特征向量之间的相似距离，按相似度匹配进行检索。基于内容的检索，避免了对大量数据手工建立文本标注的问题。数据模型是非结构化数据管理系统的核心。现有的非结构化数据模型主要有关系模型、扩展关系模型、面向对象模型、E-R模型以及分层式数据模型等。基于现有关系数据库的研究成果，人们提出用结构化的方法管理非结构化数据，并采用关系模型表达非结构化数据的描述性信息，但是，关系无法表达非结构化数据的复杂结构。扩展关系模型是在关系模型的二维表结构中增加新的字段类型，表达非结构化数据。在多媒体数据库和空间数据库中，多采用面向对象模型。这种模型将具有相同静态结构、动态行为和约束条件的对象抽象为一类，各个类在继承关系下构成网络，整个面向对象的数据模型构成一个有向无环图。面向对象模型能够根据客观世界的本来面貌描述各种对象，能够表达对象间各种复杂的关系。该模型存在的问题是缺乏坚实的理论基础，并且实现复杂。

1.非结构化数据的描述

在内容上，非结构化数据没有统一的结构，数据以原生态行数据形式保存，因此计算机无法直接理解和处理。为了对不同类型的非结构化数据进行处理，可以对这些非结构化数据进行描述，利用描述性信息来实现对非结构化数据内容的管理和操作。经常采用关键字语义来描述非结构化数据，从图像的底层颜色、纹理和形状特征来描述图像或视频，也可以基于人类对一个复杂的过程或事物的理解的概念语义来描述。

2.非结构化数据组成

一个非结构化数据可以由基本属性、语义特征、底层特征以及原始数据四个部分构成，而且四个部分的数据之间存在各种联系。

基本属性：所有非结构化数据都具有的一般属性，这些属性不涉及数据的语义，包括名称、类型、创建者和创建时间等。

语义特征：以文字表达的非结构化数据特有的语义属性，包括作者创作意图、数据主题说明、底层特征含义等语义要素。

底层特征：通过各种专用处理技术（如图像、语音、视频等处理技术）获得的非结构化数据特性，例如对图像数据而言，有颜色、纹理、形状等。

原始数据：非结构化数据的原生态文件。

3.非结构化数据模型举例

（1）四面体模型

基于上述的四部分所提出的四面体模型对非结构化数据进行全面刻画。

（2）基于主体行为的非结构化数据模型

为了满足用户的复杂检索需求，在对用户的行为特性进行分析的基础之上，提出了基于主体行为的非结构化数据模型，该数据模型是基于对文件系统中属性使用情况的统计结果，通过优化文件属性、增加用户行为特性属性等方法，形成非结构化数据属性集，进而可以使用数据对象和属性类表示非结构化数据。

主要包括下述内容。

数据对象：数据对象与文件系统中的文件相对应，数据对象包括数据的属性与属性值，因此可以用<属性，属性值>对来组织文件。

属性：可以利用属性来描述文件特征，也可以通过属性对文件进行分类，通常将属性分为系统属性和扩展属性两类。

系统属性是指文件系统提供的描述文件信息的属性，例如文件的创建时间、最后修改时间、文件名、路径、权限等。系统属性又称元数据，文件系统通过这些元数据来组织文件，用户可以根据某个或多个元数据的信息对文件系统中的文件进行检索。

系统属性中的属性是为了操作系统更方便管理的通用属性，扩展属性可以更详细地描述各文件的特征信息，但不把元数据固定个数和格式存放在底层的数据结构中。

<属性，属性值>：<属性，属性值>可以作为一个扩展属性元组来描述文件，比仅使用属性作为关键字描述信息更加灵活和方便，更能准确和清晰反映信息的特征。

关系：关系实现了属性之间的联系。

（三）非结构化数据组织

1.数据组织

（1）文件目录树

文件是存储数据的基本单位，数据通常以文件的方式进行存储与管理，对数据的组织与管理也可以看成对文件的组织与管理。目录树是最常用的文件管理结构。目录树通过文件的路径名对文件进行分类管理，其优势是用户通过其对文件内容的理解，来建立路径名，将文件精确地存放到某个路径中，文件的路径名包括了逻辑语义和物理地址的作用，即用户通过文件路径名来进行逻辑管理。通过传统的文件目录树方式来管理大数据时，由于大数据不仅数据规模大，而且非结构化，由此成为两难问题，即用户既需要更详细的分类，又无法记住文件详细分类的绝对路径名。因此，文件目录树适用于非结构化的数据组织。

（2）索引与检索

多数用户无法记住所有数据信息的绝对路径，但是用户可以提供描述所需数据信息的某些特征，用户希望利用这些少量的特征信息来缩小数据文件集，进而更迅速地定位所需要的数据。应用索引与检索使用户仅需要一些简单的操作，就可以迅速找到部分所需的非结构化数据。但是，对于规模大、非结构化的大数据，准确性和易用性都满足不了用户的需要。

（3）语义文件系统

语义文件系统通常使用<分类，值>给文件赋予可检索的映射，分类是文件的属性，可以通过用户输入或者其他方法来获取，例如对全文进行分析，对文件路径的数据提取等。当属性确定之后，用户就可以建立该属性的虚拟文件夹，所有包含该属性的文件都可以链接到这个虚拟文件夹下，如果属性之间具有继承关系，那么虚拟父文件夹可以通过虚拟子文件夹的形式来体现。

2.大数据组织

（1）大数据组织管理系统的功能

结合语义文件系统和索引机制的特点，对大数据组织管理应该具有：①逻辑分类与物理分类。②利用<属性，属性值>来描述数据的特征。③不限制<属性，属性值>集，随着用户对的认识不断深入数据信息，对数据信息的描述也不断丰富。④根据不同的<属性，属性值>，组织数据，产生新的知识。⑤根据用户的行为习惯，方便高效地呈现用户所需要的数据。⑥更加高效的索引及检索机制。

大数据组织与管理的设计需要更合理地、智能地产生<属性，属性值>，并能够体现出用户对信息认识的渐进性。

（2）大数据组织的结构

根据大规模非结构化数据组织的需求，系统可以分为下述五个模块：①属性获取模块。属性获取模块主要完成<属性，属性值>对的生成、修改、删除以及一致性的相关操作。②属性组织模块。属性组织模块完成对存于系统中的属性组织关联，形成属性关系网。③THLI模块。THLI模块完成生成索引及提供检索的功能。④逻辑视图模块。逻辑视图模块负责对结果数据集进行分类和产生热点导航。⑤XML模块。XML模块负责对XML数据库相关操作。

利用上述五个模块，对大规模非结构化数据组织的过程如下所述。

数据文件进入文件系统时，可以对文件进行属性处理，通过系统对文件的属性以及系统原有的属性集进行再组织之后，完成属性索引。用户进行检索时，输入属性和属性值，首先通过THLI检索是否存在相关属性，然后在返回的结果集中检索符合属性值的数据集，最终呈现给用户。利用XML模块完成对数据模型（属性，属性值，关系）的存储。

（四）纯文本抽取通用程序库

1.文件格式自动识别功能

该功能通过解析文件内部的信息，自动识别生成文件的应用程序名和其版本号，不依赖于文件的扩展名，能够正确识别文件格式和相应的版本信息。支持Microsoft Office、RTF、PDF、Visio、Outlook EML和MSG、Lotus1-2-3、HTML、AutoCAD DXF和DWG、IGES、PageMaker、ClarisWorks、AppleWorks、XML、WordPerfect、Mac Write、Works、Corel Presentations、QuarkXpress、DocuWorks、WPS、压缩文件的LZH/ZIP/RAR以及OASYS等文件格式。

2.文本抽出功能

即使系统中没有安装文件的应用程序，该功能也可以从指定的文件或插入文件中的OLE中抽出文本数据。

3.文件属性抽出功能

该功能从指定的文件中，抽出文件属性信息。

4.页抽出功能

该功能从文件中抽出指定页中文本数据。

5.对加密的PDF文件文本抽出功能

该功能从设有打开文档口令密码的PDF文件中抽出文本数据。

6.流抽出功能

该功能从指定的文件或是嵌入文件中的OLE对象中向流里抽取文本数据。

7.支持的语言种类

本产品支持以下语言：英语、中文简体、中文繁体、日本语、韩国语。

8.支持的字符集合的种类

抽出文本时，可以指定以下的字符集合作为文本文件的字符集（也可指定任意特殊字符集，但需要另行定制开发）：GBK、GB18030、Big5、ISO-8859-1、KSX1001、Shift JIS、WINDOWS31J、EUC-JP、ISO-10646-UCS-2、ISO-10646-UCS-4、UTF-16、UTF-8等。

四、数据质量与数据清洗

要把繁杂的大数据变成一个完备的高质量数据集，清洗处理过程尤为重要。只有通过清洗之后，才能通过分析与挖掘得到可信的、可用于支撑决策的信息。高质量的数据有利于通过数据分析而得到准确的结果。

以往对数据的统计分析给予了足够多的关注，但有了高质量的数据之后，统计分析反而简单。统计分析关注数据的共性，利用数据的规律性进行处理，而数据清洗关注数据的个性，针对数据的差异性进行处理。有规律的数据便于统一处理，存在差异的数据难以统一处理，所以，大数据技术概论，从某种意义上说，数据清洗比统计分析更费时间、更困难。需对现有的数据进行有效的清洗、合理的分析，使之能够满足决策与预测服务的需求。

（一）数据质量

数据是信息的载体，高质量的数据是通过数据分析获得有意义结果的基本条件。数据丰富，信息贫乏的一个原因就是缺乏有效的数据分析技术，而另一个重要原因则是数据质量不高，如数据不完整、数据不一致、数据重复等，导致数据不能有效地被利用。数据质量管理如同产品质量管理一样贯穿于数据生命周期的各个阶段，但目前缺乏系统性的考虑。关于提高数据质量的研究由来已久，涉及统计学、人工智能和数据库等多个领域。

1.数据质量定义与表述

数据是进行数据分析的最基本资源，高质量的数据是保证完成数据分析的基础。尤其是大数据具有数据量巨大、数据类型繁多和非结构化等特征，为了快速而准确地获得分析结果，提供高质量的大数据尤其重要。数据质量与绩效之间存在着直接关联，高质量的数据可以满足需求，有益于获得更大价值。

数据质量评估是数据管理面临的首要问题。目前对数据质量有不同的定义，其中一种定义是数据质量是数据适合使用的程度，另一种定义是数据质量是数据满足特定用户期望的程度。

利用准确性、完整性、一致性和及时性来描述数据质量，通常将其称为数据质量的四要素。

（1）数据的准确性

数据的准确性是关于数据真实性的描述，即所存储数据的准确程度的描述。数据不准确的表现形式是多样的，例如字符型数据的乱码现象、异常大或者异常小的数值、不符合有效性要求的数值等。因为发现没有明显异常错误的数据十分困难，所以对数据准确性的监测是一项困难的工作。

（2）数据的完整性

数据的完整性是数据质量最基础的保障，在源数据中，可能由于疏忽、懒惰或为了保密使系统设计人员无法得到某些数据项的数据。假如这个数据项正是知识发现系统所关心的数据，那么对这类不完整的数据就需要填补缺失的数据。缺失数据可分为两类：一类是这个值实际存在但是没有被观测到；另一类是这个值实际上根本就不存在。

（3）数据的一致性

数据的一致性主要包括数据记录规范的一致性和数据逻辑的一致性。

①数据记录规范的一致性。数据记录规范的一致性主要是指数据编码和格式的一致性，都遵循确定的规范，所定义的数据也遵循确定的规范约束。例如，完整性的非空约束、唯一值约束等。这些规范与约束使得数据记录有统一的格式，进而保证了数据记录的一致性。

②数据逻辑的一致性。数据逻辑的一致性主要是指指标统计和计算的一致性，例如 $PV \geqslant UV$，新用户比例在 $0 \sim 1$ 之间等。具有逻辑上不一致性的答案可能以多种形式出现，例如，许多调查对象说自己开车去学校，但又说没有汽车；或者调查对象说自己是某品牌的重度购买者和使用者，但同时又在熟悉程度量表上给了很低的分值。

在数据质量中，保证数据逻辑的一致性比较重要，但也是一项比较复杂的工作。

（4）数据的及时性

数据从产生到可以检测的时间间隔称为数据的延时时间。虽然分析数据的实时性要求并不是太高，但是，如果数据的延时时间需要两三天，或者每周的数据分析结果需要两周后才能出来，那么分析的结论可能已经失去时效性。如果某些实时分析和决策需要用到延时时间为小时或者分钟级的数据，这时对数据的时效性要求就更高。所以及时性也是衡量数据质量的重要因素之一。

2.数据质量的提高策略

可以从不同的角度来提高数据质量，下面介绍从问题的发生时间或者提高质量所相关的知识这两个角度来提高数据质量的策略。

（1）基于数据的整个生命周期的数据质量提高策略

①从预防的角度考虑，在数据生命周期的任何一个阶段，都应有严格的数据规划和约束来防止脏数据的产生。②从事后诊断的角度考虑，由于数据的演化或集成，脏数据逐渐涌现，需要应用特定的算法检测出现的脏数据。

（2）基于相关知识的数据质量提高策略

①提高策略与特定业务规则无关，例如数据拼写错误、某些缺失值处理等，这类问题的解决与特定的业务规则无关，可以从数据本身中寻找特征来解决。②提高策略与特定业务规则相关，相关的领域知识是消除数据逻辑错误的必需条件。

由于数据质量问题涉及多方面，成功的数据质量提高方案必然综合应用上述各种策略。目前，数据质量的研究主要围绕数据质量的评估和监控，以及从技术的角度保证和提高数据质量。

3.数据质量评估

数据质量评估和监控是解决数据质量问题的基本问题。尽管对数据质量的定义不同，但一般认为数据质量是一个层次分类的概念，每个质量类都分解成具体的数据质量维度。数据质量评估的核心是具体地评估各个维度，数据质量评估的12个维度如下。

（1）数据规范

数据规范是对数据标准、数据模型、业务规则、元数据和参考数据进行有关存在性、完整性、质量及归档的测量标准。

（2）数据完整性

数据完整性是对数据进行存在性、有效性、结构、内容及其他基本数据特征测量的标准。

（3）重复性

重复性是对存在于系统内或系统间的特定字段、记录或数据集重复的测量标准。

（4）准确性

准确性是对数据内容正确性进行测量的标准。

（5）一致性和同步性

一致性和同步性是对各种不同的数据仓库、应用和系统中所存储或使用的信息等价程度的测量，以及使数据等价处理流程的测量标准。

（6）及时性和可用性

及时性和可用性是在预期时段内数据对特定应用的及时程度和可用程度的测量标准。

（7）易用性和可维护性

易用性和可维护性是对数据可被访问和使用的程度以及数据能被更新、维护和管理程度的测量标准。

（8）数据覆盖性

数据覆盖性是对数据总体或全体相关对象数据的可用性和全面性的测量标准。

（9）质量表达性

质量表达性是进行有效信息表达以及如何从用户中收集信息的测量标准。

（10）可理解性、相关性和可信度

可理解性、相关性和可信度是数据质量的可理解性和数据质量中执行度的测量标准，以及对业务所需数据的重要性、实用性及相关性的测量标准。

（11）数据衰变性

数据衰变性是对数据负面变化率的测量标准。

（12）效用性

效用性是数据产生期望业务交易或结果程度的测量标准。

在评估一个具体项目的数据质量时，首先需要先选取几个合适的数据质量维度，然后再针对每个所选维度，制订评估方案，选择合适的评估手段进行测量，最后合并和分析所有质量评估结果。

（二）数据质量提高技术

数据质量提高技术可以分为实例层和模式层两个层次。在数据库领域，关于模式层的应用较多，而在数据质量提高技术的角度主要关注根据已有的数据实例重新设计和改进模式的方法，即主要关注数据实例层的问题。数据清洗是数据质量提高技术的主要技术，数据清洗的目的是消除脏数据，进而提高数据的可利用性，主要消除异常数据、清除重复数据、保证数据的完整性等。数据清洗的过程是指通过分析脏数据产生的原因和存在形式，构建数据清洗的模型和算法来完成对脏数据的清除，进而实现将不符合要求的数据转化成满足数据应用要求的数据，为数据分析与建模建立基础。

1.单数据源的数据质量

单数据源的数据质量问题可以分为模式层和实例层两类问题。

（1）模式层

一个数据源的数据质量取决于控制这些数据的模式设计和完整性约束。例如，文件就是由于对数据的输入和保存没有约束，进而可能造成错误和不一致。因此，出现模式相关的数据质量问题是因为缺乏合适的特定数据模型和特定的完整性约束。

（2）实例层

与特定实例问题相关的错误和不一致错误（如拼写错误）不能在模式层得到预防。不唯一的模式层约束不能够防止重复的实例，例如同一现实实体的记录能够以不同的字段值输入两次。

（3）四种不同的问题

无论模式层的问题，还是实例层问题，都可以分成字段、记录、记录类型和数据源四种不同的问题：

字段：错误仅局限于单个字段值中。

记录：错误表现在同一个记录中不同字段值之间出现的不一致。

记录类型：错误表现在同一个数据源中不同记录之间出现的不一致。

数据源：错误表现在同一个数据源中的某些字段和其他数据源中相关值出现的不

一致。

2.多数据源的质量问题

在多个数据源情况下，上述问题表现更为严重，这是因为每个数据源都是为了特定的应用而单独开发、部署和维护，进而导致数据管理、数据模型、模式设计和产生的实际数据的不同。每个数据源都可能包含脏数据，而且多个数据源中的数据可能出现不同的表示、重复和冲突等。

（1）模式层

在模式层，模式设计的主要问题是命名冲突和结构冲突。

命名冲突：命名冲突主要表现为不同的对象使用同一个命名和同一对象可能使用多个命名。

结构冲突：结构冲突存在许多不同的情况，一般是指不同数据源中同一对象有不同的表示，如不同的组成结构、不同的数据类型、不同的完整性约束等。

（2）实例层

除了模式层冲突，也出现了许多实例层冲突，即数据冲突。

由于不同的数据源中的数据表示可能不同，单数据源中的问题在多数据源中都可能出现，例如重复记录、冲突的记录等。在整个的数据源中，尽管有时不同的数据源中有相同的字段名和类型，但仍可能存在不同的数值表示，例如对性别的描述，数据源A中可能用0/1来描述，数据源B中可能用F/M来描述；或者对一些数值的不同表示，例如数据源A采用美元作为度量单位，而数据源B采用欧元作为度量单位。不同数据源中的信息可能表示在不同的聚集级别上，例如一个数据源中信息可能指的是每种产品的销售量，而另一个数据源中信息可能指的是每组产品的销售量。

3.实例层数据清洗

数据清洗主要研究如何检测并消除脏数据，以提高数据质量。数据清洗的研究主要是从数据实例层的角度来考虑提高数据质量。

（三）数据清洗算法的标准

数据清洗是一项与各领域密切相关的工作，由于各领域的数据质量不一致、充满复杂性，所以还没有形成通用的国际标准，只能根据不同的领域制定不同的清洗算法。数据清洗算法的衡量标准主要包含下述几方面：

（1）返回率

返回率是指重复数据被正确识别的百分率。

（2）错误返回率

错误返回率是指错误数据占总数据记录的百分比。

（3）精确度

精确度是指算法识别出的重复记录中的正确的重复记录所占的百分比，计算方法如下：精确度=100%－错误返回率

（四）数据清洗的过程与模型

数据清洗的基本过程

S1：数据分析。在数据清洗之前，对数据进行分析，对数据的质量问题有更为详细的了解，从而更好地选取方法来设计清洗方案。

S2：定义清洗规则。通过数据分析，掌握了数据质量的信息后，针对各类问题制定清洗规则，如对缺失数据进行填补策略选择。

S3：规则验证。检验清洗规则的效率和准确性。在数据源中随机选取一定数量的样本进行验证。

第三章　数据质量

第一节　数据质量概述

全面了解数据质量问题所造成的影响、产生的根源、表现形式以及改善数据质量的技术和方法，成为数据分析过程中最基础的环节。今天，许多组织和企业已经获取大量的数据和信息，但却发现没有多少数据能满足他们的信息需求。当用户为了知识管理和组织记忆而试图改进系统时，数据和信息质量带来的问题会对它们造成更大的影响。

一、数据质量带来的影响

在人类航天史上，最早由于数据质量问题带来的巨大损失发生在美国国家航天局（NASA）。1999年，NASA发射升空的火星气象卫星（Mars Climate Orbiter）经过10个月的旅程到达火星，原本预计这颗卫星将对火星表面进行为期687天的观测，可是卫星到达火星后就被烧毁了。NASA经过一番调查后得出结论：飞行系统软件使用公制单位——牛顿——计算推进器动力，而地面人员输入的方向校正量和推进器参数则使用英制单位——磅力。设计文档中的这种数据单位的混乱导致了探测器进入大气层的高度有误，最终瓦解碎裂。这颗火星气象卫星的损毁给NASA造成了1.25亿美元的损失。

无独有偶，2016年2月，日本宇航局一颗造价接近19亿元人民币的X射线太空望远镜升空，除了搭载日本自己的仪器外，还搭载了美国和加拿大宇航局的仪器。科学家希望利用这台太空望远镜观测黑洞、天体碰撞或爆炸，从而帮助研究人员探索宇宙的演变过程。然而，发射升空一个多月后，这台望远镜出现了异常情况。3月25日，望远镜正在对其中一个天体进行设备性能验证操作时，望远镜的高度首先发生了异常变化。3月26日，卫星突然开始不停地旋转，在高速旋转之下，甩飞了太阳能电池板以及各种设备，最后造成了设备解体，整个望远镜完全报废。根据调查，事故发生的原因是日本人把程序写反了，即当望远镜发生异常进行高速旋转时，应该往旋转的反方向喷气，减慢其旋转速度。但是，电脑给出的指令却是顺着旋转方向喷气，进一步加快旋转速度，最终发生了望远镜解体。由于这条指令是一周多前没有经过完整测试就上传到望远镜上的，因此导致了事故的发生。

在医疗领域，原始医疗数据主要来源于各种登记记录过程、临床诊断过程。由于长期以来的重视程度不够和缺乏统一的数据标准以及监控系统，致使现在的原始医疗数据质量问题十分突出。医院对2012年11月出院的1217份病案进行检查，发现实验室检查结果记录不全占36.95%，诊疗经过不全占34.07%，出院医嘱不详占25.13%，病历质量不容乐观。2010年，美国一位医生给一个身患癫痫病的12岁小孩开出治疗药物扑痫酮（Primidone），由于药剂师误读医生的笔迹，将类固醇药物泼尼松（Prednisone）当作扑痫酮给小孩服用。在经过4个月药物治疗后，小孩得了类固醇诱导的糖尿病。可是，造成糖尿病的原因却一直没有发现，最终，这个孩子死于酮症酸中毒。

在商业领域，低劣的数据质量也会带来巨大的经济损失。2001年，普华永道会计师事务所在纽约进行的一项研究中发现：所调查的599家公司中有75%的公司经历过因缺陷数据而引起的财政损失。报告指出，因不良数据管理，全球企业每年有140多亿美元浪费在结账、记账和库存混乱上。2007年，国际著名科技咨询机构Gartner的调查显示，全球财富1000强企业中超过25%的企业信息系统中的数据不准确或者不完整，这些数据是导致商业智能以及CRM项目失败的主要原因。2021年上半年，企查查发误导信息判赔蚂蚁金服60万元人民币。这是公共数据和数据质量的判决第一案。同样是2021年，中国银行保险监督管理委员会因监管标准化数据（EAST）系统数据质量及数据报送存在违法违规行为对包括四大行在内的8家大型商业银行开出1970万元人民币罚单。越来越多的处罚案例，在提醒我们要重视数据治理，强调高质量的数据在发挥数据价值中的重要性。

二、影响数据质量的因素

影响数据质量的因素有很多，既有技术方面的因素，又有管理方面的因素。无论由哪个方面的因素造成的，其结果均表现为数据没有达到预期的质量指标。在数据的生产和处理中，任何一个环节的问题都会对信息系统的数据质量产生负面影响。下面从数据生命周期的角度，阐述影响数据质量的主要因素。数据生命周期是指数据从产生，经数据加工和发布、备份和保存，最终实现数据再利用的一个循环过程。

数据收集是指根据用户需求或者从实际应用出发，收集相关数据。这些数据可以由内部人员手工录入，也可以从外部数据源批量导入。在数据收集阶段，引起数据质量问题发生的因素主要包括数据来源和数据录入。通常，数据来源可分为直接来源和间接来源。数据的直接来源主要包括调查数据和实验数据，它们是由用户通过调查或观察以及实验等方式获得的第一手资料，可信度很高。间接来源是收集一些政府部门或者权威机构公开出版或发布的数据和资料，这些数据也称为二手数据。在互联网时代，由于获取数据和信息非常方便和快速，二手数据逐渐成为主要的数据来源。但是，一些二手数据的可信度并不高，存在诸如数据错误、数据缺失等质量问题，在使用时需要进行充分评估。

许多原始数据并没有形成数字化形式，需要从期刊、文档或者其他资料中提取信息，由于存在印刷错误或对原始数据资料的曲解，造成数据录入错误或者数据缺失；另外，当录入人员不知道正确值时，经常编造一个容易输入的默认值，或录入他们认为的典型值，通过引入"脏数据"以达到所谓的伪完整性（Spurious Integrity），这样的数据通常会带来数据错误。

数据整合是共享或者合并来自两个或者更多应用的数据，创建一个具有更多功能的企业应用的过程，它主要通过各种不同数据源之间的数据传递、转换、净化、集成等功能实现。数据整合最终目标是建立集各类业务数据于一体的数据仓库，为市场营销和管理决策提供科学依据。

在数据整合阶段，最容易产生的质量问题是数据集成错误。将多个数据源中的数据合并入库是常见的操作，这时需要解决数据库之间的不一致或冲突的质量问题，在实例级主要是相似重复问题，在模式级主要是命名冲突和结构冲突。为了解决多数据源之间的不一致和冲突，在基于多数据源的数据集成过程中可能导致数据异常，甚至引入新的异常。因此，数据集成是数据质量问题的一个来源。

数据建模是一种对现实世界各类数据进行抽象的组织形式，确定数据的使用范围、数据自身的属性以及数据之间的关联和约束。数据建模可以记录商品的基本信息，如形状、尺寸和颜色等，同时也反映在业务处理流程中数据元素的使用规律。好的数据建模可以用合适的结构将数据组织起来，减少数据重复并提供更好的数据共享；同时，数据之间约束条件的使用可以保证数据之间的依赖关系，防止出现不准确、不完整和不一致性的质量问题。

数据分析（处理）是指用适当的统计分析方法对收集来的大量数据进行分析，提取有用信息和形成结论而对数据加以详细研究和概括总结的过程。这一过程也是质量管理体系的支持过程。

测量错误是数据分析阶段的常见质量问题，它包括三类问题：一是测量工具不合适，引起数据不准确或者异常；二是无意的人为错误，如方案问题（如不合适的抽样方法）以及方案执行中的问题（如测量工具误用）等；三是有意的人为舞弊，即出于某种不良意图的造假，例如，2005年韩国国立首尔大学教授黄禹锡的干细胞研究实验数据造假案件，这类数据可以直接导致信息系统决算错误，同时也造成严重后果和社会影响。

数据发布和展示是将经处理和分析后的数据以某一种形式（表格和图表等）展现给用

户，帮助用户直观地理解数据价值及其所蕴含的信息和知识，同时提供数据共享。相比较而言，数据发布和展示阶段的质量问题要比前面几个阶段少，数据表达质量不高是这一阶段存在的主要问题，展示数据的图表不容易理解、表达不一致或者不够简洁都是一些常见的质量问题。

数据备份是容灾的基础，是指为防止系统出现操作失误或系统故障导致数据丢失，而将全部或部分数据集合从应用主机的硬盘或阵列复制到其他的存储介质的过程。严格来说，数据备份阶段并不存在质量问题，它只是为数据使用提供一个安全和可靠的存储环境。一旦数据遭受破坏不能正常使用时，可以利用备份好的数据进行完整、快速的恢复。

数据再利用是指为了在更大范围内发挥数据的作用，用户可以对数据进行再加工，提供数据增值服务。例如，数据可视化、数据模拟等。这一阶段的质量问题主要是用户需求或者业务场景发生了改变，导致原来符合质量需求的数据有可能不满足新的质量标准，需要进一步改善数据质量。

三、数据质量定义

从20世纪50年代开始，人们开始研究质量问题，"质量"成了一个在现代社会中被广泛使用的词语，却没有形成单一、固定的概念。质量的一般含义经历了物质产品质量的狭义概念到物质产品质量、服务质量及各行各业质量的广义概念的认识过程。虽然不同学者和机构给"质量"一词以不同的定义，但下面两种是较为典型的。一是Juarn和Grgna在1980年提出的：所谓"质量"即指"使用的适合性"。他们对质量的定义强调，产品或服务的质量应该满足用户的期待和需要。国际标准化组织（ISO）对"质量"的定义更明确地阐述了这一点。1986年，ISO 8402提出，"质量"是指"产品或服务所具备的满足明确或隐含需求能力的特征和特性的总和"。

20世纪80年代，随着信息技术的飞速发展，人们将目光转向了数据质量（Data Quality，DQ）的研究。数据质量在不同组织也有不同的定义。例如，麻省理工学院（MIT）Richard. Y. Wang教授领导的全面数据质量管理（Total Data Quality Management，TDQM）研究小组对数据质量领域进行了较为全面的研究。他们采纳了"使用的适合性"的概念，将数据质量定义为"数据适合数据消费者的使用"。数据质量判断依赖于使用数据的个体，不同环境下不同人员的"使用的适合性"不同。

Thomas Redman给出了数据质量的定义，他认为：如果数据在运营、决策和规划中能够满足客户的既定用途，数据便是高质量的。根据这一定义，客户是质量的最终裁决者。

美国国家统计科学研究所（NISS）关于数据质量研究的主要观点在于：A.数据是产品。B.作为产品，数据有质量，这个质量来自产生数据的过程。C.数据质量原则上可以测量和改进。D.数据质量与环境有关。E.数据质量是多维度的。F.数据质量是多尺度的。

G.人的因素是核心。

国内学者陈远等认为，"数据质量可以用正确性、准确性、不矛盾性、一致性、完整性和集成性来描述"。周东则认为，数据质量"是由从数据的一致性、准确性到相关性等一系列的参数决定"。

可见，数据质量在学术界和工业界并没有形成统一的定义，学术界大多认可MIT关于数据质量的定义，工业界要么采用ISO的定义，要么根据各自的特定领域扩展了"使用的适合性"的内涵。

本书借鉴上述学者的一些研究成果，将数据质量定义如下：

数据质量是指在业务环境下，数据符合数据消费者的使用目的，能满足业务场景具体需求的程度。

在不同的业务场景中，数据消费者对数据质量的需要不尽相同，有些人主要关注数据的准确性和一致性，另外一些人则关注数据的实时性和相关性，因此，只要数据能满足使用目的，就可以说数据质量符合要求。

四、大数据时代数据质量面临的挑战

进入21世纪后，信息技术产业出现了许多具有颠覆性的技术变革，如云计算、物联网、社交网络等。这些技术的兴起使得数据正在以前所未有的速度不断地增加和累积，进而催生出备受人们关注的技术——大数据。大数据的出现引起了产业界、学术界和政府部门的高度关注。与传统数据相比，大数据具有一些新的特性，因此，如何从海量的、快速变化的、内容庞杂的大数据中提取出质量高和真实的数据就成为企业处理大数据亟待解决的问题。目前，大数据质量面临着如下一些挑战。

（一）数据来源的多样性

带来丰富的数据类型和复杂的数据结构，增加了数据集成的难度。以前，企业常用的数据仅仅涵盖自己业务系统所生成的数据，如销售、库存等数据；但是，现在企业所能采集和分析的数据已经远远超越这一范畴。大数据的来源非常广泛，主要包括四个途径：一是来自互联网和移动互联网产生的数据量；二是来自物联网所收集的数据；三是来自各个行业（医疗、通信、物流、商业等）收集的数据；四是科学实验与观测数据。这些来源造就了丰富的数据类型。不同来源的数据在结构上差别很大。结构化数据、半结构化数据和非结构化数据是三种常见的数据结构，在这三种结构中，非结构化数据占据了数据总量的80%以上。

企业要想保证从多个数据源获取结构复杂的大数据并有效地对其进行整合，是一项异常艰巨的任务。来自不同数据源的数据之间存在着冲突、不一致或相互矛盾的现象。在数据量较小的情形下，可以通过人工查找或者编写程序；当数据量较大时可以通过ETL或者ELT就能实现多数据源中不一致数据的检测和定位，然而这些方法在PB级，甚至EB级的数据量面前却显得力不从心。

（二）数据量巨大

难以在合理时间内判断数据质量的好坏。工业革命以后，以文字为载体的信息量大约每十年翻一番；1970年以后，信息量大约每三年就翻一番；如今，全球信息总量每两年就可以翻一番。2011年，全球被创建和被复制的数据总量有1.8ZB（相当于18亿个1TB的移动硬盘）。要对这么大体量的数据进行采集、清洁、整合，最后得到符合要求的高质量数据，这在一定时间内是很难实现的。因为大数据中的非结构化数据的比例非常高，从非结构化类型转换结构化类型再进行处理需要花费大量时间，这对现有处理数据质量的技术来说是一个极大的挑战。对于一个组织和机构的数据主管来说，在传统数据下，数据主管可管理大部分数据；但在大数据环境下，数据主管只能管理相对更小的数据。2020年，全球数据总量预计达到44ZB，我国占到18%。

（三）数据变化速度快

数据"时效性"很短，对处理技术提出更高的要求。由于大数据的变化速度较快，有些数据的"时效性"很短。如果企业没有实时地收集所需的数据，或者处理这些收集到的数据需要很长的时间，那么有可能得到的就是"过期的"、无效的数据。对这些数据进行处理和分析的过程中，就会出现一些无用的或者误导性的结论，最终导致政府或企业的决策失误。目前，对大数据进行实时处理和分析的软件还在研制或完善中，真正有效的商用产品还较少。

（四）国内外没有形成统一认可的数据质量标准

对大数据质量的研究才刚刚起步。为了保证产品质量，提高企业效益，1987年，国际上出现了ISO 9000标准族。目前，全世界已有100多个国家和地区积极推行这个国际标准。国际社会对该标准族的广泛接纳，促进了企业在国内和国际贸易中的相互理解。有利于消除贸易壁垒。与之相比，数据质量标准的研究虽然始于20世纪90年代，但是直到2011年，国际标准组织（ISO）才专门制定了ISO 8000数据质量标准。截止到2021年，已经有超过20个发达国家参与了ISO 8000标准，但是该标准存在许多争议，有待成熟和完善。同时，国内外对于大数据质量的研究才刚刚起步，成果较少。

第二节　数据质量相关技术

数据集成是将相互关联的分布式异构数据源集成到一起，让用户以透明的方式访问这些数据源，以便消除信息孤岛现象。集成后的数据可以使用数据剖析来统计数据的内容和结构，为后续的质量评估提供依据。当我们经过人工方式或者自动化方式检测和评估数据后，发现其质量没有达到预期目标，就需要分析产生问题数据的来源和途径，并且采取必要的技术手段和措施改善数据质量。数据溯源和数据清洁这两项技术分别用于数据来源追踪和管理，数据净化和修复，最终得到高质量的数据集或者数据产品。

一、数据集成

数据集成是把不同来源、格式、特点性质的数据在逻辑上或物理上有机地集中，从而为企业提供全面的数据共享。在企业数据集成领域，已经有了很多成熟的框架可以利用，如采用联邦式、基于中间件模型和数据仓库等方法来构造集成的系统，这些技术在不同的着重点和应用上解决数据共享和为企业提供决策支持。本书主要以数据仓库为例进行介绍。

1997年，W. H. Inmon在其代表性著作《建立数据仓库》中首次提出了数据仓库的定义：数据仓库是面向主题的、集成的、非易失的和随时间变化的数据集合，它用以支持决策经营管理中的决策制定过程。数据仓库系统通常是对多个异构数据源的有效集成，集成后按照主题进行重组，包含历史数据。存放在数据仓库中的数据通常不再修改，用于做进一步的分析型数据处理。作为一个系统而言，数据仓库包含了不同的阶段和部分。

（一）数据来源层

数据仓库中使用的数据来源主要有：业务数据、历史数据、办公数据、Web数据、外部数据和元数据。业务数据是指源于当前正在运行的业务系统中的数据。历史数据是指组织在长期的信息处理过程中所积累下来的数据，这些数据通常存储在磁带或者类似存储设备上，对业务系统的当前运行不起作用。办公数据是指组织内部的办公系统数据，主要由电子数据和非电子数据构成。Web数据是由组织从Internet获取的数据，一般以HTML格式表示，需要将其转换为数据仓库的统一格式后才能加载到数据仓库。外部数据是指那些不为组织所产生、所拥有、所控制的数据。元数据描述了数据仓库中各种类型来源数据的基本信息，包括：来源、名称、定义、创建时间和分类等。这些信息构成了数据仓库中的基本目录。

（二）数据准备层

不同来源的数据在进入数据仓库之前，需要执行一系列的预处理以保证数据质量，这些工作可以由数据准备层完成。这一层的功能可以归纳为"抽取（Extract）—转换（Transfer）—加载（Load）"，即ETL操作。

数据抽取是从数据源中抽取数据的过程。实际应用中，数据源较多采用的是关系数据库。从数据库中抽取数据一般分为全量抽取和增量抽取两种方式。全量抽取类似于数据迁移或数据复制，它将数据源中的表或视图的数据原封不动地从数据库中抽取出来，并转换成自己的ETL工具可以识别的格式。增量抽取只抽取数据库中要抽取的表中新增或修改的数据。

抽取后的数据不一定完全满足目标库的标准和要求，如数据格式的不一致、数据输入错误、数据不完整等，因此，有必要对抽取出的数据进行数据转换和加工。数据的转换和加工可以在ETL引擎中进行，也可以在数据抽取过程中利用关系数据库的特性同时进行。

ETL引擎中一般以组件化的方式实现数据转换。常用的数据转换组件有字段映射、数据过滤、数据清洁、数据替换、数据计算、数据验证、数据加解密、数据合并、数据拆分等。关系数据库本身已经提供了强大的SQL、函数来支持数据的加工，如在SQL查询语句中添加Where条件进行过滤，查询中重命名字段名与目的表进行映射，Substr函数，Case条件判断式。

将转换和加工后的数据装载到目的库中通常是ETL过程的最后步骤。装载数据的最佳方法取决于所执行操作的类型以及需要装入多少数据。当目的库是关系数据库时，一般来说，有两种装载方式。一种方式是使用SQL语句中的Insert命令来加载数据。但是，如果需要加载的数据量太大，这种方式的执行效率会很低。另一种方式是使用诸如Bcp、Bulk、Load等关系数据库特有的批量装载工具。批量装载易于操作，并且在装入大量数据时效率较高。

（三）数据仓库层

数据仓库是数据存储的主体，其存储的数据包括三个部分。一是指将经过ETL处理后的数据按照主题进行组织和存放到业务数据库中。二是存储元数据。三是针对不同的数据挖掘和分析主题生成数据集市。

（四）数据集市

数据仓库是企业级的，能够为整个企业中各个部门的运行提供决策支持。但是，构建数据仓库的工作量大、代价很高。数据集市是面向部门级的，通常含有更少的数据、更少的主题区域和更少的历史数据。数据仓库普遍采用ER模型来表示数据，而数据集市则采用星形数据模型来提高性能。

（五）数据分析/应用层

数据分析/应用层是用户进入数据仓库的端口，面向的是系统的一般用户，主要用来满足用户的查询需求，并以适当的方式向用户展示查询、分析的结果。数据分析工具主要有地理信息系统（GIS）、查询统计工具、多维数据的OLAP分析工具和数据挖掘工具等。

二、数据剖析

数据剖析（Data Profiling），也称为数据概要分析，或者数据探查，是一个检查文件系统或者数据库中数据的过程，由此来收集它们的统计分析信息。同时，也可以通过数据剖析来研究和分析不同来源数据的质量。数据剖析不仅有助于了解异常和评估数据质量，也能够发现、注册和评估企业元数据。

传统的数据剖析主要是针对关系型数据库中的表，而新的数据剖析将会面对非关系型的数据、非结构化的数据以及异构数据的挑战。此外，随着多个行业和互联网企业的数据开放，组织和机构在进行数据分析时，不再局限于使用自己所拥有的数据，而是将目光转向自己不能拥有或者无法产生的数据源，故而产生了多源数据剖析。多源数据剖析是对来自相同领域或者不同领域数据源进行集成或者融合时的统计信息收集。

单源数据的统计信息除了基本的记录条数、最大值、最小值、最大长度、最小长度、唯一值个数、NULL值个数、平均数和中位数、针对字段的枚举和分布频率外，还包括相关性分析、主键相关分析和血缘分析等。多源数据的统计信息则包括主题发现、主题聚类、模式匹配、重复值检测和记录链接等。

下面对这些剖析任务分别进行详细介绍。

（一）值域分析

值域分析对于表中的大多数字段都适合。可以分析字段的值是否满足指定域值，如果字段的数据类型为数值型，还可以分析字段值的统计量，例如，最大值、最小值、中位数、均值、方差等。通过值域分析，发现数据是否存在取值错误、最大值/最小值越界，取值为NULL值等异常情况。

（二）基数分析

基数分析更适合于维度类指标，用来统计字段中不同值的个数。这种方法对于度量类指标数据比较集中，基数下记录个数过大或过小等。

（三）类型监测

类型监测可以分析字段真实值是否符合定义的数据类型。

（四）数据分布

数据分布用来分析各个维度值在总体数据中的分布情况，如频数、频率、频数分布，或者数据的整体分布情况，如数据满足二项分布、泊松分布、均匀分布等。数据分布不符合预期，度量类指标数据过分集中，发现有NULL值过多等问题都可以利用这种方式探查出来。

（五）波动监测

波动监测分析检测值在一定周期内的数值波动是否在指定阈值内（如日环比，周同比），这种方法更多地用于线上数据监控中，可以分析检测值在一定周期内的数值波动是否在指定阈值内，如出现大幅波动需要关注。

（六）异常值监测

异常值监测分析字段中是否包含异常数据，例如，空、"NULL"，以及其他一些约定异常值的数据的数量。

（七）功能相关性分析

功能相关性分析用来判断字段或字段之间是否满足指定的业务规则，为了完成这项分析，需要理解本表内字段间的业务逻辑关系，如发货时间大于订单生成时间等。

（八）主键唯一性分析

分析表数据中主键是否唯一，这个非常重要，如果主键不唯一会给下游表的计算带来无穷的困扰，这项操作一般可以由数据库管理系统本身来执行。

（九）表基础分析

表基础分析需要分析表的统计量，如分区、行数、大小等。如果有对照表，可以参考对照表进行，如无对照表则靠经验值进行分析，判断此表的业务对于表的基础统计量是否符合预期。

（十）外键分析

外键分析可以判断两张表之间的参照完整性约束条件是否得到满足，即参照表中外键的取值是否都源于被参照表中的主键或者是MULL值。如果参照表中的外键没有在被参照表中找到对应，或者外键为异常值等情况都属于质量问题。

（十一）血缘分析

分析表和字段从数据源到当前表的血缘路径，以及血缘字段之间存在的关系是否满足，关注的数据的一致性以及表设计的合理性。

（十二）主题覆盖

主题覆盖包括主题发现和主题聚类。当集成多个异构数据集时，如果它们来自开放数据源或者是网络上获取的表，并且主题边界不清晰，那么就需要识别这些来源所涵盖的主题或者域，这一过程就称为主题发现，根据主题发现的结果，将主题相似的数据集聚集为一个分组或者一类数据集，则这个处理过程可称为主题聚类。

（十三）模式覆盖

模式覆盖主要是指模式匹配。在信息系统集成过程中，最重要的工作是发现多个数据库之间是否存在模式的相似性。模式匹配是以两个待匹配的数据库为输入，以模式中的各种信息为基础，通过匹配算法，最终输出模式之间元素在关系数据库中对应的属性映射关系的操作。

（十四）数据交叠

当完成模式交叠后，下一步工作就是确定数据交叠。所谓数据交叠是指现实世界的一个对象在两个数据库中使用不同的名称表示，或者使用单一的数据库但又在多个时间内表示。数据交叠可能产生同一实体具有多个不同的名字、多个属性值重复等质量问题，需要通过重复值检测或者记录链接等方式进行消除。

三、数据清洁

数据清洁（Data Cleaning，Data Scrubbing）也称为数据净化，是指检测数据集合中存在的不符合规范的数据，并进行数据修复，提高数据质量的过程。数据清洁一般是自动完成的，只有在少数情况下需要人工参与完成。数据清洁可分为"特定领域（Domain-Specific）数据清洁"和"领域无关（Domain-Independent）数据清洁"两类。"特定领域数据清洁"需要用到相关领域知识，并要求参与清洁过程的人员掌握相关领域知识；"领域无关数据清洁"面向普通数据库用户，适用于不同的业务领域，更方便与传统数据库管理系统相整合。

"脏数据"的类型有许多种类而且每种脏数据出现的原因也不一样，本书将脏数据分为单数据源模式层问题、单数据源实例层问题、多数据源模式层问题和多数据源实例层问题四种类型。

"脏数据"的类型有很多种，在实例层来说，单数据源的"脏数据"就是不完整数据、不正确数据、不可理解数据、过时数据、数据重复等，单数据源的数据清洁需要在属性上对数据进行检测与处理。多数据源的"脏数据"更为复杂，主要指大量的重复数据、数据冲突，多数据源的数据清洁重点是对重复数据的检测与处理、解决数据冗余和数据冲突问题。

数据清洁的原理就是通过分析脏数据的产生原因及存在形式，对数据流的过程进行考察、分析，并总结出一些方法（数理统计、数据挖掘或预定义规则等方法），将脏数据转化成满足数据质量要求的数据。

为了提高数据质量，数据清洁方法可以划分为基于模式层和基于实例层的方法，下面详细介绍这两种方法的具体实现。

（一）模式层脏数据的清洁方法

模式层脏数据产生原因主要包括数据结构设计不合理和属性约束不够两方面，因而，针对两方面问题提出了避免冲突的清洁方法以及属性约束的清洁方法。

1.属性约束的清洁方法

在关系数据库中，由于属性约束设置不合理而产生的脏数据类型有：缺少完整性约束、唯一性冲突和参照完整性冲突等。针对这类问题的清洁方法有人工干预法和函数依赖法。人工干预法能解决类型冲突、关键字冲突等问题，而函数依赖法主要针对依赖冲突等问题而提出，通过属性间的函数依赖关系，查找违反函数依赖的值等实现脏数据的清洁。

2.避免冲突的清洁方法

在数据仓库中，由于存在多个数据来源，容易产生命名冲突和结构冲突的问题。为解决此类问题，需要配合元数据一起使用。如果是模式冲突可以对数据进行重构，对于语义冲突可以建立元数据来解决。识别不同数据源间的等价实体，通常需要建立三个层次的等价实体关系表，包括数据库级索引表、表级等价实体对照表和字段级等价实体对照表。

（二）实例层脏数据的清洁方法

实例层的脏数据主要有：拼写错误、重复/冗余记录、空值、数据失效和噪声数据。每一张脏数据的清洁方法如下所示：

1.拼写错误的清洁方法

拼写错误可以通过拼写检查器来检错和纠错，这是一种基于字典搜索的拼写检查方法。拼写检查器能够快速发现英文单词的错误，但是，对于中文单词的检错和纠错的效率却不太高，有时，还需要配合人工检查一起完成数据清洁。

2.空缺值的清洁方法

空缺值的清洁方法包括：忽略元组；人工填写空缺值；使用一个全局变量填充空缺值；使用属性的中心度量（均值、中位数等）；使用与给定数据集属于同一类的所有样本的属性均值、中位数、最大值、最小值、从数等；使用最可能的值；使用复杂的概率统计函数值填充空缺值。

3.重复数据的清洁方法

要清洁重复数据，首先要检测出所有的重复值。检测方法主要分为：基于字段和基于记录的重复检测。基于字段的重复检测算法主要包括编辑距离算法、树编辑距离算法、相似匹配算法、相似度函数算法等。其中，编辑距离算法是最常用的算法，易于实现。基于记录的重复检测算法主要包括排序邻居算法、优先队列算法、聚类算法等。

4.不一致数据的清洁方法

运用数据迁移工具指定简单的转换规则（如将字符串Gender替换成Sex）完成清洁。数据清洁工具使用领域特有的知识（如邮政地址）对数据作清洁。它们通常采用语法分析和模糊匹配技术完成对多数据源数据的清理。

5.噪声数据的清洁方法

噪声数据清洁的常用方法有：分箱（Binning）法，即通过考察属性值的周围值来平滑属性的值。属性值被分布到一些等深或等宽的"箱"中，用箱中属性值的平均值、中值、从数、边缘值等来替换"箱"中的属性值；回归（Regression）法，用一个函数拟合数据来光滑数据；计算机和人工检查相结合，计算机检测可疑数据，然后对它们进行人工判断；使用简单规则库检测和修正错误；使用不同属性间的约束检测和修正错误；使用外部数据源检测和修正错误。

四、数据溯源

溯源一词源自法语"Provenir"，意思是出处、发源。原指有关历史对象的所有权、保管和位置的编年史。最初，这一术语常用于描述艺术品、手稿或珍藏书等的历史或系谱；现在，它已经被广泛应用于考古学、古生物学、档案、手稿、书籍和计算机等领域。在计算机领域，溯源也被称为世系（Lineage）或者谱系（Pedigree），用来描述数据的起源或者出处。数据溯源可以划分成两种类型，即粗粒度的工作流溯源（Work Flow Provenance）和细粒度的数据溯源（Data Provenance）。

工作流（Workflow）技术发端于1970年中期办公自动化领域的研究，1990年后，相关技术逐渐成熟起来，也使得工作流系统的开发与研究进入了一个新时期。工作流是对工作流程及其各操作步骤间业务规则的抽象、概括和描述。越来越多的科学家使用工作流系统设计和运行科学实验。工作流执行的结果数据集可能需要与报告或论文一起发布，以便为其他科学实验的输入提供重复使用。此时，数据的正确性需要被验证，要求科学家在发布数据的同时发布其溯源元数据，包括数据的演变历史、起源和所有权。这一过程就称为工作流溯源。

细粒度的数据溯源是指某个转换步骤结果中的片段数据（Single Pieces of Data）是如何衍生的，它更加关注结果数据集的推导。举例来说，如果结果数据集是一个关系数据库，那么关系数据库中的元组溯源可能是来源中的一个元组或者数据元素。早期的数据溯源通常细分为Where和Why型溯源，之后，在此基础上引入了How-provenance。W7模型是指数据溯源信息应该包括Who、When、Where、How、Which、What、Why。

目前，数据溯源追踪的主要方法有标注法和反向查询法。此外，还有通用的数据追踪方法、双向指针追踪法、利用图论思想和专用查询语言追踪法，以及以位向量存储定位等方法。

标注法是一种简单且有效的数据溯源方法，使用非常广泛。通过记录处理相关的信息来追溯数据的历史状态，即用标注的方式来记录原始数据的一些重要信息，如背景、作者、时间、出处等，并让标注和数据一起传播，通过查看目标数据的标注来获得数据的溯源。采用标注法来进行数据溯源虽然简单，但存储标注信息需要额外的存储空间。

反向查询法，有的文献也称逆置函数法，主要用于数据库追溯。其基本思想是：在一定的限制条件下，可以通过分析数据库操作语句得出任意粒度的逆查询语句，追溯数据起源，换言之，只要设计好逆置机制就可以追踪。与标注法相比，它比较复杂，但需要的存储空间比标注法要小。

第三节 数据质量评估与管理

一、数据质量评估

数据质量评估（Data Quality Assessment，DQA）是对数据进行科学和统计的评估过程，以确定它们是否满足项目或业务流程所需的质量，能否真正支持其预期用途的正确类型和数量。要完成数据质量评估，需要选择合适的数据质量维度、度量方法和评估方法。为了制定评估标准和规范评估过程，一些组织和机构还提出了数据质量评估框架，以帮助用户更好地实施质量评估。

（一）数据质量维度

当人们购买钻石的时候，它的价格是由5C标准（Carat、Clarity、Color、Cut、Confidence）来确定，即通过查看钻石的克拉、颜色、纯净度、切割工艺，以及珠宝商的品牌价值以确认钻石的品质。数据质量维度（Data Quality Dimensions）就是数据质量的评估标准，它衡量数据在某一方面的性质，例如，精确性、完整性、重复性、存取性、关联性、一致性、及时性等。不同的机构、企业和用户对数据质量维度的标准不尽相同，最好根据实际的业务流程和用户需求来选择合适的数据质量维度。每一数据质量维度需要不同的度量工具、技术和流程。这就导致了完成评估所需要的时间、金钱和人力资源会呈现出差异。用户在进行数据质量评估和管理时，需要区分数据质量维度。

目前，可供使用的质量维度有20多个，在这些质量维度中，出现频率较高的维度分别是：准确性、完整性、一致性、可获得性和及时性。这些维度多次在各种质量标准中出现，反映了数据质量特性和用户需求。下面分别描述它们的含义和用途。

1.准确性（Accuracy）

准确性的定义并不唯一，下面介绍一些常用的定义。

定义1：数据是准确的，当数据存储在数据库中对应于真实世界的值。

例如，某一用户希望在淘宝网申请账户，网站要求验证用户的身份证号码。如果用户提供的证件号码与实际号码一致，那该号码存储在数据库中的值就是正确的。

定义2：准确性是指数据的正确性、可靠性和可鉴别的程度。

定义3：数据库记录中的各种"字段"中所包含的值的正确性。此外，从形式化的角度定义准确性是指：一个数值V，与真实值V之间的相似程度。

准确性需要一个权威性的参考数据源，将数据与参考源比较。比较方式可以采用调查或者检验的形式，例如，判断性别的取值只可能是男或女两个值。假设一个学生数据库的管理员正在检查学生记录的质量。运用查询工具来确定电话号码字段中是否有学生家庭的座机号码，以及是否用符合标准的格式[（区号）+号码，号码长度为7位或者8位数字]来表示有效的电话号码。

2.完整性（Completeness）

与准确性类似，完整性也有许多定义。这里给出常见的三种定义。

定义1：完整性是指数据有足够的广度、深度和范围的程度。

定义2：在一次数据收集中所包含的值的程度。

定义3：信息具有一个实体描述的所有必需的部分。

在关系型数据库领域，完整性往往与空值（Mill）有联系。空值是指值缺失或者不知道具体的值。

3.一致性（Consistency）

数据一致性通常指关联数据之间的逻辑关系是否正确和完整。在数据库领域，它通常是指在不同地方存储和使用的同一数据应当是等价的事实。等价用于描述存储在不同地方（数据库、数据仓库）的数据概念上相等的程度。它表示数据有相等的值和相同的含义，或本质上相同，同步是使数据相等的过程。

由于相同数据经常被存储在数据库或者数据仓库的不同位置，所以一致性非常重要。数据的任何使用应基于具有相同含义的那些数据。对于相同主题的报告经常会有不同的结果。这使得管理者很难做出有效的决策。

4.可访问性（Accessibility）

可访问性的定义包括：

定义1：指用户可以获得数据的物理条件，包括：数据在哪里，如何订购，交易时间，明确的定价政策，便利的营销条件（版权等），可用性的微观或宏观数据，各种格式（纸质、文件、光盘、互联网）等。

定义2：用户需要的数据是公开的、可以方便地获取或者允许授权用户进行下载和使用。可访问性与数据开放紧密联系在一起。数据开放程度越高，获得的数据种类就越多，可访问性的程度也就越高。

5.及时性（Timeliness）

有些数据值会随时间而变化，比如，每天股票的成交金额，而且现实世界真实目标发生变化的时间与数据库中表示它的数据更新以及使其应用的时间总有一个延时。因此，及时性也称为时效性，是一个与时间相关的维度。下面介绍不同学者给出的定义。

定义1：时效性是指在现实世界状态的一个改变和信息系统状态之间结果变化的时延。

定义2：时效性定义为数据在完成任务或者由于数据从产生到获取再到利用，可能会有一个很显著的时间差。特别是，数据被手工获取并被数字化存储，再到被理解、获取和访问，这个过程的时间差更加明显。

定义3：时效性是数据来源的平均期限。

定义4：时效性是一个任务中数据充分更新的程度。

除了以上列举的五个数据质量维度外，还有一些质量维度也比较常用，它们包括：可信度、相关性、适应性、可审计性、可读性、唯一性和授权。这些质量维度的定义不再赘述，如果需要了解，可查阅其他相关资料。

（二）数据质量评估框架

数据质量评估框架是组织用来评估数据质量的工具，是一个指导方针。Will Shire和Meyen将数据质量框架描述为"一种手段，是一个组织可以用来定义它的数据环境的模型。明确有关数据质量的属性，在当前的环境下分析数据质量的属性，提供保证数据质量提高的手段"。Eppler和Witting提出数据质量框架应该不只是评估，还要提供一个分析、解决数据质量问题的方案。

目前，学术界针对数据质量和信息质量评估提出了10多个评估框架。有些框架主要针对通用领域的数据质量或者专业领域的数据质量进行评估，另外一些框架则适用于企业内部的信息系统或者协同信息系统的评估。

TDQM是由麻省理工学院的研究人员提出的第一个关于数据质量管理的框架，随后他们又在这个框架的基础上提出AIMQ评估框架和DQA评估框架，该两个框架已经被一些企业和政府机构使用。DQAF是由国际货币基金组织（International Monetary Fund，IMF）提出的通用性数据质量评估框架，可以广泛应用于各成员国的统计数据质量的评价和改善。下面将重点介绍DQAF和AIMQ框架的相关知识和用途。

1.DQAF框架

自20世纪90年代以来，一些国家相继发生大规模的经济危机，如1994年墨西哥经济危机、1997年亚洲经济危机以及1998年的俄罗斯、巴西经济危机。如此频繁地出现经济危机使得IMF意识到众多成员国的金融运行存在着信息缺乏和信息管理的问题。自1997年以来，IMF的统计部门就开始致力于如何评估数据质量，为此，需要提出一种框架，这种框架将用于与数据质量评估有关的领域。经过多方努力，数据质量评估框架（Data Quality Assessment Frame，DQAF）逐步发展起来，成为官方认可的一种方法论。DQAF是评估数据质量的方法，它融合了"联合国官方统计基本准则"和"SDDS/GDDS"在内的最好实践经验以及国际公认的统计概念、定义。

2003年7月，IMF公布了国际通用的DQAF，该框架整体结构呈级联式展开，在第一层首先提出质量的先决条件以及衡量数据质量的五个维度，然后将第一层的每个维度分别在第二层的评估要素和第三层的评估指标中具体化，评估指标后面对统计数据质量评判的标准有更详尽的解释。DQAF评估框架分为六个部分，从讨论保障数据质量的法律和制度环境（先决条件）开始，然后依次分析数据质量的维度，主要内容为：

（1）质量的先决条件（Prerequisites of Quality）

这个维度并不用于衡量数据质量，但是它的要素和指标却负责保证统计数据质量的先决条件或制度。该部分的评估标准主要针对的是统计工作中的众多机构，如国家统计局、中央银行或财政部门等。这些先决条件包含法律和制度环境、资源、相关性和其他数据质量管理措施等要素。

（2）诚信保证（Assurances of Integrity）

这个维度描述了"统计体系应建立在与统计数据收集、编辑和公布环节中的客观性原则相一致的基础上"的一种观念。它包括关于确保统计政策和实践中的专业性、透明度和民族性的相关制度安排。其中的三个要素是：专业性、透明性和民族性。

（3）方法健全性（Methodological Soundness）

这个维度是指，"统计产品的方法论基础应当是健全的，并且这种健全性能够通过遵循国际认可的标准、指导方针或良好实践来获得"。该质量维度必须是与特定数据集相联系以体现不同的数据集采用的不同方法。这个维度含有四个要素：概念和定义、范围、分类或分区以及计量基础。

（4）准确性和可靠性（Accuracy and Reliability）

这个维度用来描述"统计数据能够充分地描述经济现实"的思想。具体内容包括：统计方法是正确的；原始数据、中间数据和统计结果定期受到评估而且是有效的，并含有对数据修订的研究。这部分的五个要素是：原始数据、原始数据的评估、统计方法、中间数据及统计结果的评估与验证和修订政策。

（5）适用性（Serviceability）

这个维度强调实践部分，即数据集满足用户需要的程度，它的三个要素包括：期限与及时性、一致性和修订政策与实践。

（6）可获取性（Accessibility）

这个维度讨论用户关于信息的可用性，确保数据和元数据以一种清楚和可以理解的方式提供。其对应的三个要素为：数据的可获取性、元数据的可获取性和对数据使用者的帮助。

2.AIMQ框架

信息管理质量评价（Assessment Information Management Quality，AIMQ）是由麻省理工学院TDQM研究项目小组提出的，针对企业信息质量进行评价和差异分析的一种方法。AIMQ由三个部分构成：信息质量（Information Quality，IQ）模型、信息质量维度和信息质量分析技术。此外，AIMQ还提供一个信息质量差异分析技术来帮助组织了解自身的不足和改进方式。

（1）IQ模型

IQ模型是一个2×2维的结构。它用来描述信息是一个产品还是服务，对于正式的规范或者客户期望，信息质量改进是否可以评估。重要的信息象限表示所提供的信息特性需要满足IQ标准，具体的IQ维度包括：无错误、简洁的表达、完整性和一致性表达。有用的信息象限表示所提供的信息特性符合信息消费者的任务需求，其IQ维度包含：合适的数量、相关性、可理解性、可解释性和客观性。可靠的信息象限是指转换数据到信息的过程符合标准，其IQ维度为及时性和安全性。可用的信息象限描述转换数据到信息的过程超越信息消费者的需求，对应的IQ维度为可信度、可访问性、易于操作和声誉。

（2）IQ维度

IQ维度是一个调查问卷表，用来检测对于信息消费者和管理者来说重要的信息质量维度。

固有IQ表示信息自身具有的特性，主要包括：准确性、可信度、客观性和声誉。上下文IQ着重说明IQ必须考虑与上下文相关的需求，这一类别的维度包括：值可加性、相关性、完整性、及时性和合适的数量。可表达性IQ和可访问性IQ则强调用于存储和提供信息的计算机系统的重要性。这意味着计算机系统必须采用一种方式使得信息可以解释、容易理解、便于操作，信息的表达应该是简洁的，具有一致性；同时，系统必须是可访问和安全的。

3.IQA技术

IQA是信息质量的一种分析技术，通过对获取的IQ问卷调查表进行分析来帮助企业改善信息质量。IQA可以分为两种技术：第一种技术是将某个组织的IQ与来自组织最佳实践的信息基准进行比较。第二个技术是测量组织内部不同部门和不同管理者之间的评估差距，为改进信息质量提供解决方案。

为了完成IQA工具的开发和管理，可将IQA划分为三种方式。

（1）维度指标形成，先为每个IQ维度选择12~20个指标，然后由研究人员从这些指标中确定每个IQ维度的具体指标作为研究对象。

（2）试验研究，为减少研究指标数量，进行各个指标的可靠度评价，选出部分指标作为研究对象。

（3）全面研究，采用一个包含65个IQ评估指标的最终调查表对组织中IQ进行评估分析。三种方式的统计分析均可以使用Windows平台上的SPSS软件。

4.IQA差异分析技术

IQA差异分析有两种类型：基准差异分析和角色差异分析。基准差异是针对信息和信息基准之间的差异分析，角色差异分析技术可以使组织发现它的IQ针对不同的角色组织的不足之处，实现在组织内部不同单位和不同管理者之间比较IQ差异，为改进信息质量提供解决方案。

（三）数据质量评估方法

数据质量评价方法主要分为定性方法、定量方法和综合方法。定性方法主要依靠评判者的主观判断。定量方法则为人们提供了一个系统、客观的数量分析方法，结果较为直观、具体。综合方法则将定性方法和定量方法结合起来，发挥两者的优势。

定性评价方法一般基于一定的评价准则与要求，根据评价的目的和用户对象的需求，从定性的角度来对数据资源进行描述与评价。确定相关评价准则或指标体系，建立评价准则及各赋值标准，通过对评价对象大致评定，给出各评价结果，评价结果有等级制、百分制或其他表示。定性方法的实施主体需要对学科背景有较深的了解。评价标准和评价内容应由某领域专家或专业人员完成。通常，定性评估可划分为：用户反馈法、专家评议法和第三方评测法。

定量评价方法是指按照数量分析方法，从客观量化角度对基础科学数据资源进行的优选与评价。定量方法为人们提供了一个系统、客观的数量分析方法，结果更加直观、具体。目前，传统的纸质印刷品，如报纸、图书、期刊、标准和专利等内容都已经实现数字化并存放在各种数据库中供用户检索、浏览和下载。为了评价各数据库中文献的数据质量，可以制定用户注册人数、文献下载量、文献在线访问量以及引用率等评价指标来评价各个数据库收录文献质量的优劣。

综合方法将定性和定量两种方法有机地集合起来，从两个角度对数据资源质量进行评价。层次分析法（Analytic Hierarchy Process, AHP）、模糊综合评价法（Fuzzy Comprehensive Valuation）、云模型评估法和缺陷扣分法是综合评估中经常使用的方法。

1.层次分析法

AHP是由美国运筹学家托马斯·塞蒂（T. L. Saaty）在20世纪70年代中期正式提出，是一种定性和定量相结合的、系统化、层次化的分析方法。由于它在处理复杂的决策问题上的实用性和有效性，很快在世界范围得到重视。它的应用已遍及经济计划和管理、能源政策和分配、行为科学、军事指挥、运输、农业、教育、人才、医疗和环境等领域。

该方法的核心是对评价对象进行优劣排序、评价和选择，从而为评价主体提供定量形式的评价依据。AHP法首先将复杂的问题分解成若干层次，建立阶梯层次结构，然后构成判断矩阵，进行层次单排序一致性检验，最后进行层次总排序和一致性检验得出结论。

2.模糊综合评价法

在自然科学或社会科学研究中，存在着许多定义不是很严格或者说具有模糊性的概念。例如，环境质量的污染等级可以描述为"轻污染，中污染，重污染"，某一生态条件对某种作物的存活或适应性的影响可以评价为"有利，比较有利，不那么有利，不利"等，这些通常都是模糊的概念。为处理这些"模糊"概念的数据，模糊集合论应运而生。

模糊综合评价是在考虑多种因素的影响下，运用模糊数学工具对某事物做出的综合评价。这种方法的基本思想是：在确定评价因素、因子的评价等级标准和权值的基础上，运用模糊集合变换原理，以隶属度描述各因素及因子的模糊界线，构造模糊评价矩阵，通过多层的复合运算，最终确定评价对象所属等级。采用模糊综合评价法的关键在于建立评价模型，评价模型由因素集、评价集、隶属度矩阵和权重集组成，之后进行复合运算就可以得到综合评价结果。

3.云模型评估法

在现实世界中，许多事物的概念是不确定的，具有模糊性和随机性。模糊综合评价法主要适用于评估存在模糊性的质量问题，而对于一个模糊性和随机性共存的问题，更适合采用"云模型"理论。云模型是李德毅院士于1995年提出的，旨在实现定性概念与定量数值之间的不确定性转换模型。云模型将概率论和模糊集合理论结合起来，通过特定构造的算法，形成定性概念与其定量表示之间的转换模型，并揭示随机性和模糊性的内在关联性。

4.缺陷扣分法

缺陷扣分法指计算单位产品（数据或信息）的得分值，由单位产品的得分值来评价产品质量的方法。以地图产品为例，将单位产品的满分设为100分，先对地图产品中的缺陷进行判定，并对各缺陷按其严重程度进行扣分，再将各缺陷扣分值累加，最后用100减去累加的扣分值作为该产品的得分值，再由得分值判定产品质量。

目前，对缺陷严重程度的认定主要有严重缺陷、重缺陷和轻缺陷三种。

（1）严重缺陷指单位产品的极重要质量元素不符合规定，以至于不经返修或处理不能提供用户使用。

（2）重缺陷指单位产品的重要质量元素不符合规定，或者单位产品的质量元素严重不符合规定，对用户使用有重大影响。

（3）轻缺陷指单位产品的一般质量元素不符合规定，或者单位产品的质量元素不符合规定，对用户使用有轻微影响。

二、数据质量管理

数据质量管理（Data Quality Management）是指对数据从计划、获取、存储到共享、维护、应用、消亡生命周期的每个阶段可能引发的各类数据质量问题，进行识别、度量、监控、预警等一系列管理活动，并通过改善和提高组织的管理水平使得数据质量进一步提高。

（一）数据质量管理方法

高质量的数据应该是准确的、一致性的、完整的和及时可用的，是当今组织管理不可缺少的一个因素。组织机构必须努力识别与其决策制定相关的数据，以便制定确保数据准确性和完全性的业务策略和实践，并为企业范围的数据共享提供方便。管理数据质量是组织机构的职责，数据管理在规划和协调工作中常常起着主导作用。为了实施数据质量管理，组织需要建立或重建一种数据质量方法。

1.步骤一：数据剖析

数据剖析是界定整个数据质量方案的关键步骤，它能够让管理者了解所需数据原有的商业需求维护。了解数据的位置、格式、类型、内容和质量，并发现数据源和目标应用系统之间隐藏的不一致和不兼容的情况。

2.步骤二：建立数据度量并明确目标

建立度量以及定义目标阶段将帮助IT和业务部门评定数据质量工作的成果。业务部门根据数据剖析的结果，确定数据质量标准、维度、评估指标和度量方法，为后续的工作开展提供一个数据质量目标和评估基线。

3.步骤三：设计和实施数据质量业务规则

明确企业的数据质量规则，即可重复使用的业务逻辑，管理如何清洗数据和解析用于支持目标应用字段和数据。业务部门和IT部门通过使用基于角色的功能，一同设计、测试、完善和实施数据质量业务规则，以达成最好的结果。

4.步骤四：将数据质量规则构建到数据集成过程中

通过数据集成流程来集成数据质量规则和活动（剖析、清洗/匹配、纠正和管理），这对于提高数据资产的准确度和价值至关重要。

5.步骤五：检查异常并完善规则

检查异常以及重新定义规则阶段主要由涉及的质量核心团队成员和业务流程人员联合完成。许多情况下，业务流程人员只能对业务流程和操作系统进行有限控制，这导致了低劣的数据质量。因此，在记录数据质量问题以及启动正式的数据质量计划时，一定要让组织中的关键成员和管理人员参与进来。

6.步骤六：对照目标，监测数据质量

监控数据质量与目标比照阶段可以向用户提供报警机制。通过质量仪表板或者实时通知主动监控数据质量，让管理人员及时掌握数据的质量水平。

一个完整的数据质量管理应该是人、流程和技术的完美配合，才能达到数据质量管理的目标。数据质量处理的流程可以分成两大部分：一是面向数据质量的分析过程；二是针对分析结果进行增强的过程。首先要识别和量化数据质量，然后定义数据质量和目标，接下来就要交给相关部门设计质量提升的流程，其后就是实现质量提升的流程，把原有低质量数据变成高质量数据，并交付给业务人员使用。同时在整个环境中，还需要有相关的一些监控和对比来评估是否达成了目标，决定是否需要进行新一轮的数据质量提升。这是一个周而复始、螺旋上升的过程，并不是一蹴而就，一次就可以解决全部问题。

（二）数据质量管理团队建设

随着IT技术的深入发展，"数据资产""企业数据治理"等一些全新的管理概念被提了出来。同时，随着数据重要性的凸显，传统的首席信息官（Chief Information Officer，CIO）、首席运营官（Chief Operating Officer，COO）和其他业务领导职务已经不能满足大数据分析的需求。许多企业发现，这些职务都负责数据和分析，缺乏整体战略和统一责任制，数据通常在"睡大觉"，或作用无法得到充分发挥。企业决策仍是凭直觉和经验做出的，而不是根据分析洞察。因此，首席数据官（Chief Data Officer，CDO）应运而生。

CDO主要是负责根据企业的业务需求、选择数据库以及数据抽取、转换和分析等工具，进行相关的数据挖掘、数据处理和分析，并且根据数据分析的结果战略性地对企业未来的业务发展和运营提出相应的建议和意见。CDO已经进入企业最高决策层，一般是直接向CEO进行汇报。CDO职位的设立有助于企业获得大数据和分析带来的持续、变革性的商业价值。CDO为企业构想并指导制定总体数据分析战略，利用数据分析积极影响业务，激发企业变革，重塑企业文化，帮助企业将决策模式由直觉型转变为分析推动型。

组织或者企业任命CDO职务后，还需要建立一个数据质量管理团队来负责具体的质量管理工作。数据质量管理团队在数据质量主管的直接领导下，负责各类问题的受理，并进行分析、分派，跟踪问题的解决并进行评估考核。受理客户的投诉。对项目的各项执行流程进行监控和考核，包括项目管理文档的核查，对各项工作进行质量跟踪管理，元数据管理，协调数据质量问题的处理。同时，团队中的各成员还需要具备一些技能，包括：熟悉数据库、数据仓库和分布式数据存储的各项工作流程，熟悉质量检查的体系架构、实现机制、工具配置；熟悉数据库、数据仓库系统及其数据模型，对数据较为敏感，有较强的数据质量问题分析判断能力。熟练使用数据质量分析和监控工具。

数据质量管理团队划分为首席数据官、数据质量主管和数据质量管理人员，按照承担工作职责的不同，数据质量管理人员可分配到不同的质量管理岗位或者称为质量管理岗位角色。不同的角色代表不同的分工即职责，同一角色可由多个人员承担，同一人员也可同时兼任多个不同角色。

（三）质量管理成熟度模型

1979年，质量管理大师克劳斯比（Crosby）首次提出了质量管理成熟度概念，随后在其著作Quality is Free中将质量原理变为成熟度框架，描述了质量管理过程的五个进化阶段：不确定期、觉醒期、启蒙期、智慧期和确定期，企业据此判断其质量管理所处的阶段，找出企业自身质量管理的特点，以及下一步目标，进行持续改进。1987年，美国卡内基·梅隆大学软件工程研究所的拉迪斯（Rom Radice）、汉弗莱（Watts Humphrey）等对其工作进行进一步完善，形成了当今软件产业界广泛使用的软件过程能力成熟度（Capability Maturity Model for Software，CMM）模型，目标是致力于软件产业持续的过程改进。之后在CMM模型基础上，项目管理成熟度模型（Project Management Maturity Model，PMMM）、知识管理成熟度模型（Knowledge Management Maturity Model，KMMM）、信息质量管理成熟度模型（Information Quality Management Maturity Model，IQM3）和数据质量管理成熟度模型（Data Management Maturity Model，DMM）等相继发展起来。

2008年，西班牙学者Ismase Caballero等人基于CMMI模型和方法提出一个针对信息产品及其质量管理水平的IQM成熟度模型（简称IQMF框架），IQMF包括两方面内容：一是信息质量管理成熟度模型（简称IQM3）；另一个是评估及改善IQM的方法（简称MAIM-IQ）。其中，IQM3提出了一个5级成熟度模型。包括每一级的关键过程域、子活动、所需输入资源、采用技术和工具、参与的人员，以及输出结果等。这是目前IQMM研究成果中较系统的一个模型。IQM3模型是一种框架和工具，它描述了一个机构的信息资源管理中IQM由混乱、不成熟的过程到有规范、成熟过程的进化路径。IQM3将IQM管理水平从混乱到规范再到优化的提升过程分成有序的五个等级，形成一个逐步升级的平台，IQM3的成熟度等级可划分为：初始级、定义级、集成级、管理级和优化级。各个等级的基本特征概要描述如下：

第一层：初始级（Initial），为最低的IQ成熟度，在此阶段，组织并没有建立IQM的目标，IQM工作缺乏规划和程序规范，不能主动地清理数据，往往容易忽视IQ问题，出现问题时多希望通过技术方法来解决该问题。为了提高IQ，达到更高等级的IQMM，这些组织应当努力改善内部对IQ问题及其影响的认识和意识。

第二层：定义级（Defined），在这个层级上，组织已经定义IQM的目标，IQM已经制度化。组织中的用户需求、项目管理、IQ管理、数据源和数据目标管理、数据存储获取、开发或者维护项目管理等基本业务流程都已纳入IQ的管理工作范畴，同时建立一个专门团队负责这些管理工作。但是整个组织的IQ问题仍需上升到更高级战略决策层制定上。

第三层：集成级（Integrated），在这个层级上，IQ的技术工作和管理工作都已实现标准化、文档化。组织可以制订计划来确保和验证IQ项目及其实施的结果，可以划定范围并记录由于低劣的IQ影响项目执行所涉及的相关风险。但执行力度较弱，不能有效在组织管理流程的层级上发现并解决信息质量问题。

第四层：管理级（Quantitative Managed），在这个层级上，IQM已建立了定量的质量目标；已建立质量控制过程软件，实现对质量活动过程的控制，IQ控制功能体现在信息生产的各关键环节中，确保可信的信息进入下一个环节；并可预测质量控制过程和质量趋势。在这一级，组织对外部质量约束有主动应对措施，其中一些措施还实现了自动化管理。不过要想达到最高级的IQMM，组织仍需要继续对IQM措施制度化。

第五层：优化级（Optimizing），达到本级时，组织可集中精力采用新技术、新方法，改进质量控制过程；具有识别信息过程薄弱环节并改进它们的手段，利用过程管理的思想，对信息生产过程中的信息质量进行全面管理。建立信息流程全反馈系统，并进行不断的过程改进，防止信息缺陷。通过建立信息生产过程的信息质量控制，能够有效降低质量管理成本，提高IQM水平。

借助IQM成熟度模型，组织可以找出其信息资源管理中存在的缺陷并识别出IQM管理的薄弱环节，来形成对IQM的改进策略。从而稳步改善机构的信息资源管理水平，使其信息处理能力持续提高。

第四章　大数据治理

第一节　大数据治理的定义与意义

大数据为组织带来巨大商机的同时，也向传统数据治理提出挑战。半结构化、非结构化数据的高效处理和应用对技术架构提出更高要求，数据集成、分析处理时的数据质量问题更加严峻。组织在寻求新技术支撑大数据的应用，获取更大应用价值的同时，数据开放与隐私保护、数据应用创新与风险合规等已成为当前数据治理领域面临的巨大挑战。越来越多的组织开始重视数据治理，将数据治理视为组织发展的重要战略。因此，组织需要顺应大数据的发展，开展大数据治理，从而更好地支撑大数据技术的应用创新和价值实现，满足数据资产化的需求，保障数据质量和安全隐私，提升组织的决策能力与核心竞争力。

一、国内外数据治理研究成果

数据治理一直是国内外研究的热点和重点，已取得一定的成果，由于切入视角和侧重点的不同，业界给出了多达几十种的数据治理定义，但尚未形成统一标准。综合当前主流的数据治理的内涵和外延可知，数据治理主要聚焦在治理目标、职能、范围、过程与规范等方面，其本质是对企业的数据管理和利用进行评估、指导和监督，通过提供不断创新的数据服务，为企业创造价值。

（一）国际标准化组织（ISO/IECJTC1/SC40）

国际标准化组织IT服务管理与IT治理分技术委员会制定了ISO/IEC 38500系列标准，提出了信息技术治理的通用模型和方法论，并认为该模型同样适用于数据治理领域。在数据治理规范相关的ISP/IEC 38505标准中，阐述了基于原则驱动的数据治理方法论，提出通过评估现在和将来的数据利用、指导数据治理准备及实施、监督数据治理实施的符合性等。

该模型实际上是对IT治理方法论的进一步扩展，并未对数据治理的实施和落地提供有效的手段。

（二）国际数据治理研究所（DGI）

DGI从组织、规则和过程三个层面总结了数据治理的十大关键要素，创新性地提出了DGI数据治理框架。该框架以直观方式展示了十个基本组件间的逻辑关系，形成一个从方法到实施的自成一体的完整系统。DGI强调数据治理区别于IT治理，将数据治理归结为组织依据规则对治理范围实施的过程，其治理目标、治理域有待进一步明确。

（三）国际数据管理协会（DAMA）

DAMA首先总结了数据治理、数据架构管理、数据开发、数据操作管理、数据安全管理等十大数据管理功能，并把数据治理放在核心位置；其次，详细阐述了数据治理的七大环境要素，即目标和原则、活动、主要交付物、角色和责任、技术、实践和方法、组织和文化；最终建立起十大功能和七大环境要素之间的对应关系，认为数据治理的重点就是解决十大功能与七大要素之间的匹配问题，对数据资产管理行使权力和控制，包括规划、监控和执法。

（四）国际信息系统审计和控制协会（ISACA）

ISACA提出了面向过程的信息系统审计和评价的最佳实践COBIT5.0，提出了基于原则的自上而下的企业IT治理与管理框架，对治理和管理做了严格区分，同时提出数据治理五项基本原则：满足利益相关者的需求，端到端覆盖企业，采用单一集成框架，启用一种综合的方法、区分治理与管理。该最佳实践在治理原则的基础上，分析了数据治理的利益相关者、促成因素、范围、治理和管理的关键领域等，在如何解决大数据治理的生命周期、数据应用创新等方面有待深入。

（五）IBM数据治理委员会（IBMDG Council）

IBM数据治理委员会通过结合数据特性和实践经验，有针对性地提出了数据治理的成熟度模型，将数据治理分为五级，即初始阶段、基本管理、主动管理、量化管理和持续优化。同时在构建数据治理统一框架方面，提出了数据治理的要素模型，将数据治理要素划分为支撑域、核心域、促成因素和成果四个层级。IBMDG Council认为业务目标或成果是数据治理的最关键命题，在支撑域、核心域和促成因素的作用下，组织最终可以获得业务目标或成果，实现数据价值。该模型重点关注数据治理的过程和方法。

（六）信息技术服务分会（ITSS）

ITSS服务管控工作组是国内信息技术服务领域的信息技术治理和数据治理的标准制定和研究机构。ITSS相关的机构在数据治理原则研究的基础上，提出数据治理的框架，明确数据治理域、数据治理的促成因素和内外部环境，并明确数据治理的任务和过程，旨在评估组织数据管理能力的成熟度，指导组织建立数据治理体系，并监督数据管理体系的建设和完善。

各研究机构的主要理论成果在两个方面取得了突破：一是数据治理的范围（或关键域）；二是数据治理的原则和促成因素。在数据治理理论的不断创新和发展过程中，各研究机构始终致力于从治理范围、原则和促成因素两个方面，构建一个独立的、系统的数据治理理论框架。

二、大数据治理定义

大数据是近年来才兴起的一门新学科，作为它的一个分支，大数据治理更是一个崭新的研究领域。经过广泛的文献调研，目前该领域的研究成果很少。对于"大数据治理"的定义，也基本都是在"数据治理"现有定义的基础上将"数据"替换为"大数据"，稍作改变得来。这样的定义显然是不严谨、不完整和不准确的，没有揭示出"大数据治理"的完整内涵和本质特征。

目前，业界比较权威的"大数据治理"定义是由国际著名的数据治理领域专家Sunil Soares（桑尼尔·索雷斯）在2012年10月出版的专著*Big Data Governance：An Emerging Imperative*中提出的。

（一）Sunil Soares给出的大数据治理定义

大数据治理（big data governance）是广义信息治理计划的一部分，它通过协调多个职能部门的目标来制定与大数据优化、隐私和货币化相关的策略。

该定义可以从以下六个方面做进一步的解读：

第一，大数据治理应该被纳入现有的信息治理框架。

第二，大数据治理的工作就是制定策略。

第三，大数据必须被优化。

第四，大数据的隐私保护很重要。

第五，大数据必须被货币化，即创造商业价值。

第六，大数据治理必须协调好多个职能部门的目标和利益。

该定义提出了大数据治理的重点关注领域，即大数据的优化和隐私保护，以及服务所创造的商业价值；明确了大数据治理的工作内容就是协调多个职能部门制定策略；同时希望国际信息治理组织将其纳入现有的信息治理框架，加快它的标准化进程。

Sunil Soares给出的定义非常清晰和简洁，抓住了大数据治理的主要特征，但也有一些不足，主要体现在以下两点：一是认为大数据治理的方法就是制定策略，这一提法显然不够全面；二是没有将大数据治理提升到体系框架的高度。因此，本书在Sunil Soares定义的基础上，给出了更为全面的定义。

（二）本书给出的大数据治理定义

大数据治理是对组织的大数据管理和利用进行评估、指导和监督的体系框架。通过制定战略方针、建立组织结构、明确职责分工等，实现大数据的风险可控、安全合规、绩效提升和价值创造，并提供不断创新的大数据服务。

为了方便理解，从以下四个方面来解释大数据治理的概念内涵。

1.需要在哪些领域做出大数据治理的决策

我们提出的大数据治理框架描述了大数据治理的关键领域，即治理决策层应该在哪些关键领域（范围）做出决策，共包含六个关键领域：战略、组织、大数据架构、大数据质量、大数据安全、大数据生命周期，这些就是大数据治理的主要决策领域。

2.哪些角色的人应该参与到决策过程中

根据国际数据治理研究所（Data Governance Institute， DGI）提出的数据治理框架，在企业或机构中参与决策的人，即数据治理团队，通常可分为以下三类：一是数据利益相关者；二是数据治理委员会；三是数据管理者。

数据利益相关者通常来自具体的业务部门，负责创建和使用数据，并提出数据的业务规则和需求。数据治理委员会是数据治理的中心决策层，负责制定数据使用原则、监督实施、协调各部门的不同利益和需求，解决问题并做出最终决策。数据管理者是数据治理的执行层，负责将决策和规定落实到具体的数据管理工作中。

显然，在大数据治理团队中上述三种角色应该被继承。但是，大数据与普通数据有着本质上的不同，如数据量超大、类型多样、系统架构复杂、技术难度高等，如果不了解大数据架构和相关技术，很难做出正确的决策并加以落实。因此，必须引入具有丰富大数据管理与技术经验的数据专家参与决策。参与到大数据治理决策过程的人应该分为四类：一是大数据利益相关者；二是大数据治理委员会；三是大数据管理者；四是数据专家，并且数据专家应该加入治理委员会中辅助做出决策。

3.这些角色的人如何参与到决策过程中

对一个企业而言，大数据治理是一个需要长期坚持并反复迭代优化的系统工程，治理要想见效并最终获得成功，必须保证治理决策的正确性和连续性，并被坚决贯彻和落实，必须依靠集体的智慧和力量，依靠制度、规范和组织的力量，从而最大限度地消除个人意志对决策的左右和影响。

因此，必须建立一套包括战略方针、制度规范、组织结构、职责分工、标准体系、执行流程等方面的大数据治理决策保障体系，确保治理团队中各种角色的人能够顺利、高效地参与到决策过程中。

4.大数据治理的最终目标是什么

首先要问大数据的最大价值在哪里，人们为什么要花费那么多的人力、物力来研究大数据？回答是大数据能够为人类提供以"决策和预测支持"为代表的各种不断创新的大数据服务。

在一个组织内，大数据治理能够在提升大数据各项技术指标的同时，产生一系列创新的大数据服务，并创造出商业价值和社会价值。这既是大数据治理与数据治理的根本区别，也是大数据治理的最终目标。

三、大数据治理的重要性

如果说IT是21世纪企业成长和业务创新的引擎，那么大数据就是导火索。在大数据时代，毋庸置疑数据已成为企业所拥有的最宝贵财富之一，企业必须从庞大而宝贵的数据资产中挖掘商业价值。然而，目前企业的大数据管理水平总体上比较低下，普遍存在着重采集轻管理、重规模轻质量、重利用轻安全的现象，企业在大数据的数据质量、安全、应用等方面面临着严峻的挑战。

一个企业在数据管理方面出现了问题，究其根源是由于在更高的数据治理层面出现了混乱或缺失。大数据管理的业务流程往往因为缺少完善的大数据治理计划、一致的大数据治理规范、统一的大数据治理过程，以及跨部门的协同合作而变得重复和紊乱，进而导致安全风险的提升和数据质量的下降。因此，企业决策层必须制订一个基于价值的大数据治理计划，确保董事会和管理层可以方便、安全、快速、可靠地利用大数据进行决策支持和业务运营。

大数据治理对于确保大数据的优化、共享和安全是至关重要的。有效的大数据治理计划可通过改进决策、缩减成本、降低风险和提高安全合规等方式，将价值回馈于业务，并最终体现为增加收入和利润。下面将大数据治理的重要作用概括为以下四点：

（一）有效的大数据治理能够促进大数据服务创新和价值创造

大数据的核心价值在于能够持续不断地开发出创新的大数据服务，进而为企业、组织、政府和国家创造商业价值和社会价值。大数据治理能够通过优化和提升大数据的架构、质量、标准、安全等技术指标，显著推动大数据的服务创新，从而创造出更多更广泛的价值。因此，促进大数据的服务创新和价值创造既是大数据治理的最重要作用，也是大数据治理与数据治理的最显著区别，更是大数据治理的最终目标。

（二）科学的大数据治理框架有助于提升组织的大数据管理和决策水平

大数据治理的策略、过程、组织结构、职责分工等组件构建起大数据治理框架。它可以帮助企业在大数据治理业务规范内更有效地管理大数据，如为分散于各业务部门的数据提供一致的定义、建立大数据管理制度，以及监管大数据质量等。也有助于协调不同业务部门的目标和利益，并跨越产品和业务部门提供更为广泛、深入和可信的数据，从而产生与业务目标相一致、更有洞察力、前瞻性和更为高效的决策。

（三）有效的大数据治理能够产生高质量的数据，增强数据可信度，降低成本

大数据治理要求建立大数据相关的规则、标准和过程以满足组织的业务职能，大数据治理活动必须在遵循以上规则、标准和过程的基础上加以严格执行。有效的大数据治理可以产生高质量的数据，增强数据可信度。同时，随着冗余数据的不断减少，数据质量的不断提升，以及业务部门间标准的推广，组织的数据相关费用也会不断降低。

（四）有效的大数据治理有助于提高合规监管和安全控制并降低风险

合规监管和安全控制是大数据治理的核心领域，关系到隐私保护、存取管理、安全控制，以及规范、标准或内部规定的遵守和执行。如今的组织对数据通常是富有侵略性的，为了开展业务，通常会在一些关键领域收集、分析和使用各种有关用户、产品、业务环境等方面的信息，但是许多组织由于缺乏正确的大数据治理策略、不能正确使用数据，从而导致违反法律规范或丢失隐私数据。因此，大数据治理必须坚持以下三个原则：第一，大数据治理必须在业务的法律框架内进行；第二，大数据治理政策和规则的制定应与政府和行业相关标准相一致；第三，在主要业务和跨业务职能间使用一致的数据标准，为合规监管创造了一个统一的处理和分析环境。大数据治理工作需要整个组织的合作，通过有效的治理可以显著降低由于不遵守法规、规范和标准带来的安全风险。

四、大数据治理的范围

大数据治理范围描述了大数据治理的重点关注领域（关键域或范围），即大数据治理决策层应该在哪些关键领域做出决策。大数据治理范围共包括六个关键域：战略、组织、

大数据安全、大数据质量、大数据架构和大数据生命周期。大数据治理范围中的六个关键域既是大数据管理活动的实施领域，也是大数据治理的重点关注领域。大数据治理对这六个关键域内的管理活动进行评估、指导和监督，以确保管理活动满足治理的要求。因此，大数据治理与大数据管理拥有相同的范围。

从活动的角度来看，大数据治理是对大数据管理进行评估、指导和监督的活动，大数据管理是按照大数据治理设定的方向和目标对大数据资源进行计划、建设、运营和监控的活动。大数据治理通过对大数据管理的评估、指导和监督实现两者的协同一致。

（一）战略

在大数据时代，大数据战略在组织战略规划中的比重和重要程度日益增加，大数据为组织战略转型带来机遇的同时也面临很多挑战。

在制定大数据战略时，组织必须以大数据的服务创新和价值创造为最终目标，根据业务模式、组织结构、文化、信息化程度等因素进行战略规划。

（二）组织

在大数据环境下，战略通过授权、决策权和控制影响组织结构，其中控制是通过组织结构设计督促员工完成组织的战略和目标，而授权和决策权则直接影响组织结构的形式。组织应建立明确的大数据治理的组织结构，明确相关职责，以落实大数据战略，提高组织的协同性。

（三）大数据质量

在不同的业务场景中，数据消费者对数据质量的需要不尽相同，有些人主要关注数据的准确性和一致性，有一些人则关注数据的实时性和相关性。因此，只要数据能满足使用目的，就可以说数据质量符合要求。大数据的出现引起了产业界、学术界和政府部门的高度关注。与传统数据相比，大数据具有一些新的特性，因此如何从海量的、快速变化的、内容庞杂的大数据中提取出质量高和真实的数据成为企业处理大数据亟待解决的问题。

（四）大数据生命周期

大数据生命周期是指大数据从产生、获取到销毁的全过程。大数据生命周期管理是指组织在明确大数据战略的基础上，定义大数据范围，确定大数据采集、存储、整合、呈现与使用、分析与应用、归档与销毁的流程，并根据数据和应用的状况，对该流程进行持续优化。

传统数据的生命周期管理以节省存储成本为出发点，注重的是数据的存储、备份、归档和销毁，重点放在节省成本和保存管理上。在大数据时代，云计算技术的发展显著降低了数据的存储成本，使数据生命周期管理的目标发生了变化。大数据生命周期的管理重点关注如何在成本可控的情况下，有效地管理并使用大数据，从而创造更多的价值。

（五）大数据安全

大数据具有的大规模、高速性和多样性特征，将传统数据的安全隐私问题显著放大，导致前所未有的安全隐私挑战。大数据安全隐私保护是指通过规划、制定和执行大数据安全规范和策略，确保大数据资产在使用过程中具有适当的认证、授权、访问和审计等控制措施。

建立有效的大数据安全策略和流程，确保合适的人员以合适的方式使用和更新数据，限制所有不合规的访问和更新，以满足大数据利益相关者的隐私保护需求。大数据是否被安全可靠地使用将直接影响客户、供应商、监管机构等相关各方对组织的信任度。

（六）大数据架构

数据架构是系统和软件架构层面的描述，主要是从系统设计和实现的视角来看数据资源和信息流。数据架构定义了信息系统架构中所涉及的实体对象的数据表示和描述、数据存储、数据分析的方式及过程，以及数据交换机制、数据接口等内容。

大数据架构是组织视角下，与大数据相关的基础设施、存储、计算、管理、应用等分层和组件化描述，为业务需求分析、系统功能设计、技术框架研发、服务模式创新及价值实现的过程提供指导，主要包括以下三个部分：大数据基础资源层、大数据管理与分析层、大数据应用与服务层。

第二节　大数据战略与组织

制定大数据战略是企业转型的重要机遇，在制定大数据战略的过程中，要融合企业战略、业务需求、企业文化，建立大数据价值实现蓝图。大数据战略可以明确企业的业务重点，引起业务部门的变动，或者改变组织工作的重点，导致各管理职务以及部门之间关系的相应调整。

一、大数据战略指明企业转型的方向

中国已经成为全球市场经济中的重要组成部分，全球化、市场化、规范化和数字化的程度越来越高，中国企业越来越深入地融入全球商业竞争格局中，其中追求卓越的企业在竞争浪潮中不断蜕变，实现了一次又一次的成功转型，而平庸的企业则在产业链的低端苦苦挣扎，甚至被无情淘汰。一个品牌的建立往往需要很长时间，但是现在无论是公司还是品牌都已不复存在，这个现象反映了什么？企业想要获得持续长久的成功非常困难，正因如此，卓越的企业应该善于坚持战略目标，并且在适当的时候做出调整，以实现基业长青，永续经营。

大数据时代的到来，为企业的转型提供了历史机遇。大数据技术的应用使企业能精准地预测客户的需求，实现企业与客户的双赢。被誉为"大数据商业应用第一人"的维克托·迈尔–舍恩伯格在他的著作《大数据时代》一书中说"新兴市场国家在20世纪，依靠廉价劳动力成本取得了优势，到21世纪，西方国家将因为数据所带来的效率和生产力的提高而重新夺回优势"。换句话说，成功应用大数据技术，形成可持续的竞争优势将是企业保持可持续竞争力的核心。

今天，已经有许多借助大数据实现企业转型的成功案例。正如GE首席执行官Jeff Immelt在2014年的Minds Machines大会上的开场白："你昨晚入睡前还是一个工业企业，今天一觉醒来却成了软件和数据分析公司，这就是现实中发生着的巨变。"在大数据时代，劳动力成本的重要性将降低，而大数据的分析能力越来越重要，大数据结合物联网将使GE取得竞争优势。到2030年，GE预测将通过效率提高、成本降低等途径，为全球GDP贡献15万亿美元。GE认为，燃油效率提高1%，就会给航空业在未来30年内节约300亿美元的成本。在金融、零售、物流领域，大数据帮助传统企业成功完成转型的案例也不在少数，如美国银行业巨子Wells Fargo、英国零售连锁企业Tesco、美国物流巨头UPS等。

二、企业制定大数据战略的要点

大数据已经成为企业战略转型的新机遇，如何实现大数据背景下的成功转型，成为企业决策者和管理者急需面对的现实问题。人力、物力、财力、技术和数据是否足以支撑企业成功实现大数据战略转型？这些因素固然重要，但如果想把大数据的价值完全释放出来，企业必须深入地思考以下三个关键要点：

（一）融合业务需求

大数据的应用一定是问题和需求驱动的。我们的企业或政府面临哪些需要迫切解答的业务或社会问题，但采用现有的分析方法或专家的经验难以找到合适的解决方案，在这种情形下，如果应用大数据能够解决问题，那么大数据与业务融合的需求就出现了。

比如，前面谈到的美国GE公司，他们其中一个未能解决的重要商业问题是，为什么客户的忠诚度降低了？他们可以采取什么措施来提升客户的忠诚度？新的挑战者正是抓住了这些机会抢夺他们的市场，解答这个问题刻不容缓。经过深入的研究和分析，他们发现其中一个最主要的原因是生产的设备需要修理的次数增加了，更可怕的是客户的等候时间也越来越长，结果客户在等候修理的这段时间内失去了一定的生产力和市场机会、失信于他们的合作伙伴。GE的数据专家了解这问题后，运用大数据准确地预测GE生产的设备可能出现问题的周期，在故障出现前就派遣合适的技术人员，并配送相应的零件到合作伙伴的公司。这个改变大大提升了客户对GE的信任及忠诚度，成为GE非常重要的核心竞争力。

（二）建立大数据价值实现的蓝图

大数据价值实现的过程不是一个有时间节点的工作，若要真正把大数据的价值完全释放出来，企业必须在这个过程中有规划地分阶段实施大数据项目。大数据价值实现过程分为业务监控和探查、业务优化、数据货币化及驱动业务转型四个阶段。

第一阶段是业务监控和探查。整合企业内部数据，并让企业各个级别的员工都能运用数据帮助他们在业务和运营上更有效地决策及工作。第二阶段是业务优化。通过整合企业的内部和外部数据，并建立预测模型，企业可以找出最有价值的市场、客户、产品以及人力资源，让有限的企业资源能被配置到回报最大的地方。第三阶段是数据货币化。除了优化企业现有业务外，在第一阶段及第二阶段累积下来的数据可以进一步整合及释放它们的价值。Gartner认为，虽然"个人信息货币化"这一从大数据中获取价值的方式目前还没有像其他策略那样被广泛地使用，但是在不久的将来，这种方式可能会变得越来越流行。第四阶段是业务转型。将第一阶段到第三阶段累积下来的数据再进一步整合和利用，产生一种新的商业模式，或者形成一个新的行业。今天我们见到的阿里巴巴和谷歌的跨界战略就处于这个阶段，都是由于在第一阶段到第三阶段累积的数据让他们了解了客户的行为和偏好，指导他们的业务向其他新兴的行业方向发展。要开始贯彻一个大数据价值的实现过程，必须规划好以上四个阶段，才能真正把大数据的价值完全释放出来。

（三）融合企业组织和战略

大数据项目失败的原因有很多，但组织、文化及大数据治理是最大的挑战。开始执行一个大数据价值实现过程时，企业必须有策略、有步骤地展开。比如，大数据项目由哪个部门负责？企业领导及各个层级的员工有多了解和支持大数据项目？如何处理公司政治及权力斗争对大数据项目的影响？数据是哪个部门拥有及制定有关的数据安全与隐私？解决这些问题需要一个与企业战略一致的大数据战略，把大数据的价值与企业的使命联系在一起，让员工都能看得到这个关联性。

培养数据驱动的企业及信任数据的文化也很重要。成立跨部门委员会是用最有效的方法管理企业大数据价值实现的过程。跨部门委员会能统筹及整合企业资源，将大数据资源配置到那些最重要的需求部门。跨部门委员会另一个重要责任是配合公司治理，制定大数据治理政策、流程、员工培训及问责机制。

三、大数据战略对组织的影响

（一）组织结构设计要素

"组织结构必须服从于战略"这句话表明了战略和组织结构的关系。企业战略的演变必然要求适时调整组织结构，而所有组织结构的调整都是为了提高企业战略的实现程度。企业战略影响组织以下两个方面：首先，不同的战略要求不同的业务活动，从而影响部门和职责的设计。具体表现为战略收缩或扩张时企业业务单位或业务部门的增减等。其次，战略重点的改变会引起组织工作的重点改变，从而导致各部门与职责在企业中重要程度的改变，并最终导致各管理职务以及部门之间关系的相应调整。

组织结构决定了企业内部人员的划分方式，组织结构的设计既要鼓励不同部门和不同团队保持独特性以完成不同任务，还要将这些部门和团队整合起来为实现企业的整体目标而合作。通常组织结构是由公司高层管理者设计和实施，设计组织结构的过程实际上就是在企业内部各管理层级之间进行各种决策权力划分和分配的过程，组织结构设计的结果是形成与企业自身特征相适应的权利等级系统和指挥控制系统。组织结构的设计通常要考虑的要素包括决策权、控制和授权，决策权力的配置方式是组织结构设计过程中要考虑的核心问题。

（二）大数据战略对组织结构设计的影响

近年来，随着大数据治理问题得到越来越多的重视，企业有必要考虑大数据战略，由此衍生出相应的组织结构，因此形成了业务战略和大数据战略对组织结构的影响，这种影响包括对组织业务流程，以及与大数据治理相关的组织结构的影响。

战略对组织结构的影响是通过组织结构设计的三大要素——决策权力、控制和授权发生作用的。从治理的角度理解大数据，其本质是大数据成为企业的一项重要资产，需要进行相应的管理和开发，而这项工作要想顺利完成，需要设置相应的决策权、控制和授权。

1.决策权

一旦涉及企业治理结构，便会与股东会、董事会、监事会和经理阶层的权力分配模式产生联系。大数据治理带来的组织结构的影响，也体现在责权的分配方面，最典型的问题是大数据治理工作的责任及其相关权利的划分。例如，从企业高层管理人员的权责设计方面，出现了首席数据官（Chief Data Officer， CDO），他具有在数据治理方面的决策权，同时对企业的首席执行官（CEO）负责，完善的大数据治理决策权力体系，涉及从公司的高层管理者一直到具体的事务操作者。

2.控制

控制最直接的表述，就是要做到有奖有罚，主要是指绩效评估和激励。大数据治理的绩效评估就是对大数据相关责权方的工作成果进行评估。在开展大数据治理的背景下，绩效评估需要把和大数据治理相关的工作内容纳入绩效评估的体系中。以某大型能源企业集团为例，为了促进主数据建立工作，他们把主数据的质量作为一项重要的考核指标纳入信息与数据治理部的治理小组工作人员的主要绩效指标考核中，对主数据的建立工作发挥了重要的推动作用。激励这个概念用于大数据治理，是指激发员工开展大数据治理的工作动机，也就是说用各种有效的方法调动员工的积极性和创造性，使员工努力完成大数据治理的组织任务，实现企业在大数据治理方面的目标。

3.授权

如果说决策权力强调权力的分配，那么授权强调的是权力分配的过程。在授权的过程中，决策者要权衡利弊，做出相对满意的决策。授权的过程需要着重考虑的因素包括管理者的管理幅度、业务的丰富程度、管理者获取大数据治理详细信息的难易程度、大数据治理授权可能引起的代理成本、大数据治理采用集权方式所带来的挑战、现有资源对大数据治理的支持程度等。例如，当前大部分公司对大数据治理的相关工作还处于探索阶段，因此往往把大数据及大数据治理的业务授权给IT部门，这种授权方式与大数据的业务丰富程度有关，也就是说，目前企业的业务和资源还不足以建立一个完整的数据管理和治理部门。

在大数据时代，企业的组织结构越来越突出地表现为以下趋势：企业出现了越来越多的中心，即去中心化；组织结构设计中，自下而上的沟通受到越来越多的重视；沟通方式越来越扁平化。去中心化并不是不需要中心，而是出现越来越多的中心，中心化（Centralization）和去中心化（Decentralization）是集权与分权的表现形式。传统的组织结构中侧重上级信息的向下传达，而在大数据背景下，普通用户的话语权得到了极大的提高，自下而上的信息沟通变得越来越普遍，成为企业信息沟通的重要形式。电子邮件、微博、微信、即时通信工具等成为企业内部沟通的重要方式和工具，企业内部成员之间可实现充分而高效的沟通，沟通方式变得越来越扁平。

第三节　大数据的治理实施

在大数据治理实施阶段，主要关注实施目标和动力、实施路线图、实施关键要素以及实施框架。

一、大数据治理实施的目标和动力

实施大数据治理，首先必须明确大数据治理的目标和动力，从而让企业的决策者和管理者对实施大数据治理有一个基本的认识和判断。

（一）大数据治理实施的目标

实施大数据治理的直接目标就是建立大数据治理的体系，即围绕大数据治理的实施阶段、阶段成果、关键要素等，建立一个完善的大数据治理体系，包括支撑大数据治理的战略蓝图和阶段目标，岗位职责和组织文化、流程和规范，以及软硬件环境。实施大数据治理的长期目标是通过大数据治理，为企业的利益相关者带来价值，这种价值具体体现在以下三个方面，即服务创新、价值实现、风险管控。

1.直接目标

建立战略蓝图和阶段目标，岗位职责和组织文化、流程和规范，以及软硬件环境，其中重点介绍软硬件环境、流程和规范、阶段目标。

首先，需要建立大数据治理的软硬件环境。以大数据质量管理的软硬件环境的搭建为例，在传统的数据存储过程中，往往把数据集成在一起，而大数据的存储方式，很多情况下都是在其原始存储位置组织和处理数据，不需要大规模的数据迁移。此外，大数据的格式不统一，数据的一致性差，必须使用专门的数据质量检测工具，这就需要搭建专门的质量管理的软硬件环境。该软硬件环境能够支持海量数据的质量管理，而且能够满足用户的及时性需求，需要考虑离线计算、近实时计算和实时计算等技术的配置。

其次，需要建立完善的大数据治理实施流程体系和规范。完善的流程是保障大数据治理制度化的重要措施，以某国有大型能源企业开展的大数据治理实施工作为例，这家公司在近几年开始实践大数据治理，经过不断的探索，建立了大数据治理的三大流程：数据标准管理流程、数据需求和协调流程、数据集成和整合流程，形成了大数据治理常态化工作的规范。

最后，需要制定大数据治理实施的阶段目标。大数据治理是一个持续不断的完善过程，但不是一个永无止境的任务。大数据治理必须分阶段逐步开展，每一个阶段都应该制定一个切实可行的目标，保证工作的有序性和阶段性。明确的阶段目标，将会促使大数据治理实施按质按量的顺利完成。

2.最终目标

建立完善的治理体系，从而确保服务创新、价值实现和风险管控。组织拥有诸多利益相关者，如管理者、股东、员工、顾客等。而"价值实现"对不同的利益相关者而言其意义并不相同，甚至有时候会带来冲突。大数据治理需要在所有利益相关者的不同价值利益之间做出协调与平衡。从长远的角度来看，实施大数据治理就是利用最重要的数据资源，提高企业资源的利用效率，在可接受的风险范围内，实现收益的最大化。

（1）价值实现包含多种形式，譬如企业的利润和政府部门的公共服务水平。大数据治理能降低企业的运营成本，为企业增加利润。随着信息化建设的发展，企业已经建设了包括数据仓库、报表平台、风险管理、客户关系管理在内的众多信息系统，为日常经营管理提供管理与决策支持。但是由于各种原因，在信息资源标准体系建设、信息共享、信息资源利用等方面仍存在许多不足。例如，数据量大导致管理困难，客户数据分散在多个源系统，缺乏统一的管理标准，易引起数据缺失、重复或者不一致等，严重影响着业务发展。大数据治理可以帮助企业完善信息资源治理体系，实现数据的交换与共享的管理机制，有效整合行业信息资源，降低数据使用的综合成本。

（2）风险管控是大数据治理实施的重要价值之一。大数据治理挖掘了大数据的应用能力，提高了组织数据资产管理的规范程度，从而降低了数据资产管控的风险。例如，大数据治理可以提高数据的可用性、持续性和稳定性，避免由于错误操作引发系统运维事故。这一点在金融行业体现得尤其明显，金融机构可能会因为业务范围、地区差异、信息技术等各个环境的不同而对相同的数据有不同的理解和处理方式，从而不能最大化、最高效、最合理地利用有效数据，造成数据使用的延误和决策的失误。因此，大数据治理可以有效地避免上述风险，实现风险管控。

（3）服务创新是指利用组织的资源，形成不同于以往的服务形式和服务内容，满足用户的服务需求或者提升用户的服务体验。在大数据治理的背景下，充分发挥大数据资产的价值，可以实现服务内容和形式的创新。

（二）大数据治理实施的动力

大数据治理实施的动力来源于业务发展和风险合规的需求，这些需求既有内部需求，也有外部需求，主要分为以下四个层次：战略决策层、业务管理层、业务操作层和基础设施层。

1. 战略决策层

战略决策层负责确定大数据治理的发展战略以及重大决策。该层主要由组织的决策者和高层管理人员组成，例如企业信息技术总监、首席数据官和首席执行官等。战略决策层实施大数据治理的动力在于利用大数据辅助企业高层管理者的重大决策，支持企业风险管控、价值实现和服务创新，从而建立并保持企业的竞争优势。

2. 业务管理层

业务管理层则负责企业的具体运作和管理事务。从人员角度来看，该层可以是IT项目经理、IT部门主管或者IT部门经理。业务管理层实施大数据治理的动力在于提升管理水平，降低大数据的运营成本，提高大数据的客户服务水平、控制大数据管理的风险等。

3. 业务操作层

业务操作层主要负责某些具体工作或业务处理活动，不具有监督和管理的职责。在该层，大数据治理实施的动力是规范和优化大数据应用的活动和流程，提升大数据的业务处理水平，具体包括大数据应用的效果和质量，大数据应用的可持续性、时效性和可靠性等。

4.基础设施层

基础设施层是指一个完整的、适合整个大数据应用生命周期的软硬件平台。大数据治理实施需要建立一个统一、融合、无缝衔接的内部平台，用以连接所有的业务相关数据，从而让数据能够被灵活部署、分析、处理和应用。对该层而言，大数据治理能够实现基础设施的规范、统一的管理，为大数据的业务操作、业务管理和战略决策提供基础保障。

二、大数据治理实施关键要素

目前，全球的众多企业和机构都已认识到大数据资产的重要性和价值。但是，高层管理人员并未充分利用这些资产，原因就在于数据缺乏准确性、一致性、相关性和实时性。因此，大数据治理被推到了前线，许多公司正在竭尽全力地研究如何有效设计和实现大数据治理。在大数据治理实施过程中，需要重点关注：实施目标、企业文化、组织架构和岗位责任、标准和规范、合规管理和控制。

（一）实施目标

根据业务发展需求，设立合理的实施目标，以指导大数据治理实施的顺利完成。从长远发展的角度来看，大数据治理的实施目标需要与大数据治理价值实现蓝图相关联。大数据治理价值实现蓝图指明了大数据治理工作的前景和作用，是大数据治理实施的重要前提。只有从价值实现的角度思考大数据治理，才能够充分发挥大数据治理实施的价值。以传统的银行业为例，在商业银行的转型过程中，发展模式将会从规模驱动转变为更加注重集约式、内涵式、以效益和质量为核心的新模式，通过业务优化的方式实现大数据治理的价值，必须借助于管理提升和内部挖潜，而大数据治理正是提供了这一转型利器。

大数据价值实现蓝图是一个循序渐进的过程，从支持企业战略转型、业务模式创新的战略层面制定大数据治理的目标，规划中长期的治理蓝图，将会促进大数据治理项目实施目标与企业大数据治理的长期目标保持一致。

（二）企业文化

企业文化是在一定的条件下，企业生产经营和管理活动中所创造的具有该企业特色的精神财富和物质形态，包括文化观念、价值观念、企业精神、道德规范、行为准则、历史传统等，其中价值观是企业文化的核心。为了促进大数据治理的成功实施，企业管理者应该努力营造一种重视数据资产，充分挖掘数据价值的企业价值观，可以称之为"数据文化"。这种"数据文化"体现在以下三个方面：

1.培养一种"数据即资产"的价值观

最初，数据纯粹是数据，报表提交给管理者之后，就没有其他作用了。但当多种数据融合时能够让企业的管理者重新认识产品、了解客户需求，优化营销，因此数据就变得有价值了，成为一种资产，甚至可以交易、合作、变现。大数据治理从发挥价值的角度，让企业重新审视自身的数据资源。培养"数据即资产"的企业价值观，不断发现新的大数据治理需求，引导大数据治理实施工作的开展。

2.倡导一种创新跨界的企业文化

以往的企业经营，注重发挥人力、物力、财力资源的价值，而大数据治理则充分发挥数据的价值，推动新业务的产生和发展。因此在实施大数据治理时，应倡导创新跨界的企业文化，启发员工和管理者从创新跨界的角度，发挥数据资产的价值，触发产品和服务创新。

3.倡导建立"基于数据分析开展决策"的企业文化

对企业的决策者和管理者而言，大数据治理需要建立一种"基于数据开展决策"的管理规范，而这种企业文化的倡导，能够引导、号召企业的决策者和管理者有意识地建立这样的管理规范，促进大数据治理实施活动。

（三）组织架构和岗位职责

实施大数据治理同样需要建立相应的组织架构，明确相应的岗位职责。一般大数据治理的组织架构应包括：定义大数据治理的规章和制度、定义大数据治理的岗位责任职责、建立大数据治理委员会、建立大数据治理工作组、确定大数据责任人等内容。组织架构在大数据治理实施过程中的重要性逐渐为企业所认知,并成为大数据治理的关键。

大数据治理组织架构要实现由无组织向临时组织,由临时组织向实体与虚拟结合的组织,最终发展到专业的实体组织。企业必须建立大数据治理的组织机构,设立各类职能部门,加强大数据治理的专业化管理,并建立专业化的大数据治理实施团队。在顶层成立由高层管理人员、信息管理部门和业务部门主要负责人组成的大数据治理委员会;中间层成立大数据治理工作组,主要由各业务部门业务专家、信息部门技术专家、数据库管理专家组成;最底层成立大数据治理实施小组,主要由各信息系统项目组成员、大数据治理项目组成员组成。

伴随着组织架构的发展,岗位专业化是大数据治理发展的必然趋势。在大数据治理的要素之中,人是大数据治理工作的执行者,即使组织架构设立再合理,如果人的岗位职责不明确,也会造成职责混乱,执行者无所适从,工作效率低下。大数据治理需要整个治理团队的协同工作,每个岗位既要完成自己职责范围内的工作,又需要与其他岗位进行良好的沟通和配合。

(四)标准和规范

大数据标准和规范的制定既是实现大数据治理标准化、规范化,以及实现数据整合的前提条件,也是保证大数据治理质量的前提条件。大数据标准包括数据标准和度量标准两类。其中,数据标准是度量标准的基础,是大数据标准化和规范化工作的核心,通常情况下,企业在进行大数据治理时都是从大数据标准管理入手,按照既定的目标,根据数据标准化、规范化的要求,整合离散的数据,定义数据标准;度量标准是用来检查实施过程是否偏离既定目标,用来度量治理的成本及进度。度量标准的制定是大数据治理过程中评估原有数据价值,监控大数据治理执行,度量大数据治理效果的关键因素。原有数据的价值如何,企业需要花费多大的成本实施大数据治理,这些问题都需要有能够度量大数据价值的标准,按照度量后的原有数据价值,确定数据的重要性优先级,以确定对大数据治理的投入。同时,大数据治理效果也需要度量标准来检验。通过对治理效果的度量、分析,主动采取措施纠正、改善大数据治理的工作。

标准不是一成不变的,既会因为企业管理要求、业务需求的变化而变化,也会因为社会的发展、科学的进步而不断变化。这就要求企业对标准和规范进行持续改进和维护。

(五)合规管理和控制

在大数据治理实施的过程中,企业应该有意识地建立大数据治理实施的合规管理和控制。大数据治理实施过程有其通用性,逐步总结其中的共性问题,并逐步建立实施过程的合规管理和控制体系,可以保证实施过程的效率更高、结果更好,逐步形成多重控制相互作用、共同管控的治理格局。大数据治理的控制方式主要有：

1.流程化控制

流程化控制是最普遍的控制方式，发展至今，已演变为多元化的流程控制。为了加强大数据治理的流程化管控，不仅要有数据业务上的控制，也要有数据技术上的控制，还要有数据逻辑上的控制。

2.工具化控制

随着大数据治理实施工具的不断涌现，通过软件工具进行控制也是大数据控制的一种方法，这种控制方法能够严格执行既定的控制要求。大数据治理实施的软件工具是对大数据治理的有效支撑和辅助，采用成熟、先进、科学的大数据治理软件工具可以高效、规范地实施大数据治理，成为治理工作成功的关键。

三、大数据治理实施过程

从项目管理的角度来看，大数据治理实施着重关注以下七个阶段，即机遇识别、现状评估、制定目标、制定方案、执行方案、运行与测量以及评估与监控。各个阶段的具体内容介绍如下：

（一）机遇识别阶段

对组织而言，大数据治理的实施并不是越快越好，而是应该寻找恰当的时机，发现组织中有针对性的具体问题，力争通过实施大数据治理，获得立竿见影的阶段性效果。大数据治理是一项复杂而且需要不断改进的工作，对企业而言工作量巨大，如果不采用局部突破的方法，就很难获取阶段性成果，因此识别机遇，寻找合适的阶段性任务，对大数据治理实施而言非常重要。

（二）现状评估阶段

大数据治理的现状评估调研包括三个方面：首先是对外调研，即了解业界大数据有哪些最新的发展，行业顶尖企业的大数据应用水平，行业内主要竞争对手的大数据应用水准；其次，开展内部调研，包括管理层、业务部门、IT部门和大数据治理部门自身，以及组织的最终用户对大数据治理业务的期望；最后，自我评估，了解自己的技术、人员储备情况。在此基础上进行对标，做出差距分析及分阶段的大数据治理成熟度评估。一般而言，大数据治理成熟度分为五个阶段，即初始期、提升期、优化期、成熟期和改进期。

（三）制定实施目标

大数据治理阶段目标的制定是大数据治理过程的灵魂和核心，它指引组织大数据治理的发展方向。大数据治理的阶段目标，没有统一的模板，但有一些基本的要求：既能简明扼要地阐述问题，又能涵盖内外利益相关者的需求，清晰地描述所有利益相关者的愿景和目标，目标经过努力是可达成的。

（四）制订实施方案

制订大数据治理方案包括涉及的流程和范围、阶段性成果、成果衡量标准、治理时间节点等内容。大数据治理实施方案提供了一个从上层设计到底层实施的指导说明，帮助企业实施大数据治理。

（五）执行实施方案

按部就班地执行大数据治理规划中提出的操作方案，建立大数据治理体系，包括建立软硬件平台、规范流程、建立起相应的岗位，明确职责并落实到人。实施治理方案的阶段性成果就是建立初步的大数据治理制度和运作体系。

（六）运行与测量

组建专门的运行与绩效测量团队，制定一系列策略、流程、制度和考核指标体系，来监督、检查、协调多个相关职能部门，从而优化、保护和利用大数据。保障大数据作为一项组织战略资产能真正发挥价值。

（七）评估与监控

建立大数据治理的运行体系后，需要监控大数据治理的运行状况，评估大数据治理的成熟度。具体而言，就是把实施前制定的目标与实施后达到的具体效果进行对比，发现实施过程中可能存在的偏差，也需要检验实施前制定的目标是否合理。利用已经建立的性能测量指标，监控新系统的性能。若发现问题，应予以及时解决。

大数据治理实施在每个阶段的工作重点有所不同，依据项目管理的要求，项目实施是一个从抽象到具体，高层逐渐细化的过程。

与大数据治理实施的过程相比，大数据实施路线图更强调实践，实施路线图从项目管理的角度，阐述大数据治理实施各个阶段的明确目标、详细的工作流程及活动，以及可测量的实施结果。因此，大数据治理实施路线图就是阐明在大数据治理实施过程中，各个阶段的主要工作和活动，以及相应的主要阶段性成果。

第五章　大数据时代信息技术应用

第一节　大数据在计算机信息处理中的应用

计算机的发展和应用改善了人们的生活习惯和生产方式，现如今，人们对计算机存储空间提出了更高的要求，许多网络科技公司也开始投身于这方面的研究工作，以便能够为广大网络用户提供高质量的服务。"大数据"应运而生，在为人们生活带来便利的同时，也推动了计算机信息处理技术的发展。

一、计算机信息处理技术

计算机信息处理技术主要包括信息处理、信息存储两大类型，在信息处理以及存储技术的支持下，逐步形成完备的计算机信息处理技术流程，打造完善的信息处理框架，增强计算机信息处理工作的指向性。具体来看，计算机信息处理技术涵盖了信息数据的获取、信息数据的加工以及交互共享等相关环节，其中信息数据获取作为计算机信息处理技术的重要内容，其出发点在于，通过相应的技术手段，建立起全方位、多元化的信息获取来源，实现对用户需求的有效反馈，保证信息处理的有效性[①]。

在信息处理技术的支持下，各类数据在完成加工后，能够以更为有效的形式存储起来，并根据需要，开展相应的有效信息交互工作，为后续相关信息技术的应用提供技术支撑。大数据时代的到来，使得数据体量呈现出爆炸式的增长，在这种情况下，如何安全、稳定、高效地开展信息存储工作，就成为计算机信息处理工作开展过程中面临着的重大问题。信息存储技术的应用，在很大程度上，增强了存储效果，使得数据被挖掘、处理后，形成有效信息，能够分类化条目式存储，为信息的调用、应用提供了必要的技术支撑。

---

① 杨威.基于大数据的计算机信息处理技术分析 [J].集成电路应用，2020，37（08）：62-63.

二、大数据环境下计算机信息处理技术

（一）信息采集加工技术

一直以来，信息采集加工都是备受热门关注的重点问题之一，信息采集加工的科学性对个人、企业、社会乃至整个国家的发展都会产生一定程度的影响。在大数据环境下，计算机数据处理方面的问题就包含信息的采集加工问题，造成信息处理难以达到大数据发展要求。要紧跟大数据时代步伐，提高计算机信息处理水平。首先，在应用计算机信息处理技术时，要整合各类数据信息，在保证各类信息数据准确、完整性的前提下，才能开始后续的信息处理任务。在信息采集中，要对信息源加以明确，并跟踪、监督目标源数据信息，再将所采集到的准确、完整的数据信息存储到计算机数据库，为数据的处理加工做准备。其次，做好数据的加工工作，根据用户的要求来加工，同步传输给用户。当然，在此过程中，必须确保所传输信息的安全性，做好加密处理，以免信息泄露。

（二）信息处理技术

过去的计算机信息处理工作主要是借助计算机硬软件设备来处理的。要提高信息处理的安全、可靠性，就要用高性能的设备进行处理。但受技术水平、经济条件等各方面因素的影响，计算机信息处理质量并不高。在大数据环境下，计算机信息处理技术是借助云技术来完成的，处理效率更高，准确性更高。云处理技术的应用，将计算机硬件和网络分离开，相互间的运行不受阻碍，提高了硬件设备的运行效率，同时，大数据信息网络系统的建立，能够处理海量的数据信息。

（三）信息存储技术

信息存储技术是计算机信息处理技术的一部分，在大数据环境下，需要处理的信息和存储的信息种类非常多。要想顺应时代发展的要求，就要不断地提高信息存储水平，以保证计算机信息处理工作的有效进行。是否可以存储海量的数据信息是衡量计算机信息处理水平的重要参考因素之一，先进的信息存储技术能够高效率地储存各类信息数据，确保储存信息的安全性，顺应时代的发展趋势。

（四）信息处理安全技术

任何一项技术的应用都必须保证安全性，这是非常重要的内容，但受各方面因素的影响，计算机信息处理技术面临着各种难题，数据信息的安全影响最大。为了保证数据信息采集、加工、存储的安全性，就要加大对相关安全技术的研发力度。同时，在信息处理的

各个环节，都要做好跟踪监测，保证信息传输的可靠性。通过对数据的跟踪监测，能够及时发现其中的问题，并采取有效措施加以解决。

三、大数据环境下信息处理技术应用

（一）云安全技术

网络发展时代的高效化管理、数据快速运转需要一定的安全防范技术，以保证网络的可持续化发展，在此过程中云安全技术效果显著，为数据信息的采集、处理与保管提供保障，以保障网络安全稳定运行。

云安全技术在应用过程中主要表现为：①可精确辨识扰乱网络系统安全的信息；②及时回应黑客等不法分子对网络系统的侵害，通过"拒之门外"的处理方式，保证并维护网络系统安全、有序运行；③及时查询并消除已知信息等病毒。

随着信息时代的网络化及互联网相关行业的发展，不仅要求行业有精准的编制、积极地发展推行，同时要求网络具有安全稳定性。要不断调整相关运行模式，在政府政策的支持引导下，利用云安全技术满足网络信息安全化要求。在大数据时代中，云信息安全处理技术不仅可维护网络完全，还可发挥信息处理的安全性价值。

（二）云存储技术

在不同的数据存储模式中，有不同的数据应用类型，云存储技术是对数个存储设施的整合，利用不同数据存储的共同构成汇集信息、整合分布式文书体系、测算相似网络等，通过云存储整合多样化的不同功能，利用云存储技术提供全方位的网络信息服务。在大数据环境下，可将云存储技术看作信息传输系统，向外界环境传输数据存储、业务访问等功能。同时大数据存储的关键离不开云存储技术，通过云存储技术维护数据资源的整体性，同时强化保障大批量数据的安全性。

在现代化大数据时代中，数据信息处理要求系统匹配定量网络用户在同一时间的数据需求，在完成相关数据传递目标后，集中化处理、管理、解析大数据信息，不断升级优化网络信息对用户的服务，用户对信息的利用。

在信息化时代背景下，云存储需要有较高的数据吞吐率与传出率，充分发挥数据管理技术的自体实效性，从而规范大数据集运行规则及模式。应用云存储技术，保证大数据信息运行可持续性、有序性发展。在网络信息中运用云存储技术，以强化大数据处理效率、提升任务完成的实效性为基础，利用云存储技术整体性管理、分析大数据系统中的海量数据。在大数据管理进程中融入云存储技术，在较少的数据更新、转换措施下，可实现对数据的高效存储、利用，发挥信息数据处理的最大效能。除此之外，应用云技术处理技术可大大推动分布式数据存储形式的发展，可保障计算结果的精确化发展。利用云存储信息处理技术，可提升排列存储形式的高效性，增强信息数据搜集的便捷性、迅速性，提升数据库信息搜集效率。由此可见，在大数据时代，运用云存储技术，可大大提升数据运算能力，保障数据计算的精确性、信息利用的高效性。

（三）虚拟化技术

虚拟化技术，主要是指在虚拟化网络环境中，通过科学布设，合理分配数据资源，优化数据保存、管控的有效性。大数据时代背景中，虚拟化技术为他类计算机信息处理技术的发展提供参考，虚拟化技术为大数据信息处理技术提供全面采集、整理的数据支持，为其他数据提供多样化的资源，发挥数据保管的最大优势。除此之外，通过此技术可为高效配置数据资源、科学调整数据比例提供协助，通过虚拟化技术的支持，提升海量数据运算的真实准确性，增强数据处理的灵敏性，满足大数据环境对计算机信息处理的要求。

（四）信息融合技术应用方法

在大数据时代中，计算机信息数据处理可实现信息融合。在此过程中，信息融合技术可实现对多元化信息的利用、加工、融合、转化与处理，大大提升数据信息的准确性，保证数据的真实性。此技术的应用主要是通过多传感系统实现信息的融合，以检测信息处理对象为基础，准确检测信息，及时剔除搜索不到或不能确定的信息，进而保证计算机信息处理结果的真实可靠性。信息融合技术的应用原理是以人体大脑综合处理信息的基本能力为依据，由不同感官传感器为途径展现出相应多传感系统的不同信息类型，通过此模式形成与人脑相似的信息综合网，利用此模式处理多余信息、优化信息组合，提升信息计算机处理的正确性。在现代化发展中，信息融合技术顺应时代发展，从单一化融合技术不断向高层次、低层次信息融合技术分层化发展。

四、大数据信息处理应用未来发展方向

大数据时代背景下计算机信息处理技术发展与创新工作的开展，要求技术人员在掌握大数据时代背景、计算机信息处理类别与存在问题的基础之上，以科学性原则、实用性原则为导向，采取必要的举措，积极做好计算机信息处理技术创新工作。

（一）提高数据与信息安全性

在信息化环境特别是网络中相关数据安全性得到保障的情况下，才能促进大数据时代网络技术的不断发展。为有效提高数据安全性，需要在现阶段主要问题分析的基础上，进行不断修正和技术能力的不断升级。

（二）数据价值的深入分析

在数字信息化时代中，对大数据的广泛应用给人们的生活带来全面影响，凸显了数据在信息化系统中的价值；利用各种科技手段对信息进行技术层面的分析，实现对各类数据的分类与整理。在对海量数据进行准确处理的基础上，可以对数据中潜在的信息进行预测与估算，进而能够为用户提供更加准确与方便的服务；在确定数据价值与意义的基础上，可以为人们的日常生活提供便利。在经过了数据分析的多个环节后，就可以进一步提高应用效率，并提升数据的实际应用价值。

（三）培养信息处理专业人才

科技的发展离不开对人的培养，而大数据理论的诞生，同样需要专业人员的不懈努力，从而使得对相关领域专业技术人员的需求量持续增加；同时，该领域对从业人员的素质需求更高，并不是对计算机有所了解的一般技术人员就可以胜任，而是需要对科技发展全面了解并能够敏锐捕捉最前沿动态的人。这一点对市场中各种规模的企业而言都是相通的，都需要培养适应时代发展需求的大数据应用开发人才；各个企业或单位只有通过吸纳和培养此类人才，才可以在大数据时代有所作为。

1.优化计算机信息处理流程

大数据时代背景下，在计算机信息处理技术创新发展的过程中，技术人员需要结合计算机信息处理技术的类别以及信息处理环节暴露出的问题，采取必要的技术手段，依托大数据，优化计算机信息处理流程，通过流程再造，缩短信息收集、处理周期，在保证计算机信息处理成效的基础上，压缩处理成本，提升资源的利用率。以这一思路为导向，要充分利用大数据技术的优势，针对计算机信息处理技术环节暴露出的问题，补齐技术短板，进而将大数据技术与计算机信息处理技术有机结合，形成强大的技术联动，打造最优化的计算机信息处理方案。

2.构建信息处理安全机制

大数据时代背景下计算机信息处理技术在运行过程环节，对于互联网等技术有着极强的依赖性。随着我国网络用户数量的增加，为充分满足用户上网需求，现阶段往往采取必要的共享机制，打造开放性、包容性的网络机制，为用户提供快捷、稳定的网络服务。这种技术处理方案，也带来了一定的安全隐患，降低了用户的使用安全，为改善这一问题，提升用户安全，技术人员在技术创新发展的过程中，需要建立起防火墙，通过构建防火墙技术，在短时间内，防范用户信息的泄露或者丢失，保证计算机信息处理技术的安全性。在信息处理安全机制构建的过程中可以从系统结构和部署上、主机通信、物理设计、逻辑设计、数据库安全保护、系统配置管理、漏洞预警、细粒度权限控制、运维管理等方面有效地协助客户降低信息安全的威胁，有效地保护用户的应用和信息资产不受破坏和泄露，同时保证应用系统的运行效率。

3.做好信息数据挖掘工作

大数据时代背景下，数据存储体量呈现出快速上升的趋势，存储量过大不仅增加了信息数据存储难度，还造成了数据挖掘工作整体成效的下降。基于这种认知，技术人员需要着眼于实际，有针对性地创立其完备的数据存储、处理机制，在不影响信息数据挖掘成效的基础上，缩短挖掘周期，避免计算机信息处理成本投入。借助于在线分析处理基础、挖掘检索技术、专家系统等手段，理顺数据挖掘的步骤与流程，实现计算机信息处理过程环节、各项数据信息的深度挖掘。利用ETL等清洗工具，对有遗漏数据、噪声数据、不一致数据进行处理。同时将不同数据源中的数据，合并存放到统一数据库的，采取模式匹配、数据冗余。数据值冲突检测与处理是指对抽取出来的数据中存在的不一致进行处理的过程。做好数据清洗的工作，即根据业务规则对异常数据进行清洗，以保证后续分析结果准确性。在保持数据原貌的基础上，最大限度精简数据量，以得到较小数据集的操作，包括：数据方聚集、维规约、数据压缩、数值规约、概念分层等。

4.云计算与网络技术的应用

在使用云计算技术推动计算机信息处理技术发展创新环节，技术人员可以充分利用云计算技术，对现有的计算机信息处理技术体系做好更新优化工作，形成完备的信息处理技术框架，为后续相关信息数据技术的研发、应用提供技术支持。在这一思路的指导下，技术人员要结合大数据时代背景下计算机信息处理技术的发展创新要求，以云计算技术为框架，积极开展云计算技术的优化工作，满足不同用户的使用需求，实现数据的快速发掘，而在计算机信息处理过程中，系统的编辑功能，促进了云计算技术与计算机信息处理活动的有效融合。

计算机信息处理技术的应用，实现了核心数据的挖掘与整理，助力数字经济的发展，不断提升服务管理水平，为区域发展注入新的动力。从长远角度来看，为发挥计算机信息处理技术的优势，越来越多的企业、技术团队立足于大数据时代背景，认真做好计算机信息处理技术的发展与创新工作，形成最优化的信息处理技术方案，不断增强技术的实用性与可操作性。

第二节　大数据时代数据挖掘技术的应用领域

数据挖掘就是一种在一些概念模糊并且不可预测的数据中提取部分潜在的信息量和知识量的过程。数据挖掘作为一门交叉的学科，把人们对数据的应用从简单的层次上升到知识的挖掘和技术的支持，从而投入不同的研究领域中。

一、数据挖掘的方法

数据挖掘有着诸多方法，下面依次介绍当下非常热门的一些方法。

（一）神经网络方法

神经网络方法启发于神经网络，本身就具有较强的数据组织性和适应性，能够更好地用来处理数据储存，它还有高度容错的数据特性，非常适合解决相关的专业数据挖掘技术问题，因此基于神经网络的方法也在近些年来越来越多地受到专业人士的追捧。

（二）遗传算法

遗传算法主要是一种启发于生物自然特征选择和生物遗传的数据基础上随机进行搜索的一种数据挖掘分析算法，它可以是仿生数据全局的一种优化分析方法。遗传算法不仅具有隐含性、并行性以及其他多种模型相互结合的特性，而且它在生物数据分析挖掘方面仍然可以被更好地用来进行分析应用。

（三）决策树方法

决策树方法是一种用于进行数据模型分类预测的分析算法。它主要通过大量的统计数据模型进行一些有一定目的的预分类，从而从中找到一些有价值的和潜在性的有用信息。它的主要技术优点之一是模型描述较为简单，分类处理速度较快，特别是较适合那些规模较大的大型数据处理器的工作。

（四）粗集方法

粗集理论的统计分析方法其实是一种看上去要求精确度并不完全确定的统计挖掘分

析方法。它有几个很明显的优点，首先它不一定需要算法进行额外的二维关系信息处理和输入，其次它的算法可以进行简单的输入，从而拥有更多的信息表达空间。除此之外，它的统计分析算法较为简单，容易操作，它的主要分析的对象其实就是二维关系信息的统计处理。

（五）统计函数分析方法

统计函数分析方法在二维关系数据库中的字段项之间通常存在两种函数关系：所有函数关系和所有相关函数关系。对它们的分析可采用二维关系统计学的方法，即可以利用二维关系统计学的原理对现有的数据库系统中的所有信息和数据进行统计分析。这种方法可以用来进行常用统计、差异以及回归统计分析等诸多方面的统计分析。

（六）模糊集方法

模糊集方法是指在现实问题中，需要结合实际情况进行一些模糊的判定以及模糊的决策的一种方法。这种模糊的分辨模式一般进行的是模糊型的聚类分析，所以运用这种方法，系统的复杂性越高，模糊性就表现得越强。

二、数据挖掘的流程

数据挖掘的流程分为几个阶段，首先要拿到分析任务以及相关的数据集，从而进一步地做到数据清洗、数据集成、数据选择以及数据变换。其次在数据建模之前，要进行探索和分析，从而选定模型的预选思路。下一步就要进行数据的建模，在数据的建模过程中，要对模型进行多次评估，比较多次实验结果，来完成数据建模，最终找到合理优化的参数值。最后一步就是要做好数据挖掘的收尾，要对数据挖掘所表现出来的知识进行可视化呈现，最终写进数据挖掘报告中，从而运用到实际当中。

三、大数据环境下数据挖掘技术的应用领域

数据挖掘技术对我们现在的发展非常重要，现在是大数据时代，任何一项工作都离不开数据的处理和应用，我们把握好数据的处理，才能掌握市场发展的方向，根据数据的显示，能够为我们的发展提供更多的建议和方向，这样我们就能减少损失，提高工作效率和质量，在竞争中就能够占据有利的地位。数据挖掘技术满足了现在社会发展的需求，它的技术手段比较先进，而且操作起来也比较简单，能够提高数据的利用率，实现对信息的充分利用，这样就能开展相关的工作，辅助人们实现更好的发展。面对现在市场发展的情况，我们必须正确地开展数据挖掘技术，不断地完善相关的内容，使其能够发挥更好的效果。

（一）在财务领域的应用

财务作为经济社会的一部分，无论是财会职能的转变、工作重心的转移还是在信息化的建设上都受到了大数据的深刻影响。由于互联网新技术的进一步发展，云计算、大数据的出现，传统的财会模式已经满足不了日益发展的社会需求，财会行业正面临着新的变革。

1.信息来源的多样化

在传统会计实务中，会计信息来源主要是原始单据、会计凭证、各类表格和图表等结构性数据。但是随着大数据的应用，数据类型增多、数据处理技术和速度都有较大的进步，因此非结构性数据的占比将会增大，如图像、音频、视频等格式数据，这使得会计信息来源多样化。另外，大数据使得数据量极大，即使出现极少数据的偏差也并不会直接影响信息使用者的决策。而且通过一定的内部控制手段，在大数据的帮助下，减少人为因素的干扰，数据准确性和应用效果可能会有一定程度的提高。

2.计量与核算方法的改进

在进行传统会计计量时，一般采用历史成本法，因为在历史成本法下数据有易得性和可验证性的特点，但是历史成本不能真实地反映商品的现时价值，这主要是因为实时数据的不可获得性。但是有了大数据和云计算的帮助，可以实时收集和分析市场交易双方商定的折现率、预计现金流等因素，经过快速的计算确定交易价格，这使得公允价值法成为未来会计计量方法的主流，进而促使会计计量的准确性得以提升。

（二）在教育领域的应用

数据挖掘技术应用的领域非常广泛，首先在教育领域，我们通过使用数据挖掘技术能够让教师对学生有一个全面的了解，掌握相关的信息，学生的个人爱好和特点以及学生的成绩等相关的情况都能被教师熟悉，这样教师才能找到教学的重点，从而有针对性地进行教学，对学生自身的情况进行一个整体的分析，这样才能够更好地推动教育活动的发展，提高教学质量，使得教师能够掌握学生的需求，完善教学手段，提高教育的水平，为学生营造一个良好的学习氛围。这样我们掌握更多的信息之后就能根据情况的反馈来进行相关的工作，提高教学效率，使得教师能够朝着正确的方向发展。教育事业的发展越来越火热，教学的难度也在提升，所以我们必须掌握更多的信息来完善相关的内容，推动现代教育的发展。

（三）在科研领域的应用

在科研领域，数据挖掘技术也有重要的应用，对于科研领域来说，我们进行科学研究和实验分析主要靠的就是数据，数据信息对科研工作的进行有很重要的作用，需要的信息量也是非常大的，信息越多越丰富，我们能够充分地利用起来，这样才能在竞争中走到最前，有助于我们发现更多重要的信息，更好地应用在科研领域，推动我国科研工作的发展，给人们提供更多的帮助，方便人们进行信息的搜集和利用，提高工作的效率和质量，使得一些重要的信息得到充分的利用，从而达到更好的效果。

（四）在电信领域的应用

电信领域的发展也是越来越快，现在是信息化时代，为了跟上时代的步伐，电信领域的发展对我们来说非常重要，通过数据挖掘技术的应用，能够为电信企业的发展提供更多有效的信息，从而完善相关的工作，为人们提供更全面的服务，这样就能推动电信企业的发展。数据挖掘技术能够为我们提供更多有用的信息，了解用户的情况和需求，提供全方位的服务，这样能够有效地改善其中的不足之处，从而使得各项内容得到更好的发展。电信企业的发展需要大量的数据，数据挖掘技术在其中起到了重要的作用，我们现在要做的就是要发展数据挖掘技术，不断地深入其中，使得数据挖掘技术能够为我们的发展提供更多好的优势，搜集更多有用的信息，满足电信企业的发展要求，加快电信企业的建设，使得各项内容得到进一步的完善，针对现在的发展情况，完善企业的内部结构，构建完整的发展体系。

（五）在制造业的应用

制造业中利用数据挖掘技术，能够改善生产的环境，了解现在消费者的需求，从而提高产品的性能，解决其中的问题，针对不同的情况，我们能够做好相关的工作，使得产业能够得到进一步的发展。我们在进行产品生产的时候最重要的就是要把握产生生产的相关参数，为了能够准确地掌握相关的数据，我们必须重视数据挖掘技术的应用和发展，进行数据分析，掌握更多有用的信息，从而保证产品的质量。通过对产品的数据进行分类，能够让我们对整体的发展有一个清晰的认识，为制造业提供准确有效的数据信息，提高产品的生产率，还能减少问题的出现，发挥制造业的优势，实现全面发展，充分地利用数据信息，能够提高制造业自身发展的水平，这样就能在竞争中占据优势，实现有效发展，调整制造业内部的发展结构，推动产业的发展，完善相关的内容，提高制造业的收益，从而推动企业的发展。[①]

（六）在行政管理方面的应用

在日常行政管理方面计算机数据挖掘技术有较大利用空间，可以协助解决许多存在的

---

① 史森．大数据环境下数据挖掘技术的应用研究[J].电子世界，2020（20）：126-127.

问题。比如，在交通运输管理方面，随着各种打车软件的兴起，人们的日常出行需求得到了满足，但是随之而来的也有很多问题。实际上，这些打车软件也利用计算机数据挖掘技术，但是仍然不够全面与完善。行政部门可通过计算机数据挖掘技术将交通出行的有效信息传入交通运输数据系统库中，方便大众实时查看，合理选择出行路线与方式，可以达到减少交通事故，保证道路畅通的目的。另外，在档案数据管理工作中，可以通过数据挖掘技术，更改档案保存整理方式，有效地对档案进行检索与整理，减少工作量，从而实现工作的高效性。

（七）在金融方面的应用

大数据金融主要是以庞大的数据库为基础，还可以结合互联网等信息化技术，对数据进行复杂化处理，可以迅速将客户的信息反馈给金融企业，这样的操作无疑是帮助金融企业把零散的客户聚集化，金融企业在此基础上也可以实行定向化服务。由此可知，大数据在金融领域的应用还是非常有空间，例如在第三方支付、P2P网贷、互联网金融等方面都有非常广泛的运用。在第三方支付的运用上，大数据具有场景多样化、方便快捷的优势，加上与顾客的联系紧密，当数据积累到一定程度时便可以推出更多的增值服务措施，进一步提高资金利益。众多的第三方支付中，近年来蚂蚁金服推出的蚂蚁花呗最为特色超前，花呗本身是一种网络消费的贷款产品。花呗利用大数据，根据自身的优势，综合消费者在网络的消费情况，来分析消费者的经济情况，根据风险等级来给消费者不同的消费额度。

（八）在人力资源管理方面的应用

首先，大数据在人力资源上的规划运用主要体现在通过对数据库的分析，对应聘者进行一个科学的比对，结合企业自身的需求来筛选出最适合的人选，以事实为依据来制定合理的人力资源规划任务。其次，在人才的选拔上也有一定的帮助，对应聘者的资料以及他们各种信息和工作经历进行一个数据上的分析，不仅为企业节省了大量的时间，也为应聘者的岗位定位上得到一个良好的匹配。最后，还可以用在数据的开发以及员工的分配管理上，利用大数据分析适合员工的部门岗位，以及薪酬结构等，精准地对员工进行培训，以达到效益最大化和资源的合理化利用。

（九）在市场营销领域的应用

良好的市场发展离不开市场营销的作用，而市场营销是为了更好地迎合大众需求，掌握大众心理。利用计算机数据挖掘技术，可以实现通过应用信息管理与条形码技术的结合，收集用户的日常数据。但由于数据量大、种类多，很难实现人为管理，所以此时大数据挖掘技术就可以解决这个问题，利用大数据挖掘技术收集到的客户数据，对其日常生活轨迹、购买力情况以及消费心理习惯进行数据分析。基于数据挖掘技术得到的数据更为精确、全面的特点，市场营销部门可以更好地掌握顾客的消费习惯，从而制订出更为合理、适应市场的营销方案。还可以利用大数据库的交互查询以及建模预测算法进行演练，以挖掘出更多潜在顾客，实现更全面的市场营销。

（十）其他领域的应用

不止上述两个方面，数据挖掘技术在企业的发展方面也有较大应用价值。一个成功的企业离不开其金融分析能力。通过对股票交易市场的投资评估与预测，可以减少投资风险。在开始投资前，利用计算机数据挖掘技术，建立数学模型进行风险预测，可以有效地分析出各种潜在风险，避免企业进行不合理的投资，及时规避风险。通过数据分析，协助企业更改并完善投资计划，选择最佳时期进行投资，以最大限度地降低风险。此外，对于一些特殊的企业，例如煤矿挖掘、燃油开采等工作性质较为危险的企业，可以利用计算机数据挖掘技术，对工作环境进行分析，建立完善的报警安全管理举措。在进行开采作业时，对施工现场进行数据建模，预估风险，合理评估风险指数，从而演算出安全举措，尽可能保障施工人员安全；计算机挖掘技术还可运用在开采作业的计划中，利用大数据挖掘数据分析，协助决策部门制订出更完整，开采效益更高，危险系数更低的开采计划；在半导体领域，计算机数据挖掘技术可以用于零件检测。由于半导体零件对质量以及精密度的要求较高，为了达到企业的生产标准，需要计算机数据分析技术，通过采集元件的信息数据，对元件的质量进行检测，再继续投入生产，从而保证元件的合格率以及质量安全。

在新时代背景下，数据挖掘技术不断完善，在各行各业都发挥着重要的作用，面对现在的发展形势，我们必须充分地利用数据和信息，拓宽获取信息的渠道，这样才能完善相关的工作，推动产业的发展，针对现在不同的情况，我们要学会正确地运用这项技术，发挥它的性能，为企业的发展提供更多的帮助，数据信息的分析结果对我们的发展和市场的掌握都非常重要。要做好相关的措施和准备工作，就需要我们充分地利用信息，拓宽搜集信息的渠道，发展数据挖掘技术，使得各项工作能够得到进一步的完善，这样才能产生更好的效果。

第六章 大数据在教育中的实践应用

第一节 数据挖掘在教育大数据中的应用

一、教育大数据的概念

广义的教育大数据概念泛指一切日常教学活动过程中直接产生的各种行为数据，而狭义的教育大数据是指学生的各种点滴的学习行为数据，主要来源于在线学习平台和教育管理系统。教育大数据是根据教育需要进行采集、从整个教育活动中产生的具有巨大潜在价值的数据集合，教育大数据的汇聚具有高度的复杂性、连贯性和全面性。教育大数据能从繁杂的教育数据中发现相关关系、诊断现存问题、预测发展趋势，发挥教育大数据在提升教育质量、促进教育公平、实现个性化学习、优化教育资源配置、辅助教育科学决策等方面的重要作用。也有研究指出教育大数据指整个教育活动过程中所产生的以及根据教育需要采集到的一切用于教育发展并可创造巨大潜在价值的数据集合[1]。

综合来说，教育大数据是教师在教学过程中和学生在学习过程中所产生的各类数据的总和。其中既有静态的结果性数据，也有动态的过程性数据；这些千百万师生历经十年或者更多年的积累后，会形成非常有价值的数据库，通过对数据库中数据的限制条件的搜索、查找、分析，可以找到学生教学成绩和情感态度等发展规律，当有新的学生加入，并且符合某些数据模型后，就可以根据该学生展示出来的特殊特征，预测该生新的相关情况，或者对其进行有针对性的指导。

---

[1] 王晓妮，韩建刚. 数据挖掘在教育大数据中的应用研究 [J]. 无线互联科技，2018，15（18）：135-137.

二、教育大数据的功能与作用

人类教育历史经历了农业时代、工业时代和信息时代三个时代，目前正在由信息时代向大数据时代发展，前三个时代出现了两大类教学模式，在农业时代和工业时代，主要是经验模仿教学模式，类似于师傅带徒弟，学生靠教师的言传身教来学习是一种常态，到了信息时代，主要为计算机辅助教学模式，在这种模式下，计算机作为信息的载体和工具出现在了教学中，为教师讲解和学生学习提供了便利，提高了效率。而在已经开始的大数据时代，教学模式应该是数据驱动的教学模式，也就是说，目前教育正在发生变革，而教育大数据成为这场变革的先导与核心。

具体来说，在新的教学模式中，教育大数据的功能与作用主要有：

（一）支撑教师个性化教学

传统的教学模式主要关注教师的讲解和学生的接受，教师占主导地位，学生被动学习。而教育大数据使得教师获取每个学生的各类过程性数据信息成为可能，教师能够在平台数据支撑下了解每个学生的特点，洞察所有学生的需求，从而可以有效引导学生的学习，诊断并解决学生出现的问题，真正实现个性化学习。

（二）精准分析学习者状况

在大数据技术的支撑下，通过数据分析和挖掘，教师能够对学生的各类结果性数据进行量化分析，然后根据平台提供的数据模型对学生的未来学习情况进行有效预测，发现潜在的问题，教师由教学工作的实施者，变为学生学习成长的陪伴者，这将是教学形式的一大变化。

（三）推动教育管理的变革

通常的教学管理，还是依靠领导的经验和教师的职业素养，存在着巨大的不确定性，传统的管理者由于无法及时掌握学校的全部信息，一些管理决策难免失之偏颇，也难以服众。而随着大数据的到来，大数据平台能够依托领先的大数据采集挖掘能力、文本分析能力以及算法和模型，帮助学校获取全网教育资讯、实时监测和管理高校舆情、校内外人物动态跟踪等，能够将数据分析的结果融入学校的日常管理与服务之中，已经成为学校信息化管理的重要工具。

总之，教育大数据可以促进教与学的过程，推进教育主管部门教育决策的科学化，实现真正的个别化教学，促使教育评价全面有效，完善教育质量监督体系，对整个教学改革、教学研究等产生巨大的功能和作用。

三、挖掘技术应用于教育大数据

（一）应用于学校的日常管理

教育数据的挖掘，对管理部门、教师、学生和技术研发人员具有重要的意义。学校的教学管理数据库中记录着所有教师和学生的工作学习、科研活动、社会实践、处罚奖励等相关情况，领导利用数据挖掘技术对教学资源和管理数据进行深入的关联分析，找出师生各种常见行为或活动之间的内在隐蔽联系。在管理中采取过程监控、风险预警、分类管理、趋势预测等措施，能够改善学校目前的考核管理方式，实现智能准确、高效管理学校的各项工作，为教学应用和学校发展提供有效、科学的决策依据。

（二）应用于教师教学，推动教学改革

在通常情况下，教师在平时的教学过程中采用讲授法、调查法、参观法、实验法、实习法、分组讨论法、计算机辅助教学法等多种教学方法来完成自己的教学任务。由此通过运用关联规则或回归线性分析数据挖掘等方法来分析研究相关的教育大数据，选择有利于学生知识吸收和教学需要的最佳授课方式。又如采用数据挖掘技术通过智慧校园跨平台了解学习其他老师的优秀课程和教学方法，研究学生个性化学习工具、网络学习过程、兴趣爱好和学习行为，有利于掌握其学习规律和特点，能够为其推荐合适的学习资源，优化学习方法和改善开展自我导向的适应性学习和提高课堂教学质量。它为教育教学活动提供实时科学的信息数据，有助于形成关于教育教学的智慧决策，提供客观依据，有利于教育教学活动的有效实施，尽可能地实现和完善教育教学活动的价值与功能。

（三）应用于学生学习，增强自主学习意识

通过挖掘教育大数据，可以对学生的学习成绩、兴趣爱好、消费轨迹、行为记录及奖励处罚数据库等相关信息进行分析研究和处理，能够快速获取学生的鉴定结果，便于及时禁止和指正学生不良学习行为。这样既能减轻教师的工作量，又能够避免教师对学生先入为主，缺乏客观和公正的主观武断性评价。利用教育大数据的挖掘结果来科学评定学生的学习行为，其优点是合理地反馈学生信息、激发学生学习兴趣、发现学生的个性需求和实现因材施教。根据学生的个人信息、学习成绩、网上学习轨迹、性格特点、知识结构等相关信息，挖掘出学生的基本特征，宏观指导和微观帮助学生不断修正其学习行为。学生不再局限于本校某位老师的课堂教学，可以自主选择全球范围内的相关课程的著名学者的优秀课件，根据自己的时间和需求来自由学习，这样不但提高了学习效率，而且培养了学习兴趣。有利于教师根据比较事先制定的学生行为标准和实际，通过数据挖掘技术对学生个

性特征进行分析，以指导学生完善人格、修正自己的学习行为和提高学习能力，有利于学生综合素质的全面发展。

（四）应用于专业技术人员的研发，为教育提供新技术与新模式

在教育大数据中借助数据挖掘研发人员发现智慧校园中各应用系统的使用频率和相关内容，然后根据师生需求优化系统的操作方式和用户界面，不断完善系统以便提高服务质量。挖掘结构化和系统化的教育大数据，将MOOC、游戏学习等新模式和云计算、虚拟技术、3D打印、网络计算、引擎开发等新技术应用于智慧校园建设中，以对教学过程的实时监控和分析研究来保障教学质量。

（五）为教育资源建设、运用和共享提供了新思路

教师的教学和学生的学习活动能够实现的基础就是教学资源，以前通过教师的自主研发和教育主管部门的配发来建设教学资源，而教师的自主研发极易出现资源技术含量低、可用性差和重复率高的弊端，政府配发的资源只能满足大部分师生的需要，无法满足个性化需求。挖掘教育大数据为教育资源的建设提供了新的思路，为教学资源库的构建提供技术支持，让优质资源的判定有据可依。它使广大师生能够方便地使用和共享存储在云端的教育资源数据，还能对大量非结构化的数据资源进行分析，挖掘出隐藏的有用信息，享受满足自身个性需求的数据资源，能够避免教学资源的重复建设和优质资源的浪费。

（六）应用于设置课程和试卷分析，使其更加合理化

学生在校学习的过程中，课程安排的先后顺序非常重要，因为基础课程没有学的话，那么后继课程的学习就无法进行。即使是同一个年级的学生学习同一门课程，但由于授课教师、班级学习风气和自身的基础等原因，导致最终的学习成绩差别很大。通过数据挖掘的时间序列和关联分析等方法，仔细分析存放于学校教学数据库中的往届学生各个学科的试卷和考试成绩，挖掘出这些海量教育数据中有价值的信息并分析这些数据的回归性和相关性性质，寻找其中的有用规律和影响学生学习成绩的重要因素，以此合理安排新生的课程。考试是教学活动的一个重要环节，能够检验教学效果。虽然考试成绩能够反映教学效果，但无法说明影响成绩的具体因素和影响教学的直接原因，不能促进教学发展。加之试题的质量也能影响学生考试分数的高低，探索有效评价试题覆盖知识点全面度和难易度等质量的方法非常重要。如果在试卷分析过程中采用数据挖掘的关联规则，教师通过学生每道试题的实际得分情况便能分析出试题难易度、相关度和区分度等技术指标，就能较为合理地评价试题质量，实事求是地检查其教学效果和学生对知识掌握的具体情况，以便于指导其今后的教学活动。

随着教育信息化的推广应用，学校多年的教学管理活动积累了大量的非结构化数据。为了合理有效地利用这些教育大数据，本节通过数据挖掘技术对教育大数据进行深度的分析研究，并将其应用到了教学管理、教师授课、学生学习等教育教学的各个环节，有利于优化教学管理、提高教学质量和推动教学改革。但目前此类研究国内还不成熟，需要研究者投入更多的精力，突破技术"瓶颈"和应用限制。

第二节　大数据在学生评价中的应用

一、学生评价内涵的释义

张敏认为，学生评价是以学生为评价对象，评价者依据一定的标准，运用现代教育评价的一系列方法和技术，对学生的思想品德、学业成就、个性发展、情感态度、体质体能的发展过程和状况进行事实判断与价值判断的活动。[1]陈玉琨提出，学生评价是对学生个体学习的进展和变化的评价。它包括对学生学业成绩的评定、学生思想品德、个性的评价等方面。[2]金姊、王刚提出，"学生评价是在系统地、科学地和全面地搜集、整理、处理和分析学生信息的基础上，对学生发展和变化的价值做出判断的过程，目的在于促进教育与教学改革，使学生全面发展。学生评价包括学业成绩的评定、思想品德和行为规范的评价、体格和体能的评定、学生态度、兴趣和个性心理特征的评价等多个方面"[3]。笔者认为，金姊、王刚对学生评价的定义涵盖了学生评价的基础、目的、内容等信息，较为全面地阐述了学生评价的概念，本研究采用这一概念。而大数据时代，则是在大数据思维的引领和大数据技术的支撑下，以采集具有"全体性、混杂性、相关性"的教育大数据来开展学生评价。

二、教育大数据的特征与学生评价原则的关系分析

教育大数据具有客观性、动态性、差异性、繁杂性、总体性、跟踪性、预警性和直观

---

① 张敏. 学生评价的原理与方法 [M]. 杭州：浙江大学出版社，2011：1.
② 陈玉琨. 教育评价学 [M]. 北京：人民教育出版社，1998：56.
③ 金姊，王刚. 教育评价与测量 [M]. 北京：教育科学出版社，2002：296.

性等特征。学生评价需要遵循科学性、发展性、个性化、多样性、全员性、全程性、及时性和简易可行性等原则。对教育大数据的特征与学生评价的原则之间的关系进行分析，可以明晰教育大数据与学生评价的契合程度，为大数据时代的学生评价变革奠定基础。

（一）教育大数据的客观性、动态性与学生评价的科学性、发展性

1.教育大数据来源及分析的客观性确保学生评价的科学性

依据教育机构中业务活动的不同，教育数据挖掘的数据来源可以分为教学数据、管理数据和科研数据。由此可知，教育大数据也主要来源于教学、管理和科研领域，区别在于数据采集的技术、规模及应用方法。有学者提出，教育大数据有广义和狭义之分。广义的教育大数据泛指所有来源于日常教育活动中人类的行为数据；而狭义的教育大数据是指学习者行为数据，它主要来源于学生管理系统、在线学习平台和课程管理平台等[①]。不论是广义的教育大数据，还是狭义的教育大数据，都依靠大数据技术、方法从真实的教育情境、学生管理系统、在线学习平台等渠道采集，都是对学生学习过程真实细致的记录，包含学生的学习行为数据、学习内容数据、学习管理数据、学习结果数据等。评价结果的客观准确来自评价信息的可靠性。教育大数据来源的真实客观，奠定了在此基础上开展的学生评价的科学性。

数据分析是教育大数据应用的核心环节，主要是指教育数据挖掘。"教育数据挖掘是指综合运用数学统计、机器学习和数据挖掘的技术和方法，对教育大数据进行处理和分析，通过数据建模，发现学习者学习结果与学习内容、学习资源和教学行为等变量的相关关系，来预测学习者未来的学习趋势。"[②]

教育数据挖掘可以对学生的学习过程和进展进行连续的和实时的评估，形成性的反馈也会从根本上增加。教育数据挖掘已成为教育研究范式中的一种有用的方法，具有提供丰富性的数据和严谨性结论的潜力。客观、严谨的数据挖掘过程为学生评价的客观性奠定了基础。

2.教育大数据的动态性可以展现并促进学生的发展

教育大数据的动态性具有相对性和绝对性，主要是针对数据量而言。教育大数据的相对动态性是指在一定时段内，教育大数据平台能够自动地收集学生各方面的信息数据，从而带来数据量的快速增长和变化。教育大数据的绝对动态性是指数据量是一个持续增长的过程，瞬息万变，涵盖万千，无止无尽。我们在对学生进行评价时，首先必须坚持发展

---

① 葛道凯，张少刚，魏顺平.教育数据挖掘方法与应用 [M].北京：教育科学出版社，2012：12.

② 徐鹏，王以宁，刘艳华，等.大数据视角分析学习变革——美国《通过教育数据挖掘和学习分析促进教与学》报告解读及启示 [J].远程教育杂志，2013，31（06）：11-17.

性原则，注重评价的发展性功能，发挥评价的发展性作用。通过教育大数据的动态性实现评价促进学生发展的目的，首先，需要采集学生现阶段各方面的信息数据，了解学生现有的发展水平；其次，采集学生学习过程的信息数据，展现学生的发展过程，了解学生发展的细节、特点和趋势；最后，通过对学生学习过程的了解，帮助学生设定下一步的学习目的，对学生实施针对性的指导，实现促进学生发展的目的。教育大数据展现学生的发展过程，是指在大数据情境下，学生各方面的发展都能够被教育数据平台记录下来，通过学生各方面的数据得到体现。

教育大数据的动态性促进学生的发展，主要是指：其一，让动态的数据说话，以发展的观点看待学生。在大数据技术的支持下，学生个体的发展动态可以直观展现，有助于消除评价者对学生的刻板印象，让评价者看到学生发展的可能，满足学生发展的需求。其二，基于学生个体的动态教育大数据，开展个性化学习。在大数据的情境下，个性化学习在任何方面的突破、创新，都可以通过数据展现出来，其"最令人印象深刻的特征是其动态性，学习内容可随着数据的收集、分析和反馈加以改变与调整"。[①]事实上，并不仅仅是学习内容可以改变与调整，只要能够提高学习效率，改善学习体验，增加学生的知识积累，促进学生能力的发展，讲授方式、学习方式、学习进度、测验方法等都可以改变与调整。[②]在数据的基础上，教师能够根据不同孩子的需求和学习风格来设计个性化的教学，将学习变成个性化行为，以更好地满足每个学生的需求，促进每个学生的发展。其三，动态的教育大数据让评价和教学遵循教育教学规律和学生发展规律。动态的教育大数据引导学生评价遵循教育心理学"最近发展区"的观点，让教学走在学生现有发展水平的前面，尊重学生发展的阶段性和差异性特征，有助于实现评价与教学促进学生发展的目标。

（二）教育大数据的差异性、繁杂性与学生评价的个性化、多样化

1.教育大数据的差异性是实现学生评价、学生发展个性化的基础

教育大数据规模宏大，力图采用全数据模式，实现"样本=总体"的宏愿。但不管教育大数据的规模大到何种程度，其最终都是由一系列的微观个体数据组成，不可能违背部分构成整体的规律。微观教育大数据是指学生个体的有关数据，包括学生的个性倾向（兴趣、爱好、需要、信念等）和个性心理特征（能力、气质、性格等）以及学生的其他信息数据（年龄、性别、种族、城乡、认知储备、智力类型、学习风格、学习态度等）。学生之间是有差异的，基于个体的微观教育大数据是具有差异性的。教师的教学思维在大数据

[①] 李玉芳.如何进行学生评价 [M].上海：华东师范大学出版社，2014：7.

[②] [英]维克托·迈尔－舍恩伯格，肯尼斯·库克耶.与大数据同行：学习和教育的未来 [M].赵中建，张燕南译.上海：华东师范大学出版社，2014：38.

时代的背景下应由群体教育陆续过渡为个体教育，进而真正实现在教学过程中的因材施教和因人而异。简言之，就是充分利用教育大数据的差异性，对学生个体实行差异性的评价，促进学生个体的差异性发展。

学生的个性化发展有赖于个性化学习与个性化评价。个性化学习与个性化评价相辅相成，共同促进学生的发展。学生在学习过程中产生差异性的教育大数据，差异性的教育大数据促成学生评价的个性化，学生评价个性化则促进学生个体的差异性发展。大数据在教育领域的应用是为了实现个性化学习，促进学生个体更好地、有特色地发展。

教育数据挖掘和学习分析应用领域主要包括：学习者的知识、行为和经历建模；学习者建档；领域知识建模；学习组件分析和教学策略分析、趋势分析、自适应学习系统和个性化学习。不论是学习者的知识基础、知识结构数据，还是学习者行为和经历数据，于学生个体而言，都是差异性的，为学生评价的个性化奠定了基础，可以为学生个体的差异性发展、特色发展提供指导。

2.教育大数据的繁杂性意味着学生评价的多样性

在大数据的情境下，就数据内容而言，有关于学生"知识与技能""过程与方法""情感态度与价值观"等数据，有关于学生个性倾向及个性心理特征的个性化数据，有关于学生学习基础、学习行为、学习过程、学习兴趣、学习态度、学习风格、学习策略、学习结果等数据。就数据结构类型而言，有结构化的、半结构化的、非结构化的教育数据。从数据产生的业务来源来看，有教学类数据、管理类数据、科研类数据以及服务类数据。从数据产生的环节来看，可以分为过程性数据和结果性数据。就数据层次而言，可以分为基础层数据、状态层数据、资源层数据和行为层数据。[①]教育大数据规模宏大，类型复杂，内容繁多。教育大数据繁杂性的特征，体现了学生评价内容的全面性，要求学生评价方法、主体、结果呈现多样化。

教育大数据的繁杂性可以变为有序的多样性。其一，依靠数据量凸显规律。在教育大数据的实际应用中，记录每一个个体行为的数据，表面上看好像杂乱无章，但当数据累积到一定程度时，群体的某种行为规律和某个时间段内的个体行为规律就一定会在这些数据上呈现出来[②]。换言之，教育大数据以其规模庞大、类型多样，通过量变实现质变，能够透过纷繁复杂的教育现象，凸显教育活动中的规律。其二，依靠筛选机制整理分类。于特定的评价目标而言，其所需要的数据虽然基于繁杂的教育大数据，但可通过建立相应的筛选机制，先去除无关紧要的数据，然后再对相关的数据进行分类处理。其三，舍弃因果关

① 杨现民，唐斯斯，李冀红.发展教育大数据：内涵、价值和挑战 [J].现代远程教育研究，2016（01）：50-61.

② 何克抗.大数据面面观 [J].电化教育研究，2014（10）：8.

系，注重相关关系。在处理繁杂的教育大数据时，过分地追求因果关系，只会让繁杂的局面更为繁杂，在有些时候，发现相关关系，就可以解释教育现象，解决相应的教育问题。

（三）教育大数据的总体性、跟踪性与学生评价的全员性、全程性

1．"样本=总体"的全数据模式与学生评价的全员性相符合

在信息处理能力受限的时代，世界需要数据分析，却缺少用来分析所收集数据的工具，因此随机采样应运而生，它也可以被视为那个时代的产物①。但随机采样并不能确保我们总是在收集正确的信息，即便是，收集到的数量也是远远不够的。如今，大数据时代的技术甚至可能实现所有特定目标数据的收集和处理，即实现"样本"与"总体"的等同。②这意味着我们所要利用的是特定范围内所有的数据，不再仅仅依赖小部分数据。把大数据技术应用于学生评价，正符合学生评价全员性的原则。即学生评价应面向全体学生，而不是面向少数学生；应促进全体学生的发展，而不是促进少数学生的发展；应实现全体学生的共同进步，鼓励不同能力的学生都能发挥最大潜能，取得最大进步，获得最大成功，而不是相互之间的恶性竞争和相互攀比。③简言之，大数据在教育领域的应用，让学生评价不落下一个学生。

学生评价全员性是学生评价公平性的基础，学生评价公平性是教育大数据总体性的更高诉求。教育大数据的总体性确保了学生评价的全员性，但这只是基本诉求，促进教育公平、学生评价公平是其更高的诉求。最终的教育公平，应该是每个学生都能通过教育而激发潜力、得以发展，通过教育而获得人生路上的成功。要实现这个目标，则需广泛推行因材施教，鼓励个性发展的个性化教育，以取代陈旧的教学模式。借助于教育大数据分析与预测的功能，能够让个性化学习理念得到进一步普及，基于数据之上的个性化评价能够促进个性化教学，让每个学生的潜力都能够得到更大程度的开发。简言之，在大数据时代，全数据模式的学生评价"让我们有机会了解每一个学生的真实学习情况，为每一个学生提供优质、个性化的教育资源"④，不断促进个性化学习、教育公平目标的实现。

2．教育大数据的跟踪性展现学生评价的全过程

在教育领域，有学者提出，"跟踪的过程不单单是对跟踪对象进行监视的过程，还是一种对目标的内容和价值的判断，对过程的记录和对结果的改善过程，它是一个综合监

---

① [英]维克巧·迈尔－舍恩伯格，肯尼斯·库克耶．大数据时代：生活、工作与思维的大变革 [M]．盛杨燕，周涛译．杭州：浙江人民出版社，2013：37．

② 张燕南，赵中建．大数据时代思维方式对教育的启示 [J]．教育发展研究，2013，33（21）：1-5．

③ 王斌华．学生评价：夯实双基与培养能力 [M]．上海：上海教育出版社，2010：91．

④ 徐鹏，王以宁，刘艳华，等．大数据视角分析学习变革——美国《通过教育数据挖掘和学习分析促进教与学》报告解读及启示 [J]．远程教育杂志，2013，31（06）：11-17．

控、评价、诊断、完善等方法的动态复合过程"[①]。就学生评价而言，教育大数据的跟踪性是指运用教育大数据的采集、挖掘、分析等技术，可以采集学生整个学习过程的数据，可以对学生的学习行为进行事实判断和价值判断，进而改善学生的学习、教师的教学。从学生评价实施的时间及功能来看，在教学之前有诊断性评价，用于了解学生的基本状况和实际水平；在教学过程中有形成性评价，用于明确学习过程中存在的问题及改进的方法；在教学结束时有终结性评价，用于了解学生学习结果状况。学生评价贯穿学生学习的全过程，并涵盖监控、诊断、反馈、优化等环节。借助于大数据的技术和方法，能够实现对学生的学习行为进行全过程的跟踪，记录学生学习的全过程，有助于教师及时发现学生存在的学习问题和学习障碍，进而对教学、评价等过程进行调控，完善教学和评价。

通过对教育大数据的挖掘和分析，可以再现学习过程。在网络学习平台上，学生回放、暂停、快进，或者是调出另一视频课程，查找相关的其他学习资料，又或者是在课程结束前就关闭了学习页面。这些看似简单的行为数据可得到学生在学习过程中是否遇到了困难，在哪个知识点上遇到了困难，学生是否有主动突破学习难点的倾向，采用了怎样的学习策略，策略是否有效，最终学习结果怎样等信息。除此之外，还能记录下学生课程选择、课堂言行、师生互动、学习反馈、同学交往等数据，将这些数据汇集起来，可发现学生学习过程的特点，再现学生的学习过程。在传统的课程教学情境下，随着数据采集设备的完善，数据分析技术的提高，也可以在一定程度上对学生的学习过程进行全方位的、深入细致的分析。

（四）教育大数据的预警性、直观性与学生评价的及时性、简易可行性

1.教育大数据的预警性确保学生评价的及时性

教育大数据的预警性是针对学生的学习常态而言的，依据预先制定的相对的标准，当学生实时的学习行为数据发生显著的变化时，通过一定的机制可以发出预警，从而提醒教师对学生的学习状况进行有针对性的分析，进而对学生的学习活动进行干预，促长补短，帮助其及时解决问题，改善不良的学习状态。学生的学习受到学习基础、学习兴趣、学习投入、学习方法等众多因素的影响，在现实的教育情境中，作为主要评价者的教师对学生学习状态的了解具有滞后性，即使对学生异常的学习状况有所察觉，但在不知道确切原因的情况下，也可能束手无策或者不明情由地采取一些缺乏针对性的措施。在大数据的情境下，学生的学习常态数据成为评价学生学习状况的临界点或者基准点，如果学生的学习行为数据与常态数据相比，偏离了相应的范围，数据系统或平台就会有所显示，进而向评价

[①]　胡弼成，周兰芳.论教育跟踪[J].当代教育论坛，2012（02）：4-9.

者发出预警信息，帮助评价者进行原因分析，让评价者采取的措施更加具有针对性和有效性。换言之，教育大数据的预警性让评价与教学同时进行，与教学融合与共存，教师能够及时掌握学生学习情况，及时肯定学生取得的成绩，激励学生再接再厉，发现学生学习中存在的问题，并给予及时指导和帮助，将错误和问题消灭在萌芽状态。[①]教育大数据的预警性功能，为学生评价的及时性提供了可能。

学习分析是体现学生评价及时性的教育大数据技术。教育大数据具有极强的可追踪性和个性化特征，多角度、深入、有效的分析能够为参与在线学习的各方提供即时感知、实时监控和早期预警等。学习分析是大数据在教育领域应用的主要技术之一。在首届"学习分析技术与知识国际会议"期间，与会者将学习分析定义为"测量、收集、分析和报告有关学习者及其学习情景的数据集，以理解和优化学习及其发生情景"。由以上定义可知，学习分析是对学生实时的学习数据进行深度分析，本然地具有评价、反馈的功能。国内有教育信息技术专家提出，对学生的教育数据进行分析，形成"知识图谱"，总结"认知规律"，为每一个学生建模，然后把学生的成长模型和学习档案建立起来，可以对学生的学习过程进行预测。[②]综上所述，学习分析通过不断地搜集、处理和反馈学习数据，可以尽量缩短数据利用的时间，确保基于数据的学生评价的及时性。

2.教育大数据的直观性让个性化评价更为简易

学生评价虽然以科学性、发展性等为前提，但并不排除对其简易可行方面的要求。学生评价简易可行性原则要求：操作便捷，减轻教师的工作负担（这样才能使学生评价的工作成为常态的或常规的工作，使评价工作成为一个不间断的过程，这也是获得真实可靠的评价信息的前提）；评价结果的呈现方式直观形象。在大数据情境下，数据的直观性及学习仪表盘的兴起，让学生评价更为简易可行，具更有可操作性。作为大数据时代迅速兴起的新型学习支持工具，学习仪表盘正在从单纯的学习分析工具演进为集成化的学习支持平台，并逐渐使学习分析的可视化与在线学习的个性化成为现实。将学习过程和学习结果的数据以直观的、可视化的方式表征，是学习仪表盘的主要特征，这一技术的发展与应用使得学生学习数据的传递、表征、解释更为形象直观，让学生评价更为便捷，更易发挥实效。

规模大数据让隐形问题、少数问题直观显现。包含众多学习者学习行为的规模教育大数据看似复杂，但因其可以直观地描述普遍的学习现象、揭示普遍的学习问题，从而也能够让学生评价在尊重其他评价原则的基础上，体现简易可行性。在学习过程中，有些学习问题可能是少数学生会遇到的，在传统教育情境下，以班级为单位，因样本有限，少数

---

① 李玉芳.如何进行学生评价[M].上海：华东师范大学出版社，2014：113.
② 林仕鼎.大数据：变革转型的"强心剂"[N].中国教育报，2016-01-13（007）.

学生遇到的问题就有可能被忽略，但在大数据的情境下，则可能是以全校学生为单位，以全区域内学生为单位，以之前的学生为参照，如此，尽管只是少数学生遇到的学习问题也有可能凸显出来，让学习过程中的隐性问题转变为显性问题，及时得到关注，重点得到解决。从宏观角度而言，规模教育大数据的这种特性所揭示的学习问题更具有代表性，能发现真实教学过程中的实际问题，有助于学生评价的实施。

以上对教育大数据特征及学生评价原则的探讨，并非完全是对应的关系，比如教育大数据的动态性、跟踪性同时能够展现学生评价的过程性，教育大数据的动态性、差异性同时可以体现学生的发展性，以上的分析旨在说明大数据的特征与学生评价的原则多有适应之处。大数据的特征与学生评价原则的契合，表明大数据可以为学生评价提供观念上的指导、技术上的支撑、方法上的创新，可为明晰大数据时代的学生评价变革趋势奠定良好的基础。

三、大数据环境下学生评价的变革趋势

尽管教育大数据的发展与应用还面临着诸多挑战，但是，随着大数据思维的传播，大数据技术的发展，大数据的价值被逐渐发现和认可，教育大数据在教育领域的应用将成为常态。已有的研究提出，大数据将会促使教育在管理、教学、科研、评价等方面发生系统的、深层次的变革。就学生评价而言，教育大数据将会促使其在评价功能、评价标准、评价内容、评价方法、评价主体、评价过程等方面发生变革。其变革趋势与现状并不是对立的，不是对现有学生评价的完全否定，而是对现行学生评价的完善，淡化学生评价的功利性质、工具性质，凸显学生评价的教育性质。

（一）大数据助力学生评价发展功能的实现

大数据挖掘分析技术的"显微镜"功能，体现出"学生为本"的评价观；全程记录功能可以展现学生的学习轨迹，以发展的观点看待学生；预测功能便于教师对学生进行有针对性的指导，有助于实现为了学生发展的评价目的。其一，大数据的"显微镜"功能，可以凸显数据背后的学生。借助大数据挖掘分析技术，对学生学习成果数据背后的关联数据进行分析，在评价者面前的学生是形象的、具体的、多维的，是具有无限发展潜能的生命个体，从而凸显数据背后具有差异性发展潜力的学生。换言之，透过数据，发现学生，尊重学生，是大数据时代"学生为本"的评价理念的体现。其二，大数据的全程记录功能，有助于实现以发展的观点看待学生。在大数据技术的支撑下，学生个体的学习行为数据可以被全程记录，对学生个体不同时段的学习数据进行分析，进而开展评价，不仅能够了解学生的学习基础，还能够发现学生的进步状况及发展潜力、发展趋势。其三，大数据的预测功能可以促进学生的发展。大数据改善学习的三大核心要素：反馈、个性和概率预测。

随着大数据预测在精确度和细节上的提高，我们也应该对帮助我们做出决定的预测结果抱有更大的信心，并提出更加具体和细致的建议，采取更具针对性和更加温和的干预措施。了解教育大数据的预测功能，可以为学生个性化的发展、全面性的发展提供指导。

（二）大数据实现评价标准差异性

其一，大数据丰富评价指标体系。以《上海市中小学生学业质量绿色指标（试行）》（以下简称《绿色指标》）为例，在大数据技术的支撑下，《绿色指标》在收集学生学业水平数据（学生学业成绩的标准达成度、学生高层次思维能力指数和学生学业成绩均衡度等）的基础上，还收集了有关学生学习动力指数（包括学习自信心、学习兴趣、学习动机、学习效能感、学习压力、学生对学校的认同度等）、学生学业负担指数（睡眠时间、休闲时间、补课时间、作业时间等）、学生社会经济背景对学业成绩的影响指数、品德行为指数、身心健康指数和进步指数等。评价指标体系的多样，体现了评价标准的差异性。其二，大数据促进评价标准个性化。运用数据挖掘和学习分析技术，对学习者知识、行为、经历建模，学习组件分析和教学策略分析，趋势分析，自适应学习系统和个性化学习等领域进行研究，充分挖掘学生的潜能和资质，对学生采用个性化的评价标准，为每个学生创造展示自我的机会，让每个学生获得成功的体验，使每个学生都能在不同方面得到不同程度的发展。大数据丰富评价指标体系，为评价标准的差异性奠定基础。大数据促进评价标准个性化，则是评价标准差异性的直接体现和应用。

（三）大数据实现评价内容的全面性

其一，大数据"样本=总体"的特征有助于实现评价内容的全面性。在教育数据采集阶段，就可以出于全面性的考虑，收集学生评价所需的全面性的数据。以学生综合素质评价为例，在大数据观念的引导之下，可以通过大数据系统或平台收集学生道德品质与公民素养、学习能力、实践能力、审美与表现以及运动与健康状况方面的数据。其二，大数据可视化技术可以丰富评价内容。在日常的学习过程中，难以收集到关于学生思维的数据，通常只是看到学生学习结果的对错，用时的多少，学生是不是真的学会了，是如何学会的则不得而知。在大数据设备及平台的支撑下，对学生的思维进行评价成为可能。现代信息技术为教学模式和评价方式的改革提供了前所未有的技术支持，学生在课堂中的需求与态度，经由大数据的处理，将变得可视。其三，智慧教育的发展为评价内容数据的收集提供载体。在智慧教育情境下，学生智能卡是收集教育大数据的载体。学生智能卡不仅能记录学生的学业情况，也能记录学生的各种生理机能状况，为学生提供健康饮食、运动的提示和建议，还能记录学生在学校内外的信用值和义工值等信息数据，这将有助于不断提升学生的品格修养和社会责任感。由此可知，大数据可以为学生评价内容的全面性提供思维上的创新，技术上的支撑。

（四）大数据实现评价方法的多元化

其一，以数据为基础，让数据发声，兼顾量化和质性评价方法。大数据设备、平台、系统在自然状态下收集学生的学习内容数据、学习过程数据、学习方法数据、学习结果数据等，数据本身就具有量化评价的特征，然而，进一步对收集的数据进行挖掘和分析，在注重结果的同时，也关注过程，既注重量化数据，也注重其他难以量化的信息数据，对有关学生发展的教育数据进行分析和描述，就体现了质性评价方法的特征。其二，大数据技术及思维促进学生评价方法创新。学生评价以全面的、客观的教育信息数据为基础，在大数据时代，学生评价所需数据的采集方式不同于传统课堂教学，评价方法也有所不同。在现阶段，应用教育大数据进行学生评价，更多的是指依靠学生在线上教育、智能学习终端上的学习数据，结合学生传统课程学习的相关数据，进而对学生进行评价。线上教育数据和传统教育数据共同构成学生评价的数据基础。另外，"不是因果关系，而是相关关系"的大数据思维应用于学生评价，是指不仅要关注学生的发展状况，还需要掌握学生的发展受到哪些因素的影响，通过数据反馈预测学生的发展趋势并提供必要的指导，即不仅要知其然，知其所以然，还需要知其未然。

（五）大数据促进评价主体的多元化

其一，大数据在便利教师开展学生评价之余，还将实现"量化自我"，促进学生自我评价。随着智能学习终端、可穿戴技术、传感器网络的出现和发展，学生作为教育数据的"生产者"，可以得到自身学习行为的所有数据，在此状况下，"量化自我"将成为可能。"量化自我"也称作"自我追踪"，是指通过数据收集、数据可视化、交叉引用分析和数据相关性等技术手段，获取个人生活中有关生理吸收、当前状态和身心表现等方面的数据。在教育领域，量化自我能够帮助学习者以更加方便快捷的方式收集个人数据，不需要有意识地关注数据获取的过程，以便学习者能够集中注意力，自然地进行学习活动，进而客观地分析个体数据并进行反思，对个人的学习行为、习惯和想法进行再认识。可以预见，量化自我对学生开展自我评价具有重要意义。

其二，第三方评价机构将介入学生评价。随着慕课、翻转课堂、微课程的大范围扩展，由此产生了大量的教育数据，但这些数据可能存储在学校的数据系统中，也可能为市场化的教育咨询、培训企业所占有，这就意味着在大数据时代，第三方评价机构将在学生评价中扮演重要的角色。通过认证或具有相应资质的第三方评价机构，在拥有学生个体教育数据的情况下，可以同时满足教育行政部门、学校、教师、学生、家长以及用人单位等主体的不同需求。

（六）大数据促进评价过程的形成性

其一，自动性的评价体现形成性。在近几十年里，尽管在认知、心理研究及教育技术方面取得了进步，但教育机构的评价实践却并没有显著的变化。不过，基于计算机等智能终端技术的快速发展为自动化评价提供了巨大潜力。在大数据时代，智能学习终端的应用将普及化，基于智能学习终端的自动化评价伴随着学生的整个学习过程，可以展现学生的学习过程，在学习过程中为学生提供指导和帮助。

其二，过程性数据的收集促进形成性评价。过程性数据指的是学生在课堂中所表现出的各种反映学生在自然状态下的细微而又真实的行为表现。学生在学习过程中，伴随着学生的每一个学习行为，就会产生相应的过程性学习数据。在大数据时代，学生过程性学习数据的收集和分析应用将有助于形成性学生评价的开展。

其三，对过程性数据的分析可以达成形成性评价的目标。教师通过对各类过程性数据进行分析，可以改进教与学。具体而言，教师可以从学生关于知识点的掌握情况对学生的学习效果进行评价；从学生学习资源的使用情况对学生的学习方法、学习策略进行评价；从学生完成作业的时间对学生的学业负担进行评价；从学生的学科学习时间对学生的学习兴趣、学习态度进行评价。学生的整个学习过程将处于"透明化"的状态，教师将重新审视教与学的过程，及时发现教学中存在的问题，了解学生的学习困难，从而合理安排教学素材，改善教学方法，促成过程性学生评价服务于学生发展。

大数据时代的学生评价变革是一项系统工程，其变革趋势之间是相互关联的，其中发展性是主导，差异性、全面性、多元性和形成性等最终都是为了学生的发展。此外，由于学生发展具有整体性、连续性、差异性、阶段性的特征，在大数据思维、技术、方法等的影响下，以发展性学生评价理论作指导，学生评价在功能、标准、内容、方法、主体、过程等方面需要进行相应的变革，形成系统的以促进学生发展为目的的评价体系。

四、应对大数据时代学生评价变革挑战的策略

随着大数据相关研究的不断深入，大数据在教育领域的作用、价值日益受到重视，需要进一步对大数据时代学生评价相关的问题进行思考，得到启示，提出策略，做好应对准备。

（一）树立理性大数据观，回归发展性评价观

1.理性大数据观的内涵解析

理性的大数据观，除了认识到大数据的特征与学生评价原则相契合，认识到大数据在学生评价变革中的作用、价值，认识到大数据时代学生评价所面临的诸多挑战之外，还意

味着对大数据、教育大数据全面、深入的、客观的认识和理解。

其一，教育大数据是一种宝贵的资源。数据就像一个神奇的钻石矿，当它的首要价值被发掘后仍能不断给予。它的真实价值就像漂浮在海洋中的冰山，第一眼只能看到冰山一角，而绝大部分都隐藏在表面之下。教育大数据也是如此，从表面上看，教育大数据是指通过对学生学习行为数据的收集，从而形成的海量规模的数据集合。通过对教育数据集合的挖掘和分析，可以解释诸多的教育现象，解决众多的教育难题。教育大数据的潜在价值难以估量，其自身是一种可供多次挖掘、多次应用的资源。

其二，教育大数据是一种新兴技术。从技术角度而言，教育大数据是指从教育数据系统中获取有价值信息的技术及其集成。教育大数据技术主要体现为教育数据挖掘和学习分析技术。就学生评价而言，运用大数据技术对教育数据集合的挖掘和分析，揭示学生的学习过程，服务于学生评价，目的在于通过评价改善教学，促进学生发展。

其三，教育大数据是一种创新思维。从教育研究的角度来看，与大数据密切相关的"不是随机样本，而是全体数据""不是精确性，而是混杂性"和"不是因果关系，而是相关关系"三个命题，颠覆了传统的研究观念，让学生评价的研究意味更加浓烈，开启了科研创新、学生评价变革的格局。

2.发展性学生评价观的要求

发展性学生评价观，是对学生评价功能的一种价值取向。促进学生的发展，是学生评价的本体性功能、内在功能。首先，发展性学生评价观体现服务性。在教育实践中，学生评价的选拔性功能过于突出，学生评价的指挥棒效应明显。倡导发展性学生评价，就需要把"指挥棒"颠覆性地转变为"服务器"，不是评价指挥教学，而是评价为教学服务。评价为教学服务，亦即评价为学生发展服务。总之，发展性学生评价观关注的不是如何应对评价，而是评价如何生成价值，如何促进学生发展。其次，发展性学生评价观体现过程性。学生的发展是一个长期的、变化的过程，为了促进学生稳步、全面发展，既需要了解学生的发展现状，也需要掌握学生发展的趋势和可能性，让教学着眼于学生的最近发展区。学生评价应该跟踪、服务学生发展的全过程。最后，发展性学生评价体现差异性。学生评价的对象是一个个具体的人，每个学生都有自己的个性，这种个性随着年龄的增长而越来越被一个由许多因素组成的复合体决定。这个复合体是由生物的、生理的、地理的、社会的、经济的、文化的和职业的因素组成，而这些方面对于每一个人来说，都是各不相同的。简言之，作为具体的人的学生，其历史是独一无二的，个性是千差万别的，需要是各不相同的。相应地，学生评价应该尊重并体现学生的具体性和差异性。

大数据时代学生评价发展性功能的实现，理性的大数据观和发展性学生评价观缺一不可。观念的改变有助于大数据思维促进学生评价观念的变革，有助于大数据技术更好地服务于学生评价。

（二）发展教育大数据技术，完善教育数据系统

1.教育大数据技术的发展需多方合作

教育大数据的技术体系主要包括数据采集技术，数据存储技术，数据挖掘、处理技术，数据结果可视化技术等，教育大数据的技术体系具有复杂性、创新性、高投入性等特征，其发展需要政府、各类学校及企业的通力合作。政府在大数据技术的发展中承担提供政策引导、经费投入、监督协调等职责。具体而言，包括推动教育数据开放共享，为教育大数据技术的发展提供广阔空间；规范教育数据格式，提出对教育大数据存储技术的要求；提供经费支持，为教育大数据技术的发展提供物质基础；监督大数据应用过程，规范教育大数据技术应用行为。具有大数据技术研发基础的学校需要加大研发力度，进行技术攻坚，率先推进教育大数据技术的应用，引领大数据技术的发展。其他各类暂不具备大数据技术研发基础的学校，需要高度重视大数据技术的发展及应用前景，创造条件推动教育大数据技术的引进、应用，为大数据技术的发展提供需求动力。其他各类企业，在大数据技术的研发、推广和应用等方面具有灵活、高效、追求经济利益等特征，需要遵循市场竞争原则，围绕教育大数据应用的具体环节，开发系列大数据软硬件产品，推动大数据核心技术产品的发展。综上所述，在大数据技术发展方面，需要采取政产学研用相结合的协同创新模式和基于开源社区的开放创新模式，加强海量数据存储、数据清洗、数据分析发掘、数据可视化、信息安全与隐私保护等领域关键技术攻关，形成安全可靠的大数据技术体系。

2.教育大数据系统的完善需注重基层实践

从纵向级别来看，完善的教育大数据系统包括国家、省、市、县、学校级的数据信息系统，从横向配套来看，完善的教育大数据系统包括教育大数据仓库、教育大数据服务平台等，具体包括数据集合系统、数据管控系统、数据治理体系、数据服务调度管理系统和智能分析系统。不论是纵向还是横向的教育大数据系统，其完善都离不开基层实践和基层智慧。大数据时代的学生评价变革，与教学、课程等密切相关，课程—教学—数据—评价—课程—教学形成了一个循环系统。首先，注重课程开发。课程开发，主要是指开发能够适应于大数据时代智能终端的课程。原因在于目前的教育大数据应用，更多地依赖于智能学习终端的线上教育数据、传统的课堂教育大数据与学生基本信息数据的结合，而传统的课堂教育大数据的收集还面临诸多难题，学生的基本信息数据采集已经基本实现，对学生通过智能学习终端学习而产生的教育数据的需求更为迫切也相对容易采集、分析。学生通过学习智能终端的课程，整个学习过程的数据都有可能被收集，而这些数据可以揭示以往不可知的学习细节，教师由此可知道学生的学习态度、学习风格、学习能力等信息，教师利用这些信息能够指导学生学习，调整教学方法，以促进学生的发展。其次，指导学生

开展个性化学习。如果说以往的学习属于奶酪式的同一化学习，在大数据时代的学习可以被认为是掌握式的个性化学习。奶酪式的特征容易导致学生遇到学习"瓶颈"，影响学生的进一步学习，同一性特征则忽略了学生的差异性，妨碍学生自主学习意识的培养和自学能力的发展。掌握学习，是指在学习新内容之前，确保所有的或几乎所有的学生对某一确定的知识、技能的学习达到预定的掌握水平。在大数据时代，每个学生对特定学习内容的掌握程度是不一样的，学生掌握某一特定知识的方式是不一样的，学生在学习过程中的情感态度也是不一样的，由此而形成掌握式的个性化学习。最后，基于大数据开展学生评价。以往的学生评价基于小数据，基于经验，服务于管理性、选拔性目标，具有内容片面、方式单一、主体单一等特征。尽管目前基于大数据的学生评价还不普及，应用还面临诸多挑战，但是只有在不断的实践中、不断的尝试中，基于大数据的学生评价才会不断地完善。在现有条件下，需要有大数据的意识，需要创造条件开展基于大数据的学生评价。

（三）加快数据人才培养，启动专项培训计划

1.多种方式培养大数据专业人才

就培养大数据专门人才而言，其一，需要认清现状，做好规划。大数据专业人才，从狭义上而言，是指具备大数据处理和分析能力的数据分析师和数据科学家，但是，这主要是指大数据技术型人才，除此之外，还需要大数据管理型人才。大数据专业人才属于复合型人才，需要具备多学科的理论知识和实践技能。从国际上设置的培养计划来看，大数据人才应该系统地掌握数据分析相关的技能，主要包括数学、统计学、数据分析、商业分析和自然语言处理等，具有较宽的知识面，独立获取知识的能力，较强的实践能力、创新意识和团队合作意识。由于大数据人才类型多样，且属于高端的复合型人才，需要对大数据人才的培养方案、培养周期等进行论证，做好详细的规划，应对政府、企业及学校等单位对大数据人才的需求。其二，通过专业培养，保证质量。高等学校进行专业性的人才培养，是缓解大数据专业人才缺口、保障大数据专业人才培养质量的重要办法。其三，通过校企合作，注重实践。大数据专业人才应用能力的培养和发展，既需要相应的理论知识做基础，也需要一定的实践机会，通过不断实践逐步提高。校企结合，产学研并行的合作方式是目前我国大数据方向学科建设和人才培养的有效途径。校企合作的模式，符合大数据专业人才的培养规律，在不断地探索过程中可以不断完善大数据人才培养方案。尽管大数据专门人才可以服务于政企学研等机构，并不直接运用教育大数据开展学生评价，但在教育大数据应用成为常态的将来，学校有必要引进专门的大数据人才，为学校管理、学生评价等提供专业性的帮助和指导。

2.通过专项培训提高教师数据分析能力

教师受过专业教育和专门培训，具备一定的评价知识和评价技能，是实施学生评价

的重要主体。在大数据时代，教师在学生评价中依然占据主导地位。针对教师群体缺乏数据为基础的学生评价相关的知识、技能和实践经验的问题，有必要建立配套的教师培训制度，提高教师利用教育大数据开展学生评价的意识和能力。为提高培训的实效，在实施培训的过程中，需要注意一些问题。其一，分步进行，逐步推广。大数据在社会各方面受到重视，教育领域也不例外，但是由于我国社会经济发展水平差异明显，教育资源分布不均，目前，只有少部分地区和学校具备实施教育大数据战略的硬件设施和人才配备，但是随着大数据技术的发展和推广，基于教育大数据的评价、管理将成为大势所趋，也就是说，为了抓住利用大数据变革教育的契机，广大教师及教育管理者都需要具备一定的大数据知识和技能。实施以大数据知识和技能为主题的教师培训需要分步进行，在有条件的地区和学校先行开展，在推进教育均衡的过程中逐步推广。其二，区域规划，因地制宜。教师培训主要依托区域性教育行政部门来组织实施，教师除了需要通过培训掌握大数据相关知识和技能之外，还有不少其他主题的经常性培训，为避免加大教师负担，确保培训目标的实现，在实施培训时，既要考虑区域内实施教育大数据战略的条件，也要避免影响经常性培训的开展。其三，注重实践，逐步提高。于教师而言，外在的培训只有在激发内在的需求之后，才能够取得理想的效果。在实施大数据知识和技能培训时，需要提供实践的机会，让教师体会到大数据改善教学、改善评价的实际效果，如此，才会激发教师的积极性和主动性。另外，也只有通过不断实践，教师利用数据开展学生评价的能力才会不断地提高。

（四）遵循教育伦理原则，保障学生发展权益

1.遵循知情和自主原则

数据的重要性及价值要求对有关隐私、数据分析，使用情景和数据所有权的问题进行深思熟虑的批判性反思。对于学生而言，教育大数据的收集、使用，不仅关涉其隐私，还关涉其长远的发展。在收集、使用教育数据的过程中，需要遵循学生知情原则。在收集学生学习行为数据之前，需要详细告知学生及家长关于教育数据收集的目的、方式，教育数据分析处理的过程，教育数据应用的价值、可能的负面影响，教育数据结果是否公开、以何种方式公开等信息，让学生及家长知悉教育数据收集、分析、处理、公开的全流程，并知晓教育数据收集与应用的利与弊。另外，学生是教育大数据的主要生产者、提供者，对于自身相关的教育大数据具有一定的自主权。于教育大数据应用而言，自主原则即学生作为数据权人享有是否公开共享个人教育数据以及如何公开共享的权利。遵循知情及自主的原则，是教育大数据应用的前提和基础，让教育大数据的应用体现教育意义，合乎教育伦理。

2.遵循善意和公平原则

大数据的技术创新、研发和应用的目的是创造新价值、提升人类的幸福指数和社会的发展指数，任何行动均应遵循不伤害人和有益于人的伦理原则，且必须以此作为权衡预期受益与潜在风险、个体与公共利益的基础。在教育大数据的应用过程中需要遵循善意原则。在收集学生数据之时，要关注学生的学习、生活、情绪等是否受到影响，尽量减少对学生的不良影响，在特殊情况下，需要停止教育数据的收集，消除学生因数据收集而带来的焦虑。在数据应用之时，更应考虑可能对学生带来的各种影响，并对可能的影响进行分类分级。对教育数据应用所产生的分析报告，也要进行相应的评估，确定分析报告是否适宜公开并做好相应的保密工作。另外，大数据作为新兴技术，在促进学生发展方面具有重要作用，其发展应用需要遵循公平原则，保障全体学生享有教育大数据技术及其应用所带来的成果，预防教育大数据所引发的马太效应，尽力缩小数据鸿沟。遵循善意及公平原则，是教育大数据应用以学生为本，切实保护学生发展权利的体现，也是教育大数据应用健康可持续发展的不竭动力。

（五）完善教育数据政策，推进教育数据立法

1.完善教育大数据发展与应用的政策体系

对教育大数据发展与应用而言，有必要适时建立和完善教育大数据发展与应用的政策体系。

其一，为教育大数据的发展与应用制定总体规划。在总体目标方面，利用国家大力推进教育信息化和建设教育管理信息系统的契机，建成涵盖个体层面教育数据、学校层面教育数据、区域层面教育数据和国家层面教育数据的国家教育大数据体系，推动教育大数据发展与教育管理信息系统的深度融合，实现依据教育大数据进行管理、决策、科研、评价的目标。在规划原则方面，需遵循应用为导向，服务为核心的原则；坚持学校应用是关键，多方参与是保障的原则；坚持均衡建设，集约建设原则；坚持数据共享，授权使用原则。另外，在总体规划中，还需明确为教育大数据的发展与应用提供资金、技术、人才、管理、监督等保障措施。

其二，制定教育大数据开放共享政策。教育大数据的开放共享可以实现数据整合，消除数据孤岛。实现教育大数据的公开共享，需要建立教育大数据公开共享平台，明确教育大数据公开共享的范围和使用方式，让宏观的教育大数据展现教育的全貌，微观的教育大数据展现学生个体的发展过程，实现教育大数据服务教育发展、学生发展的目的。教育大数据的发展是基础，应用是目的，开放共享则是实现目的的条件。

其三，制定教育大数据协同发展政策。教育大数据的发展与应用需要资金、技术、人才、管理、监督等方面的支持和保障，需要政府、学校、企业等的协同合作；教育大数据

的治理也需要政府、学校、企业等众多主体的参与；教育大数据的运营有营利性和非营利性之分，决定了教育主管部门、学校、企业等在教育大数据的运营过程中需要明确定位、共同合作。简言之，教育大数据的持续发展和有效应用，需要充分发挥政府、学校、企业等各自的优势，需要协同发展政策的引导和规范。

2.制定教育大数据安全管理法规

教育大数据是重要的教育资源，同时也涉及学生的隐私，不时发生的大规模信息泄露事件，提醒我们数据存储和应用不能过分依赖大数据分析技术与平台，大数据的挖掘、分析与利用需要有法可依。为此，我国需加快制定《教育大数据安全管理办法》，切实保障个体、机构、国家的教育数据安全。

其一，制定教育大数据安全等级保护制度。可以按照教育大数据的价值、可公开性等把数据分为公开数据、一般数据、重要数据、关键数据和核心数据，针对不同类型的数据，确定不同级别的保护措施及使用原则。

其二，制定教育大数据使用者（机构）认证、授权制度。教育大数据的使用者（机构），不论是学校、教师、第三方机构，都需要具备一定的资质，可以通过认证及授权制度，建立教育数据应用准入标准，方便对教育数据应用的跟踪与追责。

其三，建立数据安全防护管理制度，明确非法应用教育大数据的处罚措施。提供教育大数据相关技术、设备服务的机构应建立数据安全防护管理制度，对教育大数据的采集、存储、清洗、分析、应用的全流程进行安全测评和安全管理。另外，对教育大数据的应用状况进行实时监控，对非法采集、销售涉及个人隐私的教育大数据的单位和个人进行处罚和惩戒。

尽管教育领域还未进入大数据普遍应用的时代，但教育大数据的巨大价值已受到认可，促进教育大数据的发展与应用是必要而紧迫的。为应对大数据时代学生评价变革挑战，需要走出旧观念的桎梏，促进大数据技术的发展，充分发挥基层的智慧与能动性，培养大数据专门人才，提高教师的大数据意识和能力，遵循教育伦理的原则，完善教育大数据发展与应用的政策法规。

第三节　大数据在高校教育管理信息化中的应用

一、大数据时代对高校教育管理的创新

（一）大数据时代对高校教育管理的理念与思维进行了创新

在传统的教育模式下，教材的开发通常是一些教师根据自己的教学经验，来制定一个比较主观的研究课题，这有很大的局限性。大数据时代正在彻底改变这种现状，首先在大数据时代，我们通过网络调查和统计，可以非常迅速地对现有的材料进行处理，通过这种方式我们可以找出教材的优缺点，在最短的时间内，这些优点和缺点往往更客观，没有太多的主观意识。

（二）大数据时代对高校教育模式进行了创新

在传统的高校教学中，虽然大多数的大学课程是开放的，允许非本专业的学生参加，但这种模式下教学资源仍然较集中，大学教育资源只能集中在该大学，无法在其他大学和社会上传播。但大数据时代，将根本改变这种集中教学模式，教师可以将自己的课程上传到网络上，一方面可以让学生反复聆听以加深印象，把握重点；另一方面，网络教学所面临的受众更广泛，大学或其他大学的学生和社会人员均可听讲，所以教育不再局限于大学。现在网络教学的模式，实际上已经有不少，例如，目前流行的MOOC优质教学资源，即便在一般大学中的学生也可以享受一流的大学教学资源。MOOC是对我国的教学资源不平衡的一个很好的改进，它除了其他在线教学的优势外，还有自身独特的优势。事实上，网络教学模式在高等教育大数据和管理时代产生的影响是深远的，它不仅需要传统的课堂教育管理，也需要关注网络教学，以保证良好的教学效果。[①]

[①]　申恒百.大数据环境下高校教育管理信息化创新的路径[J].管理观察，2020（15）：144-145.

（三）大数据时代对高校教育的评价模式进行了创新

在教育评价中利用大数据进行分析，运用技术层面来对于教学进行评价与分析，从而对整体的教育综合质量进行提升。大数据时代的到来使得其对于教育的评价不再局限于主观的臆断和个人的经验之谈，而是变为了一种具有数据支撑的客观评价。既可以通过在各类教学平台上学生对于各个导师课程的点击量进行统计，也可以通过活跃度调查来对整个教育评价进行数据支持。

二、高校教育管理依托于大数据的发展

（一）完善教育管理制度

教育管理系统是根据国家教育法律、法规等，由上级领导部门决策并指示给以条例与规则，作为教育的一个重要手段，维护正常的教学秩序，是一个国家的教育政策和制度与思考部分。

高校的教育管理制度主要有几个部分，关于教育材料的管理，像是教学的计划、课程安排和总结等；关于学校学业进程的，像是考试、教课进度、资料档案管理和课程的调换等；教师和教育管理人员的责任和奖惩制度；还有就是关于学生管理系统，如学生的代码、测试代码、本科实习要求城市管理学士学位。

为了提高教学质量，不仅要有教育管理制度，立足于各校实际，还应再设立新的制度：第一，应对教学工作多开会讨论，会议制度要详细确立，按期设立教学校长办公室研讨会并进行会议的指导，使教学可以制度化；第二，要对领导加以制度化和规范化；第三，应合理安排考试，重视管理考试程序并制度化；第四，建立和完善毕业生就业质量评价体系，不仅要分析评价结业论文，还要有后续的了解，对毕业生多加关注；第五，应找专门人员进行合理监督；第六，关于研究革新教学工程体系；第七，职业教育的评价也要达到标准；第八，教学成果情况的结果传送，像是英语四、六级和全国计算机考试的合格情况、职称结构和教师资格、学生价值设备、条件成熟时学校和社会问题。

依托于大数据，对高校教育管理制度还要添加辅助的条例，并且高校教育管理信息化应建立在国内外交流的基础上。再从高校信息化相应体系出发，校园网络和图书馆是两个校园信息传播的重点，因此要加强它们的建设，尤其要有配套的管理方法。信息技术对教师和教育管理人员信息技能培训政策的过程中的教师和教育管理人员的重要性，为教师和计算机技术共同构成的培训团队的经验丰富的员工，提供培训和指导，为教师和教育管理人员的操作技能和问题、教师和教育管理的人员对信息化的发展有极大的作用，这两者的能力可以用来提升评价信息化水平。

（二）校园网推动教育管理的作用要发挥好

环境是基础，教育管理的基础就是校园网络平台的建设，如今的教学离不开这个信息平台。

一要特别注重校园网络的作用，尤其多考虑整体的发展，合理进行计划，网络的两个方面应明确其深层含义和外延应用。在什么样的网络上进行平台的建设，这是投资的第一步，这是层级的推进，具体为怎样融合校园特征并检测管理整顿全部的校园网络文件、思考网络建设的标准化等。

二为统筹设计。充分考虑并实行网络的开拓、软件开发和校园网建设的应用。在施工中必须非常理性，做好网络接口，分阶段建设有限的资金，使效益最大化。

三是行动强硬和说话软。一般软硬件要结合起来共同建设，由于设计软件耗时长，在进行网络改进时耗费时间会更多。教育管理的一个信息系统是由多方面组成的，因着教学过程的分阶段，从管理到实行，再到之后的结果的查询和意见的反馈。不过系统可以独自设计，也能买来现有的加以使用，要尤为关注的是软件的合适以及可以共用问题。

四是专门的应用，三点技术，七大管理，如此才能达到最好效果。现今，由于缺乏管理，使得网络的应用出现问题，甚至难以使用。学校方面，应该安排认真负责、技术过硬的老师去管理校园网，同时推动互联网的使用。

五为多加深造培训。校园网影响着全体师生、教育管理者、教师和学生以及校园教育的管理。学校应重视对教师的管理和人员培训，进行仔细的规划，根据网络提前训练的应用，因此，学生和管理员，在校园网中会做什么，以及一些会产生影响的东西，都会有一种认同感。

六为加强使用。最终的目的是创造效益，只有大力使用校园网，对校园网的完善才有价值。

（三）教学要有足够的投入

高校对人才的培养，不仅要求硬件资源，还要求软实力的投入，只有两方面兼具，才能实现高效率的管理。现今，有一些途径可以用来改进教学：第一，不单单依靠政府投入，建立各种投资系统，而是从不同主体入手，寻找不同方法；第二，合理划分经费投入，校园管理层面认为教学是重点，导致了费用的不合理分配；第三，待遇从优，使得教师没有后顾之忧，专心致力于教学，改变教师短缺到教学工作；第四，加强学生管理，增强学生学习的动力和压力。

现代信息技术在高校教育管理中的应用。高校通过教育管理信息化、高技术自动化的手段，进行教育管理，贴近时代发展的要求，是用计算机和多媒体等现今流行科技来实现的。如今，教育管理更多依托于信息网络以及在线进行决策的方式，这是一种支持，也是一种进步。计算机信息系统已经得到了系统化的应用，它体现了一种工具的作用，在信息的利用和决策支持方面起着重要的作用。信息管理的时代，在发达的信息影响下，对人的能力也有了更高的要求，综合全面的高素质要求使得人事结构也发生了改变。以实现创新来顺应信息时代的要求，让教育管理更上一层楼是比较急需的。

第七章　大数据在个性化教学中的实践应用

第一节　相关概念及理论阐释

一、相关概念释义

（一）教育大数据

随着大数据技术的不断发展，大数据在教育领域的应用与重视日益加深，教育大数据也随之产生。作为大数据的一个子集、一个分支，目前国内对于教育大数据的内涵并没有一致的意见，其定义也不尽相同。我国学者杨现民认为，教育大数据是在整个教育活动的过程中产生，并根据教育的需要收集，全部用于教育发展，可以创造巨大的潜在价值的数据集[①]。孙洪涛博士把教育大数据定义为：服务教育学科和教育过程，具有很强的周期性、很高的教育价值、很高的复杂性的数据集合[②]。章怡等从教育大数据如何产生的角度将其界定为：信息技术支持下教与学各个环节所产生的符合教育大数据特征的数据集，是信息技术环境下教与学行为轨迹的产物[③]。张洪孟、胡凡刚教授则从教育虚拟社区角度出发，认为教育大数据是以学习为目的，学习者在网络学习环境中通过一定的媒体与外界进行互动，生成数据，包括学习行为、学习内容数据、虚拟社交网络数据和学习管理

---

① 杨现民，唐斯斯，李冀红.发展教育大数据：内涵、价值和挑战 [J].现代远程教育研究，2016（1）：50-61.

② 孙洪涛，郑勤华.教育大数据的核心技术、应用现状与发展趋势 [J].远程教育杂志，2016，34（05）：41-49.

③ 章怡，牟智佳.电子书包中的教育大数据及其应用 [J].科技与出版，2014（05）：117-120.

数据①。

通过对上述我国学者们对于教育大数据内涵的梳理，我们可知教育大数据有广义和狭义的区别：广义的教育大数据是指在教育领域内产生的一切数据；狭义的教育大数据是指在信息化环境下，教师和学生在教与学全过程中产生并被采集到有助于提高教学质量的数据集合。在教育教学中充分利用教育大数据的价值，发挥其特点，帮助教师和学生去诊断教学中存在的问题，使得教育质量得到充分的提高。另外，利用教育大数据充分挖掘受教育者的特征，对支持个性化的教与学提供巨大的帮助，使得因材施教成为可能。

（二）个性化教学

最早研究个性并对个性下定义的是心理学，其含义是指个人内心的格局或者面貌、个人的一些倾向的意识和许多稳定而独特的心理特征的总和。意识的倾向性是指个体的爱好、信念等不同，独特的心理特征是指个体在能力、性格等方面的特征。从哲学的角度来定义，个性是指对社会与个人发展有着积极意义的心理—行为特征的综合，共性与个性是辩证的统一②。马克思对于个性的定义是指"个体的主体性"。综合上述已有的研究，个性是指人与人之间作为区别的，在社会实践中所表现出来的态度与行为的生理与心理综合特征，是相对共性而谈论的。

"化"在百度百科意为性质与形态的改变，用在名词或形容词之后，表示转变为某种性质或状态。个性化是指行为具有个人的某些独特的特性，既是一种状态，也是一种不断变化的过程，同时个性化包括了个人的差异性、独特性、创造性、开放性等特征，并将这些特征表现出来的状态与过程。

对于个性化教学，存在着不一致的看法，具体而言主要有以下几种：

第一种是把个性化教学看作一种方法。《国际教育百科全书》认为，个性化教学是以个性作为基础的教学形式，与以群体为基础的教学形式相比，在学习步调与时间等方面，几乎所有的个性化教学都准许学生拥有更多的灵活性，教学和学生个人需要的适应程度随所采用的特殊方法产生变化。

第二种是把个性化教学看作一种程序。这种观点认为，个性化教学是教师根据本身的特质，结合学生的个性与能力及本学科的特点，以此作为基础来设计的整体教学思路和教学程序③。

---

① 张洪孟，胡凡刚.教育虚拟社区：教育大数据的必然回归 [J].开放教育研究，2015，21（01）：44-52.

② 黄文虎.试论人的个性的全面发展，历史唯物主义研究 [M].北京：求实出版社，1987：284.

③ 颜士刚，冯友梅，李艺.聚焦核心素养的教育目标分类体系构建——兼论"三层结构"模型的生成逻辑 [J].中国电化教育，2018（10）：49-54+106.

第三种为"适应性教学论"。这种观点认为，个性化教学是要创设适应个体差异的教学情境，建构与之对应的课程知识体系和与知识体系相适应的评价机制。

综上所述，个性化教学是指在尊重学习者的个体差异前提下，以学习者为中心，开展自主学习，并为每一位学习者创设良好的学习环境，利用弹性的教学机制，通过教师利用个性化的"教"来促进学生个性化的"学"，使得学生主动获取知识，从而推动学生个性化发展的一种教学活动。随着社会的进步和科技的发展，教育大数据的出现对个性化教学起到了促进作用。利用教育大数据收集与整理出学生的学习数据，使得教师直观准确地把握住学生的特点，有效地促进了个性化的教学。本文所提出的基于大数据的个性化教学，正是将大数据技术融于教学活动的全过程，并分析教学过程所产生的数据，教师根据对产生数据的分析以及可视化的处理结果，能够清楚地了解学习者对当前知识的掌握情况，判断其未来学习走向趋势，以便调整相应教学活动与策略，进而对学习者进行帮助和干预。

二、理论基础

（一）建构主义理论

建构主义理论的观点包括五类，分别是：知识观、学生观、学习观、教师观和教学观。

1.知识观

知识是个体与环境交互作用的产物，只有个体与环境不断地相互交互才能建构起相关的知识。学习者对知识的接受只能靠自己建构来完成，学生的学习不仅是对新知识的理解，更是对新知识的分析、检验与批判。

2.学生观

学生作为学习的主体，已有的知识经验在学习过程中起到至关重要的作用，教学不能无视学生的经验，要引导学生在已有知识经验上生长出新的知识经验。学生是信息加工的主体，是意义的主动建构者。

3.学习观

学生不是被动地接受知识，而是主动的意义建构，强调学习过程的主动性、真实性、情景性和多元性。

4.教师观

教师是教学活动的组织者、引导者、促进者，要有效促进学习者与环境的交互作用，引导学生主动建立新知识与经验之间的联系，通过组织师生互动，促进知识的意义建构。

5.教学观

教学不能忽视学习者已有的知识和经验，要对学习者进行适当引导，使其在已有知识经验的基础上构建出新的知识。

笔者在建构主义理论的启示下，通过课前教师对学生预习情况的数据收集与整理，查看每个学生对知识点的预习状况，利用个性化资源的推送，帮助学生促进知识的意义建构；教学过程中，持续地关注学生的个体差异，采用实时的数据收集与反馈，查看学生对于各个知识点的掌握程度，随时推送课堂测验，使学生的主体性得到极大的体现；在课后通过不断交流与互动，引导学生促进知识的意义建构，通过交流实现分享。

（二）多元智能理论

多元智能理论是由加德纳（Gardner）教授在1983年提出的。多元智能理论的提出对于全球范围内教育学以及心理学都有着非常大的影响。加德纳教授认为，个体发展都存在差异的八种基本智能，出现的智能差异是由智能之间不同的组合导致的。在不同的个体中，这些多重智能以不同的组合方式协同工作。事实上，这八种智能不能单独工作。他还建议，在教育的帮助下，八种智能可以发展到一个很大的水平，换句话说，可以训练和发展多重智能。加德纳的多元智能理论集中体现了一个人个体化多元智能的多种表现方式在教育和社会激励的帮助下，都可以得到发展和训练。八种基本智能分别为：（1）语言智能：有效运用口头语言的能力，即听、说、读、写的能力；（2）身体运动智能：身体协调、平衡能力和运动的力量速度、灵活度等；（3）音乐智能：感受、辨别、记忆、表达音乐的能力；（4）空间智能：对色彩、形状、空间位置等的正确感受和表达能力；（5）数理逻辑智能：对逻辑结构关系的理解、推理、思维表达能力；（6）自然观察智能：观察自然的各种形态，辨别生物和感知自然界特征的能力；（7）交流—交往智能：与人相处交往的能力；（8）内省智能：个体认识，洞察和反省自身的能力。

根据加德纳教授所提出的理论，智能具有普遍性、多元化的特点，因此在教学过程中应当采取多样化、开放性的教学方式，只有这样才能使学生的多元智能得到全面培养和发展。多元智能理论不仅拓展了学生智力的内涵，还从实践的意义上超越了传统概念对智力的理解，加强了智力理论与教育的联系，引导教师拓展智力的内涵。传统的教学方法只依靠语言和数理逻辑，而现在各种信息技术、工具和方法的增添，形成了一种新的教学方法，也可以在多元智能理论的基础上对学生之间的差异进行分类后，与其他理论基础相结合。

本文在多元智能理论的指导下，运用大数据技术和各种移动设备，实时收集课上课下的学生与教师的数据并进行分析，实时监控学生的学习进度，对学生进行个别化干预与指导，使学生实时调整自身学习进度。针对学生的智能结构进行个性化知识点学习资源的推送，保证学生的个性化发展。不依赖分数和排名对学生进行评价，通过全方位实时的数据收集与整理，留意师生之间、生生之间的交互情况，了解学生的各个方面，确保学生个性化的成长与进步，促进教师对学生学习水平的掌握。

（三）人本主义理论

人本主义认为，人对自己的未来具有主动性和能动性，人的本性是由经验、无意识和情感滋养的，而不是由这些因素决定的。罗杰斯（Rogers）是人本主义理论在教育领域的代表人物，可以将其思想概括为五个方面。罗杰斯在他的课程观里面谈到要通过开发学生的潜能，来帮助学生完成自我实现，并且要重点突出情感教育，做到心智和情感共同发展。在教学观中，罗杰斯提出要"以学生为中心"，在教学中要重视学生，尊重学生，激发学生的求知欲，运用"非指导性教学"的教学方法。学习观中要借助学生发展特点推动教学活动开展，并进行有意义的自由学习。罗杰斯人本主义理论下的师生观强调良好的师生关系是教学发展的关键。在评价观中提出要换位评价，提倡学生进行个体内差异性评价，注重对教学过程的过程性评价，实现全面发展。

本文在人本主义理论的支持下，借助大数据技术对学生的各项数据进行实时的收集与分析，教师根据学生的需求来提供促进学生全身心投入学习任务。根据对学生交互行为数据的收集与整理，为学生营造良好的学习氛围，根据知识点数据分析，教师可以有效地指导学生个性化的学习，充分激发学生内驱力，促进个性化的发展，推动创新意识的提高。

（四）混合学习理论

混合学习即"Blending Learning"（或 "Blended Learning"），是教育领域的一个新名词，被认为是一种新型的学习理念或新型的学习方式。"Blending"的词义是"混合或结合"，"Blending Learning"的原有含义就是混合式学习或结合式学习。进入21世纪以来，随着因特网的普及和E-Learning的发展，国际上在"Blending Learning"原有内涵的基础上赋予了一种全新的含义："Blending Learning"就是要把传统学习方式的优势和E-Learning（数字化或网络化学习）的优势结合起来；也就是既要发挥教师的主导作用，又要充分体现学生作为学习过程主体的主动性、积极性和创造性。只有把二者的优势互补，才能获得最佳的学习效果。

从总体上看，混合学习理论是传统面对面教学与网络学习的混合，是合作学习与自主探究的混合，是教师与学生、学生与学生线上线下交流的混合。本文通过对混合学习理论的认识，提出了基于大数据的个性化教学理念，构建了基于大数据的个性化教学系统。在课堂教学前，学生根据学习目标，对教师推送的不同类型学习资源进行预习与掌握，也可根据自身学习需要，在海量的教育资源库中查询相关资源并进行学习；在课堂教学中，学生与学生、教师与学生之间进行探究式的学习，促进知识内化，实现对学生合作精神、创新能力的培养；在课后，通过基于大数据的个性化教学系统实现师生间、生生间的个性化交互，完成知识的巩固与提高。由此可见，基于大数据的个性化教学系统结合传统教学方式和网络学习的优势，实现了充分发挥学生的主动性、积极性的目的，促进了个性化的教学，提升了学生的学习效率。

第二节　基于大数据的个性化教学设计与分析

大数据技术为个性化的教学提供了技术上的支持，通过对学习者特征的挖掘与分析，预测并干预学习者的学习行为，使得因材施教成为可能。首先，基于大数据的个性化教学，通过对教学全过程中课件、素材、作业、试卷、教学视频等所有资源的知识点标签化处理，可以精确定位资源所对应的知识点章节，便于教师对学生进行精准的资源推送和针对性指导。其次，对教师备课、学生预习、教师课堂教学、课堂互动测验、课后作业练习、考试评价等教学全过程的数据采集，获取教师和学生的全部教学数字化学情数据。将采集到的学情数据进行分析与处理，通过云计算、语义网、可视化等技术，为每一位学生建立学习模型，教师、家长、学生自身通过对模型的分析，可以有效地实现个性化教学管理及数据智能驱动的精准教学。通过知识点标签化和学情数据的分析处理，给出学生的学习特征，根据学生对于每个知识点掌握程度不同，进行个性化的资源推送，帮助学生精准定位薄弱点，提高学生的学习效果。

大数据不仅仅是数据量庞大，更重要的是强调全过程、非抽样、全样本的数据，借助大数据的分析处理技术，对学生的学习现象进行全面记录，分析每个学生的特性，发现共性背后的个性。基于大数据的目的正是在于通过收集学生学习过程的数据，来聚焦每一个学生的微观表现，洞察真实的学生，了解学生的学习路径、不同阶段学科素养的发展和每一个知识点掌握的状况，以便做到有针对性的因材施教。

一、大数据对个性化教学的支持

教育大数据背景下的个性化教学和传统的个性化教学相比，开辟了新的思路与途径，大数据为个性化教学提供技术上的支持。大数据背景下的个性化教学是以学习者为中心，充分考虑学习者的学习特征，是传统学习方式的改变。大数据背景下的个性化教学借助数据挖掘技术、学习分析技术和学情大数据采集技术，可以整合和收集全部的实时数据，并通过可视化的方式呈现出来，既优化了传统的教育流程，又为个性化教学的科学创新提供了保障与支持。

（一）教学模式的改变

学情大数据的采集，借助数据的分析与预测功能，改变了传统的"一刀切"式的教学模式，对个性化的教育发展十分有利。一方面，大数据技术推动了自主学习、混合学习等学习模式的创新应用，做到课前预习、课中讲授和课后巩固提高的全面升级，将学习过程数据呈现到学生眼前，使学习者成为学习的主人，为学习者的学习行为提供了科学的分析与建议，让学习者更加了解自己；另一方面，教学内容由教师根据平时测验或者考试测验的学情数据进行相应的重难点调整，并改变与之相对应的教学策略与教学方法。教师通过呈现的学生学情数据，来分析学生的认知情况，进而对教学进行调控。

（二）个性化学习资源的推送

利用大数据技术可以详细地记录学习者的随堂测验、单元测试、作业、考试等学习全过程数据。将收集到的测试、作业、考试中每一个题目、每一项数据都进行知识点标签化处理，通过对收集的数据进行分析，了解学生每学科、每单元甚至每一个知识点的掌握情况。由于每个学生对同一个知识点的掌握程度是不同的，所以对每个学生所推送的资源按知识点掌握程度也是有差异的，因此，通过个性化的学习资源推荐可以帮助学生利用推荐的资源来了解自己、提高自己。比如每一个考了95分的学生都被认为是优等生，但是利用大数据技术进行分析，可以发现两个人同样是95分背后掌握的知识点是不同的，正因如此，在布置作业时，向两个学习者推送的资源也是不同的。大数据可以详细地记录学生的考试报告、作业报告和测试报告，教师通过查看报告来了解每个学生的学情，并利用知识点的呈现，可以清晰地发现学生的知识点掌握不足之处，向学生发送与错误知识点相匹配的同一类型练习题，使学生进一步巩固知识。不同的知识点所推送的练习题数量也是不等的，主要从以下三个维度出发：

1.按照知识点的平均掌握次数

每个知识点想要掌握都需要一定的练习量，如果不达到相应的要求，想学会并运用是很困难的。我们可以借助数据挖掘、分析、可视化等技术来实现，计算出每个知识点掌握的平均练习量。学生通过大数据技术分析出的练习量来进行测试与学习，达到目标的学生可以进行下一个知识点的学习，未达到目标的学生继续进行本知识点的练习，通过这种方法有助于学生提高自己的学习效率，达到精准教学的目的。

2.按照知识点的难易程度

每个学科的知识点难易程度是不同的，我们不能把每一个知识点都按照相同的标准来练习。借助大数据技术对每个知识点的难易程度进行划分，使困难的多加练习，简单的适当练习，达到"难多练，易均练"的学习目的，节省了学生学习的时间，又不会遗漏各个知识点。

3.按照知识点的分值比重

在考卷中，各个知识点所占的分值是不一样的。通过大数据分析技术，按照分值比例来推送知识点资源，让学生在学习进程中明确自己的学习侧重点，避免造成学习上的迷航情况，促进学生进行有效学习，提高学习质量。除了推荐相关习题进行练习外，还可以将各种文本资源、视频资源推送给学习者，帮助学生对知识点进行内化和吸收，促进学生个性化的学习，有利于教师更好地进行个性化教学。

（三）学情预警及决策

大数据技术可以有效地支持学情预警并帮助教师决策。利用大数据技术对相关信息数据以及学习过程中所产生的动态数据进行整理与可视化处理，结合教师教学经验和对学生的了解，可以对学生的学习行为、学习方式、学习轨迹进行修改和干预，让其明白自身存在的错误与不足之处，从而提高学生的学习能力与成绩。

利用学情大数据采集技术，对学生的学习行为进行追踪与记录，可以及时发现其学习中出现的问题，及时地制定干预策略，提供个性化的学习预警，以预防沉淀学习的产生，保证学习质量。运用大数据技术还可以将每个学习模块和任务设置最低的任务达标数值，跟踪并记录学生的学习行为，若其低于设定的任务达标最低值，则需要教师进行学习干预。教师可以根据过程性评价的结果，将不合格的学生列为需要干预的对象。过程性评价包括课前预习、课后测验、单元测验、作业完成情况、中期测试等，每一项都设置了完成的时间和绩效考核标准，规定时间内未完成者或绩效未合格者，都可实施学习行为的预警与督促。

除了教师的个性化干预，学生可以通过观看自己的学习进度条进行自我监管与控制，也可以与其他学生的学习进度条进行对比，激励自己努力学习，提高学习效率，快速完成学习任务，从而可以使学生很快地进入学习状态，在学习过程中，保证学习的持久性与延续性，提高学习者的学习毅力。

（四）评价方式的变革

传统的"经验主义"教育评价方式正朝着"数据主义"的新型教育评价方式变革，而新型的评价方式最重要的理念就是用"数据说话"。大数据技术在教育中的应用使得学习评价方式不仅以最终的学习成绩、学习结果作为评价的全部依据，而且更多地将注意力放在学习者对于学习内容的把握、学习过程中表现出来的知识迁移能力、情感态度等一系列活动。形成性评价与总结性评价的结合使得传统意义的优等生、学困生不复存在，对于学习者学习行为的认可能够促进学习者个性化的学习。

二、基于大数据的个性化教学设计要求

从上文可知，大数据技术在教学模式的改变、资源推送、学情预警以及评价方式等多方面都为个性化教学提供了支持，帮助个性化教学更好地发展。但是在基于大数据的个性化教学过程中还需要注意以下要求，保证个性化教学取得更好的效果。

（一）教学流程全方位数字化

在基于大数据的个性化教学中，教师和学生利用交互式电子白板和 Pad 进行多样的教与学活动，实现教学流程的全方位数字化，并对教学流程中四个主要环节的过程数据进行全方位的采集。其中包括教师的课前的备课、课堂上的教学、主观题的批阅、复习以及考试测验等环节的数据；学生的课前预习、其他习听课、做练习题、课后复习与总结、查缺补漏等的环节数据；教育管理者的精细化教学管理过程、教学评价与提醒、帮助一线教师调整教学等环节数据；家长对学生的了解情况、针对性帮助等环节数据全面的采集。只有保证数据全方位采集，才能保证个性化教学的良好开展，从而使得教学过程做到用数据说话，保证学生个性化的发展。

（二）教学全过程数字化

大数据教学不仅是大量的数据，事实上，更重要的是强调整个过程、非抽样、全样本的数据，它是来自对过程和时效性现象的记录，可以通过对于个体微观学生特点的分析，从共性中发现蕴藏的个性。我们考虑了教学全过程的数字化，所谓教学全过程数字化，相对教学流程来说，更加宏观，范围更加宽泛，既包括教学四个环节的数字化，也包括在四个环节中可被用到的软件、硬件等一切资源的数字化，包括教学资源、课堂互动、作业练习、考试评分、教研备课等模块，要采用统一的数据接口和标准，保证主要节点的标准化数据采集。

（三）教学资源的标签化

基于大数据的个性化教学中最重要的设计要求就是要建立完整、详细和精准的学科知识树体系，因此要将所有试题、课件、教学方案、素材、微课等教学资源全部按照学科知识体系树进行知识点标签化处理，使得学生可以精确定位资源所匹配的知识点相关章节，

教师可以精确判断试卷所考查的能力和知识，便于学情大数据与知识点和能力的标准化匹配，从而对学生进行更加专业、具体的个性化教学指导。

（四）学情数据的多重维度

在进行基于大数据的个性化教学过程中，所收集到的学情大数据种类繁多，要保证教师与学生在数据海洋中方向明确，避免迷航，就需要在设计过程中对收集到的学情数据分类。

按照数据所属教育面的范围可分为相互联系又相互独立的联考学情数据、校级学情数据、班级学情数据和学生学情数据。

1.联考学情数据

联考学情数据是将学校作为一个整体，与其他学校的联考成绩进行对比，可以发现整个区域内教育的情况，帮助教育管理者制定相应方针，促进教育均衡发展。

2.校级学情数据

校级学情数据是将学校中每个班级看成一个整体，通过收集班级的历次考试数据，形成可视化的报告，可以查看各科目班级的平均分与排名数据、各个班级总分的学业等级对比数据、各班级的达线人数统计数据以及班级总分的分数段对比，使得教师可以清楚地看到班级在学校中所处的等级，帮助教师调整教学方案，优化教学活动。

3.班级学情数据

班级学情数据就是对班级考试成绩数据的收集，内容包括收集到的班级内各成员的成绩分布情况数据、班级总分的分数段占比数据。通过分析，可以查看考试中班级学生的分布情况，为教学明确方向。

4.学生学情数据

学生学情则是指每一个学生的考试成绩、测试成绩以及作业情况的数据，课前、课中、课后每个环节的数据的收集，并通过知识点标签化功能可以轻松地发现学生存在的问题，对学生进行及时的指导，促进个性化的教学。

按照数据所属学科又将数据分为数学、语文等各个学科学情数据。通过学科学情可以查看学生每个学科每个知识点的掌握情况，相应的任课教师可以以此为依据开展个性化教学。另外，学科学情还可以查看学生每个学科每个知识点的正误情况，发现班级共性与个性的问题，帮助教师调整教学重点，改进教学计划，帮助学生提高成绩。

三、基于大数据的个性化教学设计内容

在大数据环境下，各种各样的学习资源和方式方法为学习者提供了学习便利，但是由于网络错综复杂，往往会给学习者带来知识迷航现象。这需要教师与教育工作者对相应的

资源进行归纳与整理，调整相应的策略与方法，并对学习者进行相应的引导。通过上述分析，本文将从学生模型、学习资源、学习策略与方法、学习交互、学习评价五个方面进行基于大数据的个性化教学设计。

（一）个性化的学生模型

利用大数据分析处理技术可以构建由学生预习情况、课堂表现情况、作业情况、各个知识点掌握情况、互动交流情况等要素构成的学生模型。教师、家长可以通过对学生模型各个要素的分析，为学生提供个性化的学习策略，学生通过观测自身的学习模型，发现自身不足，促进自我提高。

（1）教师通过对学生模型的分析，全面地掌握每一个学生的学习进度和学习质量，掌握每个学生的实际学习水平以及在学习中出现诸如学习积极性和参与度下降等主、客观问题，促使教师及时调整教学策略，并提供极富针对性的学习材料和最佳学习方法和建议。

（2）教师还可以对学生模型中的课堂表现和作业情况等要素进行分析，为学生提供个性化的学习资源和进度安排，甚至可以对学生定制个性化学习进度，实现更有效的个性化教学。

（3）通过对知识点掌握情况的分析，可以清晰地了解学生对于哪些知识点已经掌握，哪些还存在困难以及正确率如何的问题，便于教师发现并改善教学设计中存在的问题。

（4）学生通过对自身模型的观测与分析，可以充分掌握自己的学习情况，知道什么做了、什么没做、什么地方做错了等，有助于实现自我的知识内化，促进自身的进步。

（5）家长通过对学生模型的分析，可以掌握学生的实际学习情况，创设良好的家庭学习环境，帮助教师进行有针对性的家庭辅导，促进学生的个性化成长，提高学生的学习能力。

（二）个性化的学习资源

基于大数据的个性化学习资源的设计，有利于满足不同学生的学习特点以及多样性、个性化的学习需求，促进学生个性化发展。基于大数据的个性化学习资源设计包括以下两个方面：构建知识体系树和根据知识体系树建立媒体空间。

1.构建知识体系树

知识体系树是个性化学习资源的核心，是进行知识点标签化处理的基础，知识体系树是由知识点和知识点之间的关系构成。知识点的分层处理就成了知识体系树形成的关键。本文在进行个性化学习资源的设计过程中，知识点是采取学科—年级—知识块—知识点的方式进行分层划分的。在基于大数据的个性化教学理念中，个性化学习资源是由相关学科构成的，一个学科的学习内容又分为不同的年级，一个年级的学习内容又分为不同的知识块，像这样一层一层地划分，直到分为不可再划分的原子知识点为止，之后再在各知识点之间建立相关联系。知识点和知识点的关系可分为以下三种：

（1）上位下位关系

依据加涅学习目标层次理论，学习目标在学习时有一定的先后顺序，并不是并列存在的。同理，知识点在逻辑上也具有先后关系，就是在学习某个知识点前必须先学会其下位知识点。下位知识点是学习上位知识点的必要准备，上位知识点是下位知识点的进一步提高。

（2）并列关系

如果两个知识点的学习不需要前后顺序，则这两个知识点就是并列关系。

（3）相关关系

如果三个知识点中，知识点1是知识点2的下位知识点，知识点2是知识点3的下位知识点，那么知识点3和知识点1之间就是相关关系。

这三种关系不仅存在于原子知识点中，还可以类推到知识块中，甚至年级知识之间。要对教学全过程中可被用到的测试、作业、考试、素材、微视频等资源依据知识体系树全部进行知识点标签化处理，帮助教师实现精准教学，促进学生个性化发展。

2.建立媒体空间

在构建了知识体系树的基础上，需要采用不同类型的数字化教学媒体来呈现知识点，形成数字化学习资源，确定丰富的媒体空间。这些数字化的学习资源包括文本、课件、案例、视频、导学案及音频，可以使教师根据教学需要进行不同学习资源的推送；学生根据自己的学习风格来进行学习资源的选择。每个知识点都可以用各种形式的数字资源来呈现，许许多多的知识点就构成了基于大数据的个性化教学的媒体空间。在向学生推送的过程中，要根据知识点类型的不同选择合适的资源呈现形式：概念和定理型知识点可向学生推送文本类型资源，帮助学生掌握概念，理解定理；复杂的技能型知识点则可向学生推送课件PPT类型资源；而章节中的应用型知识点、重点难点，要制作成视频、动画资源向学生推送，帮助学生建立起有逻辑的知识体系。

通过对教学流程的数字化处理，将学生利用 Pad 进行的预习自测、与教师交流互动、随堂检测、课后作业巩固、标准考试（扫描上传）等教学全过程产生的数据进行采集，并对相关知识点的错题进行自动收录。在根据错题向学生推送知识点练习题时，要根据学科知识体系树中每个知识点的相互关系向其推送与该知识点相关的上位、下位知识点练习题等，还要对推送的练习资源难易程度进行分层设计。可以将练习资源难易度分为基础型练习题、巩固型练习题、提高型练习题三种类型，先从简单的基础型练习入手，然后进行巩固提高，一步一步进阶，逐渐加深对知识点的理解与认识，最终完成对相关知识点的掌握。例如化学方程式简单计算的知识点，要先向学生推送质量守恒定律的知识点练习题，当基础的知识点掌握后，再向学生推送化学方程式的书写知识点，最后再向学生推送化学方程式的简单计算相关知识点，由易到难，层层深入，使得学生彻底掌握知识内容，实现个性化的学习。

（三）个性化的学习策略与方法

通过对教与学全过程的数据采集，利用大数据分析处理技术，整理每个学生不同的认知特点、学习风格以及知识点的掌握程度，根据学生不同的学习特征以及知识薄弱点，制定个性化学习策略与方法，实现个性化的教学。

教师将知识点按照不同的难易程度进行分层处理，通过学情数据采集与分析技术，充分考虑每个学生的作业测验情况、知识点的掌握情况，将学生分组，并按照优秀、中等、合格三个层次进行搭配。在上课时，教师可以将不同难度的问题交给相对应层次的学生，从而满足每个层次学生的个性化需要，使得教学效率大大提高，真正实现了个性化的教学；教师还可以根据知识点正误情况，将同一个知识点有问题的学生集中起来，进行有针对性的讲解与训练，帮助学生快速提高，迅速进步；通过知识点标签化以及大数据分析技术，教师可以为课程的重难点或高频错误知识点录制微课，并推送给相应的学生，让学生在课下进行知识点的学习，解决自身学习上的"疑难杂症"。

（四）个性化学习交互

传统的计算机辅助教学只能完成单一的人与电脑之间、师生之间单向的交互，难以激发学习者的学习兴趣，易使学习过程变得枯燥无聊并使学习者产生孤独感，而基于大数据的个性化学习交互设计可以帮助学习者解除上述困惑。借助大数据技术，可以及时收集师生之间、生生之间的反馈信息，使得交流互动由单向的简单交流向双向的可传递各种信息的方式过渡。个性化的学习交互可以分为教师与学生之间的交互、学生与学生之间的交互、学生与资源之间的交互。

1.教师与学生的交互

教师利用大数据分析处理技术，对于学生在学习过程中遇到的困难给予迅速的反馈，帮助学生成长，避免学生对问题产生恐惧感，激发学生的学习主动性。教师可以对学生在测验、作业、考试中遇到的困难进行总结，归纳出共性与个性的问题，依据各自的时间安排，对于共性的问题进行同步或者异步的集中讲解，帮助学生掌握与知识点相关的内容。对于个性的问题，可以对学生进行个别化的交流，根据知识点的不同，对学生实施的讲解方式也不同，从而促进学生个性化发展，做到题题可解，时时可答。

2.学生与学生之间的交互

通过对学生学习活动全过程的数据进行采集，借助学习分析技术，将学习风格、认知特点、知识点掌握程度接近的学生组建成网络虚拟学习小组，对问题进行共同探讨，探究合作，共同进步，除了进行知识上的讨论与交流，学习者与学习者之间还可以进行情感上的沟通，分享生活中的趣闻和学习上的经验、见解，促进非智力因素的成长。

3.学生与资源之间的交互

学生与学习资源之间的交互又称为个性交互。海量的学习资源是个性交互的基础，然而仅仅基于海量学习资源的学习与交互，会使学生眼花缭乱，迷失在资源世界中。而基于大数据的个性化教学，通过对学生学习活动全过程的数据进行采集与分析，可以为学生推荐符合其学习风格、认知特点的个性化学习资源，帮助学生在资源迷航中找到方向，促进学生个性化成长。

学生与教师、学生与学生、学生与资源之间的这种双向的、多元的、建立在真实数据基础上的交互，是个性化教学中必不可少的要素。通过这种交流互动，不仅可以增加学生对知识的掌握，提高学生的成绩，还可以培养学生的创新精神和实践能力，帮助学生在竞争中成长，在合作中进步，帮助教师向学生良好情操的培育者、知识意义建构的引导者方向转变，提高教育质量，促进学生个性化发展。

（五）个性化学习评价

个性化评价是基于大数据个性化教学的一个要素，评价过程穿插在整个教学活动进程中，达到以评促学的目的，培养学生敢学、爱学、乐学、会学的精神。首先，通过对学习过程数据的收集与分析，学生可以评价自己和同学的学习，也可以评价教师的教学，甚至可以发表对教学策略、教学方法的不同看法，使得学生冲破评价的束缚，增强敢学的心态；其次，对于同一知识点，不同的学生掌握程度不同，教师需给予学生多次评价的机会，通过多次鼓励性评价使他们不断成长，让学生能够体验到成功的喜悦，树立爱学的信念；再次，基于大数据的个性化教学，采用多种评价方式，通过小组评价、班级评价、师生评价，可以让学生结成对子互评，拓展评价学习的空间，促使学生积极参与，形成良好的团队协作精神，培养乐学的兴趣；最后，教师在评价过程中要起到导向性的作用，帮助学生调整学习方法，启迪学习思维，消除学习矛盾，进一步地促进学生的个性发展，使学生掌握会学的本领，以实现全面多维动态的个性化评价。

在基于大数据的个性化教学中，可以用到的评价方法有量规评价、绩效评价和电子学习档案等。

1.量规评价

量规评价是一种结构化的定量评价标准，从评价目标的多个方面规定评价指标，具有准确、实用、主客观统一的特点。在基于大数据的个性化教学中，对有关资源与知识进行量规评价，可以有效地帮助学习者明确学习目标与要求，促进学生学习。

2.绩效评价

绩效评价是创造成果或完成所要求的任务的过程。基于大数据的个性化教学可以帮助学生通过 PPT、电子作业、视频等方式来充分展示绩效，帮助学生展示自己各方面的才能。基于大数据的绩效评价，不仅能够帮助学生提升知识的掌握与巩固，还能提高学生自身的创新精神和实践能力，促进学生个性化的发展。

3.电子学习档案

基于大数据的个性化教学可以自动化地对学生的全部数据进行收集，可以对学生的作业、图画、成绩、教师的评语等各种形式的学习材料进行数字化档案管理，借助大数据技术，对学生学习行为进行跟踪和记录，并实现自适应的学习反馈，提供学生个性化的学习指导。通过对学生全过程数据的采集与管理，便于学生思考和反思，在客观上促进学生进步，并使学生在自我评价中变得更加积极。

第三节　大数据与个性化教学系统的应用

一、系统的构建

为更好地实现个性化教学，基于大数据的个性化教学理念的设计要求和设计内容，笔者用M公司的"成绩宝智慧教学系统"构建了基于大数据的个性化教学系统。"成绩宝智慧教学系统"是大数据收集与分析的核心"大脑"，是在全数字化教学与评测的基础上实现数据挖掘、数据分析、知识图谱等先进技术对教学、管理、评价的所有信息资源进行整合和集成，从而构建统一的数据、用户以及权限的管理，达到数据的共享和业务的协同。

"成绩宝智慧教学系统"分为教师版、学生版和家长版。教师版是给教师用户使用的，可以帮助教师进行课堂互动教学、在线测评、布置作业以及智能在线批阅。针对学生在前期预习测验、课堂随机检测、标准化考试等过程中所涉及的知识点和学情进行动态采集和智能分析，从而实现教师的个性化教学，提高教学效率，显著提升教学效果。学生版供学生使用，可以帮助学生进行课前预习、课堂互动交流、完成在线评测与在线作业。当学生完成学习任务后，师生通过课后互动等一系列活动并采集过程数据，形成报告，帮助学生成长。家长版是为便于家长全面了解孩子的学习过程，帮助学生实现学习困难不积累、知识漏洞不扩大，提高学习效率和成绩而设计的。[①]

二、系统功能

笔者按照基于大数据个性化教学理念的设计要求、设计内容，根据教学要求以及"成绩宝智慧教学系统"提供的技术支持，将教学活动分为课前、课中、课后三大模块。

在三大模块中，教师端、学生端、家长端享有不同的功能，每个功能对应着不同的学习任务。

（一）教师端功能

1.课前模块

（1）基于学情数据备课

系统为教师提供海量的备课资源，全部资源按照知识体系树进行知识点标注，方便检索，同时与百度题库、学科网连接，免费提供给各科教师；以教学大纲和教材为基础，深入学科的研究，建立本学科的知识体系；教师的备课资料全部是以每个知识点来划分的，使得教师备课轻松，知识点一目了然。教师在进行备课前，通过登录教师端，可以全景地呈现出班级学生知识点掌握情况、预习情况，以及考试情况等学情的综合情况，帮助教师精准地备课。

（2）上传学习资源

教师还可以将自己制作的资源按照知识点标签化的方式上传，从而实现资源共享。

2.课中模块

（1）强大的授课功能

教师可以在个人终端进行网络授课，提供实时修改、批注、微课录制等多种教学工具，可以将教师端屏幕实时地投到学生端上，并提供随机提问、限时抢答等功能，还可以随时切换到学生端来查看学生上课的情况，轻松掌握教学上的动态信息。

（2）随堂测验与现场批阅讲解功能

通过教师端可以查看每位同学的答题状态和各个知识点的掌握情况，进而进行课堂现场讲解。

3.课后模块

教师端主要包括知识点动态查看和师生互动功能。该模块对学生的认知能力进行判断

---

① 许俨宁.大数据背景下的个性化智能教学系统设计 [J].现代电子技术，2020，43（13）：180-182，186.

并进行情感上的交流，便于学生成长，提高学生学习效率，真正做到个性化教学。

（二）学生端功能

1.课前模块

（1）前期学情自测功能

在学习新的章节前，系统会推送有关本章节知识点的自我练习，教师通过练习结果来分析学生对于新章节有哪些知识点比较熟悉，哪些相对陌生，进而调整教学侧重点，从而提高学生的学习效率。

（2）预习教师上传资源的功能

通过观看教师上传的文本、微课等资源，对新的知识点进行预习和加深，便于课上对于新知识的理解。

2.课中模块

（1）便携的数字化笔记功能

学生可以通过个人终端提供的笔记功能记录每一个知识点，对各个学科各个章节的重难点都能一目了然，可以随时随地地登录系统来查看，从而节省学生在复习阶段的时间与精力。

（2）进行随堂检测的功能

该功能通过接收教师端传来的知识点试题，进行课上快速解答，从而完成对知识的内化与吸收，帮助学生更好地成长。

（3）错题的自动收录功能

当学生从个人终端完成作业或者习题测试后，系统自动记录错题并上传至错题集，教师也可以通过教师端来查看学生的错题，从中发现学生对于精细知识点的掌握情况，进而对错题进行练习和订正，而练习的方式不是传统的修正原题，而是通过数据分析，按照知识体系树来智能地推送与错题知识点有关的练习题，通过反复练习，攻克每一个不会的知识点与难点，从而提高学生的学习主动性与学习能力。

3.课后模块

（1）个性化的学科作业

学生在进行学习的过程中，作业不再以书本形式呈现，而是可以通过本系统从网上直接看到作业情况：客观题在系统作答，上传后系统会自动给出成绩，并推荐相关知识点练习；主观题通过照片上传，来进行教师评分或者学生之间的互评，更加快捷方便，上传完毕后可以通过作业排行榜观察其他学生的完成情况，有利于学习兴趣与毅力的激发。

（2）游戏化的鼓励机制

学生通过系统完成测验、作业与各种学习任务时，会得到相应的经验，通过经验与等级制度，将班级乃至学校学生共同比较，使学生的学习兴趣和动力得到提升。

（三）家长端功能

1.课前模块

家长端课前模块主要提供知识点学情反馈功能，通过查看系统详细记录的课堂互动、课后作业练习、测验与考试的全景数据，帮助家长客观认识学生每一个知识点的掌握情况，用数据来指导学生开展有针对性的查缺补漏，帮助学生做好课前预习阶段的学习。

2.课中模块

家长端课中模块主要的功能是可以实时地收到学生个性化的课堂表现报告，系统记录着学生课堂过程的数据，关注每一个学生细微的表现情况。通过学习过程数据，可以观察到学生真实的表现，了解学生的学习风格、学习路径、每一个知识点的掌握情况等。

（1）考试成绩的查询

学科测试结束后，家长端可以立刻收到学生的考试成绩。系统可以记录每一次学生的考试成绩，形成成绩的发展数据图，可以让家长一目了然地了解学生的学习成绩发展情况；与此同时，系统还自动记录每一次测试知识点情况，累计知识点测评数据，客观准确地评价学生知识点掌握情况。

（2）个性化的成绩报告

系统可以详细地记录学生每一次的考试成绩数据，包括整体学科以及单一学科的成绩、排名等多种维度的数据；系统自动进行多数据可视化处理，使家长可以清晰地了解学生的学情。

三、案例设计

为了更好地体现基于大数据的个性化教学系统的教学效果，将本系统应用于实际教学中，笔者主要以NS中学七年级数学一元一次方程这一章节为例，进行案例的设计与实施。在分析数学课程标准的基础上，围绕着前文提到的设计内容与设计要求，从学习资源、学习策略与方法、学习交互、学习评价四个方面进行设计，并在此基础上进行教学案例的实施。对案例实施过程产生的数据进行收集与分析，并实现数据可视化，来促进教师的教与学生的学，帮助学生实现个性化学习，帮助教师实现个性化教学。

（一）《初中数学》课程标准分析

《初中数学》是义务教育阶段十分重要的一门课程。本研究从数学课程的性质、课程的目标、课程的内容三个方面来进行分析，从中了解义务教育阶段数学课程对人才培养的目标与需求，进而有针对性地进行案例的设计，促进学生全面发展及创新精神和实践能力的培养。

1.课程性质

《初中数学》这门学科是在九年义务教育阶段为了培养公民的素质而进行的基础性课程学习，是初中生进行学习的必修基础性学科，其内容具有基础性、普及性以及帮助学生发展的特性。数学课程可以使学生学会必需的基础知识并掌握必要的基本技能；着重培养学生的抽象精神和推理能力以及创新精神和实践能力；可以在情感、态度和价值观等方面促进学生的发展。义务教育中数学学科为学生未来的各个方面打下了坚实的基础。

2.课程目标

本课程的总目标就是在为唯物主义世界观奠定坚实的基础上，使学生形成初步的数学思想以及科学对待问题的态度：能够说明图形和几何最基本的知识与技能，对几何直观和运算的能力有了初步了解，学会从初步的数学观点出发来看问题并提出问题，通过参与数据的整理和数据分析，了解数据基本的处理过程，培养学生全面综合解决实际问题的能力和应用意识，从而来满足学生的不同的学习需求。

3.课程内容

《数学》七年级上（北师版）课程主要是讲授了有关"数与代数""图形与几何""概率与统计"的理论和实践知识，并且整合了这些问题。这些问题不仅是结论性的知识，还包含了这些知识的形成过程以及与之相联系的数学方法，不仅促进了学生在学习过程中对于知识的吸收与理解，还提高了学生解决现实中问题的能力，更可以培养学生的问题意识和创新意识。本课程主要包含六部分的内容，分别是：平凡的世界、有理数及其运算、整式及其加减、基本平面图形、一元一次方程和数据的收集与整理。

（二）一元一次方程案例设计

1.学习内容

本章是初中数学有关方程方面的初次讲解，介绍了一元一次方程的基本概念、求解一元一次方程的方法，以及应用一元一次方程组来解决生活中的一些实际问题。本章是学习方程相关知识领域的一个起点，是后续相关知识学习的基础，对后续知识有着重要的意义。

2.学情分析

（1）学生知识储备

学生通过小学学段的学习，对于等式的相关内容和方程的相关知识已经具备了一定的认知水平以及知识基础，在以下三个方面可以呈现。认知方面：关于等式以及等式的基本的性质；关于方程、方程的解、基本的解方程知识已经有了初步的认识。技能方面：学生对关系式进行了简单的定量分析，并可以根据关系式列出方程及方程求解过程，具有一定的方程求解能力。素质方面：经过小学学段的学习，懂得了加减法、乘除法互为逆运算的简单算理，对于即将学到的消元思想起到了很大作用。

（2）学生的困难

本章节内容逻辑性较强，与实际问题结合方面较多，学生难以从实际问题中找出相等关系而列出相应方程，并且对于思维严谨性以及归纳推理能力有着较高的要求，所以学生在学习时有一定的困难。

3.教学目标

为了促进学生的个性化发展，落实中国学生发展核心素养的根本目的：培养全面发展的人（所谓全面发展，绝非大而全地发展，而是全面占有自己的本质，能够进行独立思考，具有判断能力的"主体人"[①]）。依据皮亚杰的发生认识论[②]及李艺教授、颜士刚教授设计的教学目标"三层结构"模型[③]，将本章节教学目标确定为三个层次：学科知识、问题解决及学科思维。

4.个性化学习资源设计

教师在课前、课中和课后根据需要分别设计不同种类的课堂学习资源进行实时推送，以满足不同学习风格、不同学习需求的学生进行自我选择。学习者在通过本章的学习后应该掌握的知识点分别是：等式的基本定义、等式的性质、方程的定义、方程的解、一元一次方程的定义、一元一次方程的解法、利用一元一次方程解决实际的问题。通过此方法，在学习资源设计过程中，教师会基于大数据个性化教学系统对资源进行学习和分类，从而对教学资源进行再设计。

（1）学习资源的类型

为了充分满足不同学习风格、学习类型的学生对于课程和资源的各种个性化选择和需求，本章节设计了不同类型的教学资源，其中主要包括与一元一次方程有关的文本资源（word）、课件资源（word、PPT）、微视频资源等，通过多种多样的课程学习方式和资源组合，来充分满足每个学生不同的学习风格、学习需求和学习偏好，使得学生达到个性化学习的目的。

①文本资源。根据"一元一次方程"相关的教学内容，教师在课前设计好的导学案通过系统发送到学生端，帮助学生理解相关的一元一次方程的概念，使得学生在掌握基本概念的基础上进行更深层次的学习。通过对文本资源的设计，使得学生在进行课前知识点预

① 颜士刚，冯友梅，李艺.聚焦核心素养的信息技术教学设计[J].课程·教材·教法，2018，38（07）：92-97.

② 皮亚杰.发生认识论原理[M].北京：商务印书馆，1981：22.

③ 颜士刚，冯友梅，李艺.聚焦核心素养的教育目标分类体系构建——兼论"三层结构"模型的生成逻辑[J].中国电化教育，2018（10）：49-54+106.

习的教学过程中可以明确自己需要学习的内容以及对接下来的课程讲授有一定了解，帮助基础薄弱的同学跟上进度。

②课件PPT资源。根据"一元一次方程"的有关学习内容，教师在课前将设计好的PPT课件通过系统发送到学生端，帮助学生更进一步地理解一元一次方程，其中涉及的知识点是：有关一元一次方程的概念和性质以及求解一元一次方程的步骤，使得学生在通过课前提供的文本资源的基础上，更加深化地掌握和理解概念与步骤，进而进行下一步的学习。

③微视频资源。针对本章内容，微视频课程资源为了帮助广大学生更好地理解和掌握利用一元一次方程去解决实际生活中的问题的能力，提升学生的综合学习能力和学习兴趣，帮助学生进一步加深对本章节重、难点知识内容的理解和印象。

（2）学习测试设计

①课前预习测试。该设计通过对于课前教师推荐资源的预习，系统会推送有关一元一次方程知识点的自我测试题目，通过测试结果来分析学生对于本章节知识点的掌握情况，哪几个比较熟悉，哪些会陌生，用数据呈现，使得教师的讲解更加有侧重点，从而提高学生的学习效率，激发学生的求知欲。

②课中随堂测试。教师在课堂教学过程中为了便于学生内化所传授的知识，通过个性化教学系统来推送有关一元一次方程知识点的随堂测验题，利用课堂抢答功能来激起学生的学习兴趣，调动学生的积极性，并利用数据分析功能检测学生知识点的内化情况，以便及时调整教学方案。

③课后巩固作业。教师根据课上讲解的知识点在课后通过个人终端向学生推送作业测试，帮助学生对于一元一次方程知识的巩固和吸收。

为了便于从不同角度检测学习者的学习效果，教师在进行测试题推送的过程时要对等级和难度进行区分，可将测试题分为：

①基础知识型测试。基础知识型测试主要是为基础知识不牢固的同学设计的。通过推送一些基础的任务与测试，使学生在掌握了基础知识后，再进行更深层次的提高。

②巩固知识型测试。巩固知识型测试主要是为中等水平的同学设计的，使得中等水平的学生在掌握了基础知识的前提下进一步提高。以"一元一次方程"为例，学习者在掌握了概念以及性质等理论的基础上，能够更深入地学习解一元一次方程的方法。

③拔高知识型测试。拔高知识型测试主要针对本班认知水平比较高的学生，教师需要推送一些拓展性的测试题来进一步提高学生的学习能力和创新能力，促进学生个性化发展。

5.个性化学习策略与方法设计

教师在完成对课前资源以及内容的推送后，通过系统发送教师精心设计的测试题，从而收集关于学生预习情况的数据。收集到的数据为：对于一元一次方程的概念学生有多少了解、对于一元一次方程的性质学生有多少了解以及运用一元一次方程解决实际问题的能力如何。通过了解数据的分析情况，教师可以更加准确地了解学生的预习状况，教师根据所收集到的数据分析学生知识点掌握的情况，进而进行基于学情数据的备课，用数据说话，使教学更有针对性，更能体现出因材施教的教学原则。

为了能够使个性化教学更有效地开展，促进学生在课堂中更好地进行个性化学习，教师需要基于对学生预习情况的分析对个性化学习策略与方法进行再设计。教师根据学生对基础性知识点的预习和掌握情况及时进行问题的分析和解答，找出共性与个性的问题并进行总结归纳，在提供学习策略的同时进行有针对性的讲解与分析，为学习特征与学习风格不同的学生提供不同的学习途径和学习方法，使得学生在原有知识水平的基础上得到提升。

（1）复习回顾，抛出问题，答疑解惑

教师在对本章的学习内容进行讲解之前，首先要对上次课程的知识点进行回顾，并提出相应问题供学生思考，根据学生课前预习自测的数据反馈，对学生中存在的问题进行答疑，激发学生的学习动机，提升教学效果。

（2）创设情境，讲授新知

通过对问题的思考，教师创设一定的情境，使得学生以情境作为出发点，顺利地引出所要学习的知识，促进学生的创新思维和发散思维的培养。

（3）小组分工，合作探究

根据前期预习和测试的情况，教师对学生进行分组，让学生进行合作探究式的学习，将课上不懂的问题在学习讨论区进行讨论并解决，促进学生对知识点的掌握和合作能力的提高。

（4）强化巩固，总结评价

对课上存在的问题，教师及时做出改进与评价，总结相关重点和难点，帮助学生进步，使用量规评价表对学生的能力进行判断，培养学生个性化学习。

6.个性化交互设计

教师在对课前学生的预习情况进行数据分析与了解之后，通过个性化教学系统提供的网络虚拟学习小组功能，依据"组间同质，组内异质"的原则对学生进行分组，以满足不同层次不同水平学生的学习需求。对于不同的问题，可以通过系统向教师进行实时提问，实现与教师之间的交互或者在学生讨论区进行生生之间的交互，提高学生的合作能力与沟通能力，减少学生的孤独感，使教师针对不同认知水平、不同学习习惯的学生更好地进行个性化教学，促进学生对知识点的掌握和知识的内化。

7.个性化评价设计

学习评价的设计是教学案例设计的重要环节，可以使学生了解自己课堂知识点的掌握情况并进行自我反思。通过评价有利于教师知晓学生的学习状况，有利于教学过程以及教学效果的改进与提升，与传统的课堂教学评价不同，个性化设计注重全过程、多角度、多维度的评价。

基于大数据的个性化教学系统通过对数据的挖掘与分析，从学生对知识点的掌握情况、预习情况、师生交互情况、学生之间交互情况、课堂测试情况等多角度进行评价，包括师生之间的评价、生生之间的评价和自我的评价。评价的形式包括形成性评价和总结性评价，重视评价的多元性和公平性，从而更好地帮助教师掌握学生的学习情况，更好地引导学生培养积极探索以及交流协作的精神，培养学生敢学、爱学、乐学、会学的精神，在潜移默化中提高学生的自学能力和解决问题的能力。

四、基于大数据的个性化教学系统的案例实施

（一）实施环境

本研究是在基于大数据的个性化教学系统的支持下实施的，借助系统对教学过程的各个环节进行相关数据的收集。基于大数据的个性化教学系统是在混合式教学模式和建构主义理论支持下的以Pad等智能终端为载体、以学习者作为学习过程的主体和学习的中心、以互联网为平台搭建的，渗透到教学的每一个活动，覆盖课前、课中、课后的数字化学习环境，是一个集资源共享和个性化教学与学习为一身的系统，有效地满足了学生和教师对于个性化教与学的迫切的需求。

在上课之前，教师需要将提前准备好的学习资源以及教学课件上传至学生端，学生登录学生端即可实时地查收教师发送的学习资源与测试题，完成预习任务。在课中，教师通过实时习题讲解、实时投票交互功能和学生互动，诱发学生学习的动机，使学生产生学习的兴趣。在课后，教师向学生分配相关任务以及练习题，并通过数据反馈的情况来检测学生知识掌握情况以及作业完成情况。通过使用基于大数据的个性化教学系统能够实现整个教学过程的数据采集与分析，有利于教师对于学生学情的整体把控。

（二）实验内容

本研究基于大数据的个性化教学系统，以《数学》七年级上"一元一次方程"的章节内容进行。所选取的研究对象是NS中学2019级两个班级的学生，分别是271班和272班，以271班作为实验组，272班为对照组。本次实验的周期为两个月，教师在实验组和对照组分别采用基于大数据的个性化教学系统教学和传统的课堂教学进行讲授。在进行实验之

前，先进行摸底测试，确保两个班级成绩没有明显差距，两个月后，通过对两班学习成绩、课堂表现、教师专业成长进行比较，并对实验组进行访谈和问卷调查，来检验基于大数据的个性化教学系统的应用效果及学生对该系统的满意程度。

（三）实施过程

"一元一次方程"是初中数学重要的基础章节，该教学的设计要围绕着教学单元目标的要求及个性化教学的各个环节来设计，充分利用了基于大数据的个性化教学系统的功能，体现学生是课堂的主体，发挥学生的积极性和主动性，激发学生的学习动机与兴趣，培养学生的创新能力、问题解决能力以及实践能力。

1.课前准备环节

（1）个性化资源推送

个性化资源推送如表7-1所示。

表7-1　个性化资源推送

教学活动	主题描述
教师活动	教师课前利用系统内的资源推送功能将学生需要预习的资源（一元一次方程的基本概念、性质、解一元一次方程的方法等文本和PPT以及在实际生活中运用一元一次方程的实例的视频）送至每位学生的学生终端上（Pad）。
	向学生发送量规评价表，学生通过量规的指标项，清楚本节课的学习要求及侧重点。将预习目标阐述清楚，即需要了解的知识点情况。
学生活动	通过查看教师推送的知识点资源，根据自己已有的知识水平，对存在于长时记忆里的旧知识进行提取与编码，重新构建，进行课前预习。
	结合预习目标，找出自己熟悉的知识点，并进行前期的预习小测验。
	课前预习阶段，学生主要以预习教师提供的相关资源和完成相关测验为主，教师通过收集学情数据，对于学生一元一次方程的预习情况有所了解，进行有针对性的备课，调整教学侧重点。教师在检查学生的预习情况时可以从三个维度来进行分析：班级成绩总体分析、学生成绩分析、知识点正确率分析。

（2）班级成绩总体分析

教师通过个性化教学系统来查看学生预习自测题的完成情况和准确率，由于每个测试题所考查的知识点是不同的，对学生掌握程度进行分析，了解学生的整体预习情况。对于数据反馈的学生知识点的掌握情况，可以作为教师备课的依据，使其及时调整课堂教学的侧重点。

（3）学生成绩分析

在对班级整体的预习情况有了准确把握后，通过教学系统反馈的成绩数据，教师还要对每个学生的成绩进行分析。根据实时更新的学生预习分数排行来分析，查看学生的成绩变化，以及每位学生错误的题型，以便在教学的开展过程中因材施教。以霍某某为例，他的排名和上一次测试相比退步了11名，通过对他的错题进行仔细分析，可以看出他对利用去分母法解一元一次方程知识点掌握得不牢固，教师可以根据他的预习情况对他进行个别化指导，帮助其进步。

2.课中教授环节

课中的教授环节是教学过程中的重要阶段，是促进师生互动、学生之间互动的关键阶段，也是教师为学生答疑解惑使得知识可以被学生更好地吸收的关键阶段。"一元一次方程"是一门理论与生活实际联系很紧密的课程，因此在进行教授的过程中不仅要注意概念、定理的传授，还要注意利用小组合作探究的方式去解决生活实际中的一元一次方程的问题。教师在讲授过程中利用教师端的实时投屏功能，将画面投到学生端进行同步的资源播放，并对教师与学生产生的过程数据进行持续的采集，为课后的分析与评价打下良好的基础。实施过程如下：

（1）复习回顾，抛出问题，答疑解惑

这一环节的教学活动如表7-2所示。

表7-2　复习回顾教学活动

教学活动	主题描述
教师活动	复习旧知，使学生回忆起小学时学到的等式的正逆运算等有关方程的基本知识点。
	提问了能否找出丢番图中等量关系并列出方程，对方程有什么见解，方程是什么，解决实际问题的关键是什么，等等。
	根据学生预习的数据反馈，整理分析学生预习存在的问题，进行个性与共性问题的答疑解惑。
	教师通过教师端的趣味提问功能对学生进行提问。
学生活动	积极配合教师的活动，对提出的问题进行回答。
	将不懂的问题通过举手功能发送给教师，增进学生的参与感。

（2）创设情境，讲授新知，形成一元一次方程的概念与性质

这一环节的教学活动如表7-3所示。

表7-3　创设情境教学活动

教学活动	主题描述
教师活动	教师利用PPT呈现五个情境，引导学生进行思考，由情境中的问题可以得到哪些方程，哪些是学生熟悉的方程。
	告知学生寻找等量关系是列出方程的关键，引导学生逐步深入地思考这些方程的特点：它们只含有一个未知数，且未知数的指数都是1，并在讨论区查看学生发表的意见。
	通过所列方程以及方程的特点，引导学生归纳总结出一元一次方程的概念：在一个方程中，未知数的个数只有一个，并且未知数的指数也是1，这种方程就被称为一元一次方程。
	通过课前准备环节可知，一元一次方程概念及性质是学生薄弱的知识点，是班级的共性问题，在讲解完相关知识后，通过教师端向学生发放本知识点的测试题，使学生及时巩固提高，解决知识薄弱点。
学生活动	通过观察呈现的情境，来列出与之相关的方程，告知教师情境1、情境2、情境4的方程比较熟悉，只有一个未知数，在小学数学中是常见的。
	在教师的引导下，找出所列方程的特点，在学生端讨论区表达自己的意见。
	根据情境中的五个方程以及所列方程的特点，总结出一元一次方程的概念，利用学生端的抢答功能进行回答。
	进行随堂测验，解决班级共性问题。

（3）小组分工，合作探究，学会求解一元一次方程

这一环节的教学活动如表7-4所示。

表7-4　合作探究教学活动

教学活动	主题描述
教师活动	教师在讲解完相关概念与性质知识点后，利用课前学生知识点的掌握情况对学生进行分组，使得每组学生能力均等，在学习过程中可以互帮互助。
	将学生分为三组，让学生分别讨论与探究利用移项解方程、利用去括号解方程和利用去分母解方程的步骤。
	教师在讨论区观察学生们的讨论情况，并给予适当的指导与帮助，使得探究活动有效进行。
	归纳每个小组讨论的结果，通过教师端将解一元一次方程的知识系统传授给每位学生，并分享解一元一次方程中的易错点。
学生活动	依据分组情况，借助海量的资源，积极开展探究合作学习，完成教师布置的任务。
	在学生端展示成果，分享讨论的结果，由每组组长进行汇报，并对教师的指导和帮助予以反馈。

（4）教师帮助，继续探究，让学生学会利用一元一次方程解决实际问题

这一环节的教学活动如表7-5所示。

表7-5　继续探究教学活动

教学活动	主题描述
教师活动	通过对学生进行基本的指导与帮助，使得学生学会了求解一元一次方程，这时再通过系统播放阿基米德的测皇冠的自制动画，并进行提问："阿基米德用非常巧妙的方法测出了皇冠的体积，你知道他是如何测量的吗？"
	通过问题，让学生思考在动画的这个过程中变量、常量是什么，并向学生阐明要想解决阿基米德的问题我们可以用方程组来进行，引导学生继续探究。
	通过每个组长汇报的小组探究成果，归纳总结一元一次方程应用的题型分类，以及用一元一次方程解决实际问题的步骤，帮助学生内化知识。
	在学生对一元一次方程的理论知识和实际应用有了了解后，向学生端分发随堂测试题，通过系统实时反馈的数据，发现学生对于知识点的掌握情况，给予相应的指导。
学生活动	学生通过思考图片中的问题来和伙伴们进行合作交流，在掌握基本概念和相关方法的情况下进行迁移训练。
	学生通过协作逐步摸索出解决实际问题的步骤与方法，通过学生端由每个小组组长汇报学习成果。
	在学生端进行随堂测试，数据会及时反馈到教师端，并将错误的知识点自动收纳到错题集中，在课后练习评价环节由系统推送错题进行反复练习。

（5）强化巩固，总结评价

这一环节的教学活动如表7-6所示。

表7-6　巩固总结教学活动

教学活动	主题描述
教师活动	本章的所有内容讲授完毕后，对本章的重难点进行归纳与整理。
	对于学生课前预习、随堂检测、知识点掌握、合作学习能力等多个方面进行评价。
学生活动	认真听从教师对于重难点的整理与归纳，促进自身知识的内化。
	通过量规评价表进行学生自评和小组成员评价，客观准确地了解自身的不足之处。

3.课后练习评价环节

经过了课前和课中两个环节的讲授学习，学生已经构建了自己的知识体系。在此基础上，让学生自己去巩固、提升、探究新的知识技能的应用，促进学生个性化的学习。在该环节，教师与学生的主要活动如表7-7所示：

表7-7　课后练习评价环节主要活动

教学活动	主题描述
教师活动	基于大数据的个性化教学系统对学生课中数据的收集进行分析，掌握学生关于一元一次方程的学习情况，并且要按照每位学生对于知识点的习得程度不同，布置符合学生特点的作业推送给学生，并提出探究性问题。
	教师通过查阅每位学生的学习过程数据，为学生提供个别化的指导与帮助。
	教师通过收集学生错题复练数据，将其可视化，可以分析学生对每个知识点的掌握程度，进而给予更好的指导，帮助学生进步。
学生活动	在教师的鼓励下，认真地完成推送的个性化课后作业，积极主动地与小组成员进行探究合作，完成教师留下的探究性问题。
	根据学生端收录的错题，进行反复练习，直到掌握各个知识点为止。

五、基于大数据的个性化教学系统应用效果

基于大数据的个性化教学系统在教学中的应用和实践改变了教师传统的以讲授式为主的教学模式与教学思想，使得教师的角色发生了根本转变。同时，也对学生在教学中的地位、学习过程和各种学习方式都产生了极大的影响，比如学生角色的转变，学习行为的变化等。教与学全过程的改变，一定会影响到教学效果的变化。

（1）基于大数据的个性化教学系统通过实时的数据采集，及时了解学生的学情，帮助教师提供适时的个性化指导；通过创设协作探究式的学习情境，帮助学生提高合作与交流能力、创新与实践能力，满足学生个性化的需求，促进学生个性化发展。

（2）在个性化教学系统应用实践过程中，教师自主能力的改变是学生自主发展、学生学习效果提高的前提。在基于大数据的个性化教学系统中，教师在数字化的教学中不仅使教学效率得到了提高、教学成绩有了显著的提升，同时也提升了自己的专业能力。

（3）利用基于大数据的个性化教学系统设置不同的教学情境，组织不同形式的交流与反馈等，充分体现了实验组教师不断学习与探究的能力。只有教师能力不断地发展，才能引导学生积极主动地合作与探究，促进学生学习效果的提高。

（4）基于大数据的个性化教学系统提供的个性化交互功能，方便了师生之间、生生之间的沟通与交流，便于帮助学生解决知识、技能、情感、态度等各方面的问题，提升了学生的合作能力。学生通过与教师和同学实时地沟通与交流并获得反馈，及时地解决疑难的知识点问题，提升了学生的学习兴趣，充分调动了学生课堂学习中的积极性、主动性。通过对系统提供的海量学习资源的学习，在教师个性化教学指导下，有助于学生对知识的获取、内化和巩固。

第八章　智慧校园云数据中心

第一节　云数据中心技术分析

一、传统数据中心发展

数据中心（Date Center），或称为服务器场（Server Farm），指用于安置计算机系统及相关部件的设施，例如电信和储存系统。一般它包含冗余和备用电源，冗余数据通信连接，环境控制（如空调、灭火器）和各种安全设备。

相对企业数据中心，高校数据中心的建设目的差异较大，传统企业数据中心的目标是唯一的，即追求利润，是商业目的，相对高校的执行力也更高。而高校更强调教学和科研，数据中心则必须服务于这两项工作，是服务目的，管理也更加复杂和困难。

当前，主流的高校数据中心建设模式一般是信息中心或各二级单位根据业务需求自行购置相应的硬件设备，设备的物理位置集中，但业务上仍相对独立，建设简单，相互独立，呈现孤岛式的特点。传统数据中心存在诸多的缺陷，虽然能够满足传统数字校园等业务的需求，但对于智慧校园，则必须进行架构上的改造方能满足其需求。

二、存储系统

存储系统是数据中心的基础，根据业务的不同，产生了不同的存储架构。当对于数据存储要求不高时，一般通过服务器内置硬盘或直连存储柜来实现。

当需要实现两台以上设备的互相访问，可通过SAN（Storage Area Network，存储区域网络）和NAS（Network Attached Storage，网络连接存储）等形式实现。通过存储设备网络化，极大地提高了可扩展性。对于SAN/NAS，无论是前端的服务器等设备还是后端的磁盘设备都可以简单地进行扩展。对于大规模集群等需要共享存储的场景也更容易满足。SAN

和NAS的区别在于，前者使用的是专用存储网络协议，后者则是通过传统的网络协议如TCP/IP来实现。前者在性能上要更胜一筹，但后者的成本以及技术难度更低。

在一般的数据中心中，SAN和NAS是比较合理的选择，一方面存储可供所有的应用使用，另一方面通过共享存储，也可以很方便地建立集群。同时，对于部分低端应用如影音视频文件，可以使用低成本的DAS或者内置存储来解决。事实上，大多数高校的传统数据中心正是这样实现的。

其次，在微观角度，磁盘之间一般都会组建RAID以保证冗余度。RAID即独立磁盘冗余数组（Redundant Array of Independent Disks），简称磁盘阵列。主要思想是把多个磁盘组合起来形成一个大的逻辑磁盘以提高性能和稳定性，并方便使用。

RAID具有多种模式，例如RAID0，通过组合两块磁盘为一块，大大提升了性能和容量，但是稳定性也较差。一旦一块磁盘损坏，数据也就丢失了。常用的RAID级别是RAID5以及RAID6，分别允许一块磁盘和两块磁盘的损坏而不会丢失数据。

宏观层面的NAS/SAN和微观层面的RAID，组成了传统数据中心的存储架构，并且在近年一直都是主流的技术标准。但由于下述原因，在SCCDC的设计中它们架构不再那么高效和可靠，主要原因如下：

首先是硬件成本。目前，大多数数据中心一般来说数据容量在几十TB到数百TB之间。当容量超过数百TB之后，SAN的价格就不是一般中小型单位所能接受的了。一方面能驱动这些高端存储的机头价格高昂；另一方面为了稳定性以及利润，厂家都要求这些系统强制使用认证磁盘，虽然性能稳定性更好，但这类磁盘的价格要比普通磁盘高很多，在动辄几百块磁盘的基数上，其价格让用户难以接受。

其次，巨大的容量直接造成了传统RAID模式的不再可靠。根据对RAID的原理分析可以看到，一个RAID组一般超过2个磁盘同时出现故障就无法恢复。过去由于数据量小，重建过程很快，因此两块以上磁盘同时故障只是一个统计学的概率，并不一定会发生。但随着单个磁盘的容量到达TB级别，总数据量达到数百TB甚至数PB之后，驱动器并发故障就是一个现实问题了。

针对上述情况，如果数据量不大，可以采取复制或者使用小磁盘的方法。前者将所有数据在另一个阵列或者使用磁盘等设备完整备份一遍，后者通过使用小磁盘减少重建的速度来避免同时损坏的情况。但是这两种方式都存在很大的缺陷，两者都会造成成本的急剧上升，后者在大数据的情况下更是无法实现。可以说，这是RAID架构本身的问题。也可以采取用多个小型阵列来共同组建一个大型阵列，但这样一来，每个阵列之间的数据共享又成了问题。

在SCCDC中存在比较多的需要大容量存储的业务场景，如数据分析的日志保存、内容感知的收集等等，传统存储在满足这些业务时存在比较大的难度，因此，需要对存储系统的架构进行重新设计，以满足其业务特点的需求。

三、虚拟化技术

要想实现云的服务，首先必须能将各种零散、分散的硬件资源进行整合，并按照较细的粒度划分和动态的调整，利用虚拟化技术就能很好地实现。

虚拟化技术是一种资源管理技术，是将计算机的各种实体资源，如服务器、网络、内存及存储等，予以抽象、转换后呈现出来，打破实体结构间的不可切割的障碍，用户可以通过比原本的配置更好的方式来应用这些资源。这些资源的虚拟部分是不受现有资源的架设方式、地域或物理配置所限制。可将虚拟化认为是云计算的一种具体实现方式。

虚拟化的实现方式是通过在支持的硬件基础上，增加一层称为Hyper Visor的软件，用作底层硬件和上层虚拟服务器之间的一个抽象层。Hyper Visor捕获上层虚拟服务器的指令，作为中介转发给底层的真实硬件。通过虚拟化技术可以让绝大多数操作系统不做任何改动便可安装在虚拟服务器上。虽然理论上这要比直接运行在裸硬件上的操作系统消耗更多资源，但相对于带来的好处，这点付出完全值得。

在SCCDC中引入虚拟化的优势包括：

（1）可提高设备的使用效率。通过虚拟化，业务和硬件之间不再是一对一或者一对多，而是多对多的关系。硬件资源可以实现灵活调度、动态分配、跨设备之间的共享。按需取用的概念在虚拟化中得到了很好的体现。

（2）可提高管理效率。将原有以业务为核心的上下关联的模式改为以平台为核心的集中服务模式，能够发挥专业人员的作用。原先的业务系统管理员需要管理从业务层到数据库、操作系统以及硬件，而通过虚拟化，硬件层面的工作可以由专业管理人员负责，业务系统管理员无须关心。

（3）更加稳定。目前，数据中心采用的虚拟化都会使用集群技术，即多台硬件组成集群供虚拟化服务器使用。在集群中，少量设备的故障并不会影响到整体的稳定，从而提升了整体的稳定性。利用虚拟化技术，每个业务都在独立的运行空间内，在各自不影响的前提下，可以充分地利用资源。

四、软件定义技术

软件定义技术即通过将设备的控制面与数据面分离开来，从而实现了网络流量的灵活控制，实现了一些传统网络难以实现的功能。

传统的网络、数据中心一般是多种专用硬件设备的集成，例如网络交换机存储设备均由专业厂家制造，操作系统固化在硬件中，交付给用户之后按照其标准运行，不同品牌设备共同遵守一套公开标准实现互联互通。

随着数据中心需求的增加，固化软件的系统渐渐无法满足用户的需求。以本书涉及的存储系统为例，传统的存储只能按照其标准运行，扩容必须使用原厂的设备，厂家绝大多数情况下也不会对用户开放操作底层的接口，对用户来说是一种"黑盒"状态。这样势必无法满足越来越多样化的业务需求。于是软件定义技术应运而生。

通过购置"白盒"设备（标准的服务器、交换机等），加之以特定的软件，即可实现传统架构无法实现的功能。由于软件定义的可控性、可扩展性较好，得到了很多关注，也存在较多的案例。例如VMware、Cisco EMC组成的VCE联盟，通过提供计算、存储、网络融合解决方案，为用户快速搭建私有云。其产品设备和设备之间通过深度的融合能够实现传统产品较难实现的功能。当然，和传统的"黑盒"设备相比，软件定义"白盒"虽然功能、扩展性、可控性相对更好，成本也相对较低，但在稳定性、性能上仍有较大差距。传统设备一般都是专用、定制、精简的操作系统以及专业厂商多年的优化，在执行效率上、稳定性上必然要高于起步阶段使用通用软硬件的软件定义设备。

第二节　数据中心虚拟化

一、服务器虚拟化技术

数据信息量不断地快速膨胀，数据中心的硬件日益老化，空间拥挤不堪，数百台的服务器占据了大量的空间，连接这些服务器的网络连接线也错综复杂，大量的服务器在运行中的电力需求也节节攀升，给管理和维护带来了很大的困难。SUN公司的报告显示，大多数服务器的利用率只能达到15%左右，其余的计算能力都被浪费了，不仅如此，与服务器相对应的电力和空调资源也造成了额外的成本损失。有实验证明，一台实现虚拟化技术的中端服务器能够取代六台低端服务器，不管是初期的投资花费还是后期的维护费用都要远低于不采用虚拟化技术的方案。

其次，虚拟化服务器还可提供服务器sanpshot功能，能够在错误出现时使损失降到最低并且能在打补丁和软件升级时提供一个短期的自动恢复功能，这样可以最大限度地减小系统补丁失败和升级带来的影响。通过Vmware、Hyper-V和Xen Server软件可以在一台物理服务器上虚拟出多个操作系统环境来满足客户的需求，在一台虚拟机上跑一个专用的应用增强了独立性和安全性，同时降低了能耗、实现IT绿色的目标。另外，虚拟化服务器还在存储方面为客户提供了节省支出的选择，虚拟化让ISCSI和NAS存储能够得到更好的利用，而不需要进一步投资光纤网络SAN存储网络。

从原理上看，所有虚拟技术虚拟的是指令集。所有的IT设备，不管是PC、服务器还是存储都有一个共同点：它们被设计用来完成一组特定的指令，这些指令组成一个指令集。对于虚拟技术而言，"虚拟"实际上就是指的这些指令集。虚拟机有许多不同的类型，但是它们有一个共同的主题就是模拟一个指令集的概念。每个虚拟机都有一个用户可以访问的指令集。虚拟机把这些虚拟指令"映射"到计算机的实际指令集。

（一）硬件物理分区

硬件虚拟技术是随着Unix服务器的发展而出现的。在Unix服务器上，不少厂商和用户习惯将电气级的虚拟技术称为硬分区（或物理分区），而把通过软件或固件实现的逻辑分区技术则称之为软分区。但无论如何称呼，实际上逻辑虚拟模式和硬件虚拟模式的共同点是：与应用所在的操作系统无关，只与系统硬件有关。

HP和Sun等厂商在Unix服务器上采用的是MBB（Modular Building Block）架构。MBB由多个BB（Building Block）构成，Sun称之为Board，HP称之为Cell。每个BB可包含4路CPU、若干内存和I/O卡。不同BB内的CPU可以有不同的时钟频率。所有的BB通过一种称为Crossbar Switch（纵横交换结构模块）的交换机制连接在一起，Crossbar Switch可以提供BB之间的点对点的高速连接。采用MBB技术可以比较容易地设计出拥有更多数量CPU的服务器。在这种服务器上既可以运行一个操作系统，也可以在一个或多个BB上运行多个操作系统。这就是服务器的硬分区。

基于MBB技术的服务器是由多个BB构成的，所以具有物理分区的特性：即可以热插拔CPU板和内存板。这是因为每一个BB是物理分开的，每个4路CPU板可以单独从系统中隔离出来并将其下电。再来看逻辑虚拟模式。该模式没有采用Crossbar Switch技术做CPU之间的连接，比如IBM p系列产品，它不允许不同主频的CPU共存在同一台机器内。而MBB结构的服务器则允许这样做，但要求Crossbar Switch工作在相同的带宽上（MBB之间的连接带宽恒定）。比较而言，硬件虚拟模式的优点无疑是100%的隔离度和安全性，不占用任何系统资源。缺点是操作相对复杂，最小操作粒度是1个CPU，而且在进行分区资源变更的时候移出CPU的分区需要重启操作系统。逻辑虚拟模式的优点是配置灵活，操作相对简单而且分区粒度可达1/20个CPU，资源变更时无须重启系统，甚至无须重启应用。但相对硬件虚拟模式而言，逻辑虚拟模式会占用一定比例的系统资源。

（二）硬件逻辑分区

最早的虚拟模式可以说是源自IBM大型主机的逻辑分区技术，这种技术的主要特点是：在IBM的大型主机中，每一个虚拟机都是一台真正机器的完整拷贝，只是内存少了点。根据这一概念，一个功能强大的大型主机可以被分割成许多虚拟机。这些虚拟机仅比原来的主机少一点内存资源而已。这一虚拟模式后来被业界广泛借鉴，包括HP vPAR、VMware ESX Server和Xen在内的虚拟技术都是这样的工作原理。

在逻辑虚拟模型中，虚拟机操作系统是整个虚拟机体系结构的"大脑"，包括操作系统和硬件在内的整个系统被称作虚拟机系统（VM System）。每个虚拟机系统都被一个叫作控制程序的程序控制。控制程序除了管理实际的物理硬件，还要为每个系统用户创建一个虚拟机。每个用户都可以在他们的虚拟机上运行程序、存储数据，甚至虚拟机崩溃也不会影响系统本身和其他的系统用户。因此，虚拟机模型不仅要允许资源共享，而且要实现系统资源的保护。在上述模型中，虚拟控制程序以固件形式直接运行在主机硬件层之上，位于操作系统之下，是虚拟机系统中最重要的一部分。控制程序要管理系统硬件，包括启动和关机在内的系统支持任务，以及请求的排队和执行。同时控制程序还要管理每个虚拟机的编程特征和每个虚拟机的建立和维护。

（三）虚拟机技术

随着虚拟化技术的进一步发展，出现了基于软件的虚拟机管理技术，并在X86系列平台上得到较多应用。该技术不再对硬件资源进行划分，而是在硬件上首先部署一套Host系统。在Host系统上，加装虚拟机管理软件又称为虚拟层，作为应用级别的软件存在。虚拟层会给每个虚拟机模拟一套独立的硬件设备，包含CPU、内存、主板、显卡、网卡等硬件资源，并在其上安装所谓的操作系统。最终用户的应用程序运行在操作系统中。虚拟机管理技术的主要特点是能在一台机器上安装多个不同类型的操作系统，模拟多种操作系统运行环境。但也存在虚拟机管理器软件、操作系统等自身消耗硬件资源，从而造成性能损耗等缺点。因此该技术一般用于部门的实验室、测试环境中，很少用于真实生产环境。其代表产品有微软等。

（四）操作系统虚拟化

最新的虚拟化技术已经发展到了操作系统虚拟化。操作系统虚拟化是在操作系统内核基础上提供虚拟化。从一个安装操作系统的版本中，可动态创建由内存、存储空间和网络组成的、应用所需的、多个独立运行的操作系统环境。这样，应用就被隔离在不同的运行环境里。由于只有一个操作系统内核，减少了虚拟机和操作系统两个资源消耗层次，提高了虚拟环境中的应用性能，同时具有安装部署、补丁升级等管理特性上的优势。但该技术由于涉及操作系统内核修改，目前只有在特定操作系统上可以实现。

二、网络虚拟化

软件定义网络（Software Define Network，SDN）技术的发展与成熟使得网络虚拟化可以不再基于物理网络设备实现，大大扩展了网络虚拟化的"边界"。需要强调的是，SDN不等于网络虚拟化，只是SDN这种技术非常适合实现网络虚拟化。

这里将介绍业界目前几种成熟的网络虚拟化技术，分别是网络设备虚拟化、链路虚拟化和虚拟网络，并探讨业界最新出现的基于SDN技术的网络虚拟化技术，以及网络虚拟化对数据中心的影响。

（一）网络设备虚拟化

1.网卡虚拟化

网卡虚拟化（NIC Virtualization）包括软件网卡虚拟化和硬件网卡虚拟化。

软件网卡虚拟化主要通过软件控制各个虚拟机共享同一块物理网卡实现。软件虚拟出来的网卡可以有单独的MAC地址、IP地址。所有虚拟机的虚拟网卡通过虚拟交换机以及物理网卡连接至物理交换机。虚拟交换机负责将虚拟机上的数据报文从物理网口转发出去。根据需要，虚拟交换机还可以支持安全控制等功能。

硬件网卡虚拟化主要用到的技术是单根I/O虚拟化（Single Root I/O Virtuli-zation，SR-IOV）。所有针对虚拟化服务器的技术都是通过软件模拟虚拟化网卡的一个端口，以满足虚拟机的I/O需求，因此在虚拟化环境中，软件性能很容易成为I/O性能的"瓶颈"。SR-IOV是一项不需要软件模拟就可以共享I/O设备、I/O端口的物理功能的技术。SR-IOV创造了一系列I/O设备物理端口的虚拟功能（Virtual Function，VF），每个VF都被直接分配到一个虚拟机。SR-IOV将PCI功能分配到多个虚拟接口以便在虚拟化环境中共享一个PCI设备的资源。SR-IOV能够让网络传输绕过软件模拟层直接分配到虚拟机，这样就降低了软件模拟层中的I/O开销。

2.硬件设备虚拟化

硬件设备虚拟化主要有两个方向：在传统的基于X86架构机器上安装特定操作系统，实现路由器的功能，以及传统网络设备硬件虚拟化。

通常，网络设备的操作系统软件会根据不同的硬件进行定制化开发，以便设备能以最高的速度工作，比如思科公司的IOS操作系统，在不同的硬件平台需使用不同的软件版本。近年来，为了提供低成本的网络解决方案，一些公司提出了网络操作系统和硬件分离的思路。

典型的网络操作系统是Mikrotik公司开发的Router OS。这些网络操作系统通常基于Linux内核开发，可以安装在标准的X86架构的机器上，使得计算机可以虚拟成路由器使用，并适当扩展了一些防火墙、VPN的功能。此类设备以其低廉的价格以及不受硬件平台约束等特性占据了不少低端路由器市场。传统网络设备硬件（路由器和交换机）的路由功能是根据路由表转发数据报文。在很多时候，一张路由表已经不能满足需求，因此一些路由器可以利用虚拟路由转发（Virtual Routing and Forwarding，VRF）技术，将路由信息库（Forwarding Information Base，FIB）虚拟化成多个路由转发表。此外，为增加大型设备的端口利用率，减少设备投入，还可以将一台物理设备虚拟化成多台虚拟设备，每台虚拟设备仅维护自身的路由转发表。比如，思科的N7K系列交换机可以虚拟化成多台VDC。所有VDC共享物理机箱的计算资源，但各自独立工作，互不影响。此外，为了便于维护、管理和控制，将多台物理设备虚拟化成一台虚拟设备也有一定的市场，比如H3C公司的IRF技术。

（二）链路虚拟化

链路虚拟化是日常使用最多的网络虚拟化技术之一。常见的链路虚拟化技术有链路聚合和隧道协议。这些虚拟化技术增强了网络的可靠性与便利性。

1.链路聚合

链路聚合（Port Channel）是最常见的二层虚拟化技术。链路聚合将多个物理端口捆绑在一起，虚拟成为一个逻辑端口。当交换机检测到其中一个物理端口链路发生故障时，就停止在此端口上发送报文，根据负载分担策略在余下的物理链路中选择报文发送的端口。链路聚合可以增加链路带宽、实现链路层的高可用性。

在网络拓扑设计中，要实现网络的冗余，一般都会使用双链路上连的方式。而这种方式明显存在一个环路，因此在生成树计算完成后，就会有一条链路处于block状态，所以这种方式并不会增加网络带宽。如果想用链路聚合方式来做双链路上连到两台不同的设备，而传统的链路聚合功能不支持跨设备的聚合，在这种背景下出现了虚链路聚合（Virtual Port Channel，VPC）的技术。VPC很好地解决了传统聚合端口不能跨设备的问题，既保障了网络冗余又增加了网络可用带宽。

2.隧道协议

隧道协议（Tunneling Protocol）指一种技术/协议的两个或多个子网穿过另一种技术/协议的网络实现互联。使用隧道传递的数据可以是不同协议的数据帧或包。隧道协议将其他协议的数据帧或包重新封装然后通过隧道发送。新的帧头提供路由信息，以便通过网络传递被封装的负载数据。隧道可以将数据流强制送到特定的地址，并隐藏中间节点的网络地址，还可根据需要提供对数据加密的功能。一些典型的使用到隧道的协议包括Generic Routing Encapsulation（GRE）和Internet Protocol Security（IPSec）。

（三）虚拟网络

虚拟网络（Virtual Network）是由虚拟链路组成的网络。虚拟网络节点之间的连接并不使用物理线缆连接，而是依靠特定的虚拟化链路相连。典型的虚拟网络包括层叠网络、虚拟专用网以及在数据中心使用较多的虚拟二层延伸网络。

1.层叠网络

层叠网络（Overlay Network）简单来说就是在现有网络的基础上搭建另外一种网络。层叠网络允许对没有IP地址标识的目的主机路由信息，例如分布式哈希表（Distributed Hash Table，DHT）可以路由信息到特定的节点，而这个节点的IP地址事先并不知道。层叠网络可以充分利用现有资源，在不增加成本的前提下，提供更多的服务。比如ADSL Internet接入线路就是基于已经存在的PSTN网络实现。

2.虚拟专用网

虚拟专用网（Virtual Private Network，VPN）是一种常用于连接中、大型企业或团体与团体间的私人网络的通信方法。虚拟专用网通过公用的网络架构（如互联网）来传送内联网的信息。利用已加密的隧道协议来达到保密、终端认证、信息准确性等安全效果。这种技术可以在不安全的网络上传送可靠的、安全的信息。需要注意的是，加密信息与否是可以控制的。没有加密的信息依然有被窃取的危险。

3.虚拟二层延伸网络

虚拟化从根本上改变了数据中心网络架构的需求。虚拟化引入了虚拟机动态迁移技术，要求网络支持大范围的二层域。一般情况下，多数据中心之间的连接是通过三层路由连通的。而要实现通过三层网络连接的两个二层网络互通，就要使用到虚拟二层延伸网络（Virtual L2 Extended Network）。传统的VPLS（MPLS L2 VPN）技术，以及新兴的Cisco OTV、H3C EVI技术，都是借助隧道的方式，将二层数据报文封装在三层报文中，跨越中间的三层网络，实现两地二层数据的互通。也有虚拟化软件厂商提出了软件的虚拟二层延伸网络解决方案。例如VXLAN、NVGRE，在虚拟化层的vSwitch中将二层数据封装在UDP、GRE报文中，在物理网络拓扑上构建一层虚拟化网络层，从而摆脱对底层网络的限制。

（四）基于SDN的网络虚拟化

SDN改变了传统网络架构的控制模式，将网络分为控制层（Control Plane）和数据层（Data Plane）。网络的管理权限交给了控制层的控制器软件，通过OpenFlow传输通道，统一下达命令给数据层设备。数据层设备仅依靠控制层的命令转发数据包。由于SDN的开放性，第三方也可以开发相应的应用置于控制层内，使得网络资源的调配更加灵活。网管人员只需通过控制器下达命令至数据层设备即可，无须一一登录设备，节省了人力成本，提高了效率。可以说，SDN技术极大地推动了网络虚拟化的发展进程。

1.OpenFlow

OpenFlow的核心是将原本完全由交换机/路由器控制的数据包转发转化为由支持Open-Flow特性的交换机和控制服务器分别完成的独立过程。OpenFlow交换机是整个OpenFlow网络的核心部件，主要管理数据层的转发。OpenFlow交换机至少由三部分组成：流转发表（Flow Table），告诉交换机如何处理流；安全通道（Secure Channel），连接交换机和控制器；OpenFlow协议，一个公开的、标准的供OpenFlow交换机和控制器通信的协议。OpenFlow交换机接收到数据包后，首先在本地的流表上查找转发目标端口，如果流表中没有匹配条目，交换机则把数据包转发给Controller，由控制层决定转发端口。

2.思科ACI

ACI可以根据应用需求来确定如何应用网络策略和逻辑拓扑。和使用公开的OpenFlow协议产品不同，思科ACI由应用策略基础设施控制器（Application Policy Infrastructure Controller，APIC）和Nexus 9000系列产品组合而成。APIC为自动化管理、策略制定和监控状态提供了一个统一平台。APIC是一个高度可扩展的集群软件控制器。与传统SDN控制器不同的地方在于APIC和数据层以及控制层是完全独立的。因此即使APIC离线，网络也能够对终端变化做出响应。

3.VMware NSX

NSX是VMware软件定义数据中心的一部分。NSX与其他SDN产品最大的不同在于完全是由软件模拟实现硬件功能。依托VMware的ESXi虚拟化操作系统，NSX可以虚拟化网络设备第二层至第七层的功能（包括路由、防火墙、负载均衡、VPN、QoS等）。对用户来说，NSX提供了一整套逻辑的、虚拟的、简化的网络环境和配置方法，完全不需理会底层的通信过程和数据中心的各种硬件网络设备的设置。

（五）网络虚拟化对数据中心的影响

网络虚拟化的具体实现会改变目前网络的架构以及网络维护流程。网络虚拟化可以使网络设计、维护简单化以及网络结构扁平化；可以快速进行网络部署、变更的操作，即可快速根据业务需求重新部署网络结构或进行网络策略的变更；开放性增加，基于OpenFlow的SDN协议是公开的，网络设备可以有更多的选择。

当前，数据中心的网络虚拟化仍处在起步阶段，网络运维还需要较高的人工成本。基于SDN技术的网络虚拟化将在数据中心发挥重要的作用。并且随着服务器、存储、网络等硬件资源全面虚拟化，标志着软件定义数据中心（Software Define Data Center，SDDC）得以实现。

SDDC通过底层硬件架构上加载的一个虚拟基础架构层，提供了数据中心应用程序所需的运行环境，并能管理存储、服务器、交换机和路由器等多种设备。SDDC使数据中心由传统的以架构为中心改为以应用/业务为中心。SDDN使得硬件平台及其相应的操作对上层应用完全透明。管理人员只需定义应用所需的资源（包括计算、存储、网络）和可用性要求，SDDC即可从硬件资源中提取出"逻辑资源"供应用使用。未来，SDDC的发展将改变传统云计算的概念，提高数据中心的健壮性、运营效率以及资源利用率。

三、存储虚拟化

（一）存储虚拟化概述

存储虚拟化就是对存储硬件资源进行抽象化表现，通过将一个（或多个）目标（Target）服务或功能与其他附加的功能集成，统一提供有用的全面功能服务。典型的虚拟化包括如下一些情况：屏蔽系统的复杂性，增加或集成新的功能，仿真、整合或分解现有的服务功能等。虚拟化是作用在一个或者多个实体上的，而这些实体则是用来提供存储资源或/及服务的。

存储虚拟化是一种贯穿于整个IT环境、用于简化本来可能会相对复杂的底层基础架构的技术。存储虚拟化的思想是将资源的逻辑映像与物理存储分开，从而为系统和管理员提供一幅简化、无缝的资源虚拟视图。

对于用户来说，虚拟化的存储资源就像是一个巨大的"存储池"，用户不会看到具体的磁盘、磁带，也不必关心自己的数据经过哪一条路径通往哪一个具体的存储设备。

从管理的角度来看，虚拟存储池是采取集中化的管理，并根据具体的需求把存储资源动态地分配给各个应用。值得特别指出的是，利用虚拟化技术可以用磁盘阵列模拟磁带库，为应用提供速度像磁盘一样快、容量却像磁带库一样大的存储资源，这就是当今应用越来越广泛的虚拟磁带库（Virtual Tape Library，VTL），在当今企业存储系统中扮演着越来越重要的角色。将存储比作池子，存储空间如同一个池子里流动的水一样，可以任意地根据需要进行分配。

（二）存储虚拟化的特点

将存储资源虚拟成一个"存储池"，这样做的好处是把许多零散的存储资源整合起来，从而提高整体利用率，同时降低系统管理成本。与存储虚拟化配套的资源分配功能具有资源分割和分配能力，可以依据"服务水平协议"的要求对整合起来的存储池进行划分，以最高的效率、最低的成本来满足各类不同应用在性能和容量等方面的需求。特别是虚拟磁带库，对于提升备份、恢复和归档等应用服务水平起到了显著的作用，极大地节省了企业的时间和金钱。除了时间和成本方面的好处，存储虚拟化还可以提升存储环境的整体性能和可用性水平，这主要得益于"在单一的控制界面动态地管理和分配存储资源"。

在当今的企业运行环境中，数据的增长速度非常之快，而企业提高管理数据能力的速度总是远远落在后面。通过虚拟化，许多既消耗时间又多次重复的工作，例如备份/恢复、数据归档和存储资源分配等，可以通过自动化的方式来进行，大大减少了人工作业。因此，通过将数据管理工作纳入单一的自动化管理体系，存储虚拟化可以显著地缩短数据增长速度与企业数据管理能力之间的差距。只有网络级的虚拟化，才是真正意义上的存储虚拟化。存储虚拟化能将存储于网络上的各种品牌的存储子系统整合成一个或多个可以集中管理的存储池（存储池可跨多个存储子系统），在存储池中按需要建立一个或多个大小不同的虚卷，并将这些虚卷按一定的读写授权分配给存储在网络上的各种应用服务器。这样就达到了充分利用存储容量、集中管理存储、降低存储成本的目的。

（三）存储虚拟化分析

存储系统必须在能力和性能上直线升级，将问题推给硬件系统并不是有效的解决办法。存储虚拟化需要全新的软件方式来平衡扩容体系架构来实现数以千兆的数据传输和存储。

相关的存储技术主要有以下几点：

（1）基于主机的存储虚拟化依赖于代理或管理软件，它们安装在一个或多个主机上，实现存储虚拟化的控制和管理。由于控制软件是运行在主机上的，这就会占用主机的处理时间。因此，这种方法的可扩充性较差，实际运行的性能不是很好。基于主机的方法也有可能影响到系统的稳定性和安全性，因为有可能导致不经意间越权访问到受保护的数据。这种方法要求在主机上安装适当的控制软件，因此一个主机的故障可能影响整个SAN系统中数据的完整性。软件控制的存储虚拟化还可能由于不同存储厂商软硬件的差异而带来不必要的互操作性开销，所以这种方法的灵活性也比较差。但是，因为不需要任何附加硬件，基于主机的虚拟化方法最容易实现，其设备成本最低。使用这种方法的供应商趋向于成为存储管理领域的软件厂商，而且目前已经有成熟的软件产品。这些软件可以提供便于使用的图形接口，方便地用于SAN的管理和虚拟化，在主机和小型SAN结构中有着良好的负载平衡机制。从这个意义上看，基于主机的存储虚拟化是一种性价比不错的方法。

（2）基于存储设备的存储虚拟化方法依赖于提供相关功能的存储模块。如果没有第三方的虚拟软件，基于存储的虚拟化经常只能提供一种不完全的存储虚拟化解决方案。对于包含多厂商存储设备的SAN存储系统，这种方法的运行效果并不是很好。依赖于存储供应商的功能模块将会在系统中排斥JBODS（Just a Bunch of Disks，简单的硬盘组）和简单存储设备的使用，因为这些设备并没有提供存储虚拟化的功能。当然，利用这种方法意味着最终将锁定某一家单独的存储供应商。基于存储的虚拟化方法也有一些优势：在存储系统中这种方法较容易实现，容易和某个特定存储供应商的设备相协调，所以更容易管理，同时它对用户或管理人员都是透明的。但是，我们必须注意到，因为缺乏足够的软件进行支持，这就使得解决方案更难以监控和客户化。

（四）存储虚拟化的现状与解决方法

1.规划好企业的存储虚拟化策略

一个好的存储虚拟化策略将取得事半功倍的效果，因此作为一个存储管理人员必须先制定一个好的存储虚拟化策略，比如是否考虑到需要虚拟化策略？实施虚拟化之前，企业拥有哪些存储资源，实施虚拟化之后，企业又需要哪些资源？实施虚拟化之后，企业如何来管理每天的备份、数据保护、归档以及灾难恢复任务呢？这和之前的管理又有什么区别？实施虚拟化之后，企业打算拥有多少数据中心，每个数据中心都肩负什么功能？

毫无疑问的是存储虚拟化能够带来降低存储管理复杂性、降低存储成本，但是决定何时实施存储虚拟化是一个关键因素，而且也非常困难。因为评估企业当前和存储相关的业务就显得尤为重要。在实施虚拟化之前，存储系统可能处于一种分散、难于管理的状态；虚拟化之后，存储管理人员可以把多个存储系统整合到一个网络环境中去，而通过一个统一的方式去管理这个网络环境。许多企业的关键业务如何去面对这个新的存储环境是需要存储管理人员去认真考虑的。一些企业的信息中心主管透露，国内企业在规划存储虚拟化策略方面的确是做得很不足。在虚拟化日趋普及的今天，还是希望有关人士能够从第一步就做好，好的开始等于成功的一半，规划好企业的存储虚拟化策略的确能够给企业的IT架构改造带来诸多益处。

2.将企业业务数据进行合理分类规划

企业在实施虚拟化的时候就需要考虑什么样的数据、多少数据是可以承受它们被丢失的。例如，当前的存储虚拟化技术在数据库的支持方面本来就不够，如果你对这些结构化的数据类型不太注意的话，造成的后果可能不堪设想。因此对企业业务数据进行合理分类规划是非常重要和有必要的。合理的分类能够让你的存储虚拟化效率更高，管理也更加方便和快捷。

3.了解数据生命周期

对于一个存储管理人员，另外一个很重要的事情就是需要对企业的日常业务熟悉，特别是对公司数据的生命周期需要有比较深入的了解。如果对公司的业务数据不了解的话，那么怎么知道什么时候该去归档了、什么时候该去备份了？假设对公司业务数据了解的话，那么就知道什么时候把数据放在合适的存储类型上，以及懂得规划数据的分层次存储。作为一个存储管理人员，针对数据周期的存储优化策略是必须的。毫无疑问的是，存储虚拟化在这方面具有非常大的优势。

通过存储虚拟化，存储管理人员可以将所有不同的存储系统以及它们相关的卷就可以通过逻辑卷的方式进行统一管理了，而这就非常方便用户来实现数据从一个存储层到另一个存储层的迁移。

4.规划好存储层次以及服务级别

决定一个公司存储成本的往往不是存储系统的硬件，而是存储平台和存储解决方案的选择，对企业的存储层次和服务级别规划则决定了存储和存储解决方案的选择。因此，规划好你的存储层次和服务级别对于存储虚拟化来说，数据访问、数据可用性、数据安全、数据响应时间、数据保护等服务级别等都成为部署存储虚拟化的基础。

那么如何来平衡这些不同的存储层次服务、优化它们的可用性以及增强数据可管理型呢？存储虚拟化可以帮助你来降低不同存储层次服务的复杂性和提高数据的可管理性，并且这种行为是不可见的。

5.考虑安全性和兼容性

也许安全性和兼容性是广大企业用户在实施存储虚拟化中最为担心的问题，实际上这种担心也是很正常的，因此我们在部署虚拟化的环境时就应该更加仔细地考虑安全因素。

存储虚拟化允许同一个虚拟池上存储设备的简单数据迁移以及异构磁盘子系统的复制，企业关键数据的第二份拷贝就必须和第一份数据有同样的安全级别。举个很简单的例子，针对灾难恢复的企业重要数据的第二份拷贝就需要和第一份数据具有同样严格的安全级别，需要控制它的访问级别和安全保护。

（五）存储虚拟化技术的发展趋势

存储虚拟化技术的出现，很大程度上为企业增强生产力，提高资产利用率，并有效地管理企业运营环境，而不同的虚拟化技术提供给用户不同方面的支持。虚拟化软件正在日益变得有活力且更加趋于完整，它的发展方向更像是一个全面的操作系统。业内人士已经充分认识到：是通过交换机、磁盘阵列还是应用设备来实现虚拟化的争辩是没有意义的，未来的虚拟化应该是通过这几种技术来实现，然后由某一种主要的虚拟层结合起来。未来的虚拟化操作系统应该是一个高度分布式的、企业级的操作系统。如果我们看得更远一些，虚拟化还有可能会演变成包含服务器、网络以及存储设备的分布式操作系统中的一种元素，并且这三种虚拟化都正在受到关注。然而，这三种虚拟化中的任意某一种都能惹来麻烦。比如，服务器虚拟化，有些最初的服务器虚拟化项目就在存储地址和其他存储管理方面的高级功能上出现过问题。要想虚拟化正常运转，服务器虚拟化必须提高虚拟存储性能，否则就会变成一种障碍。同样地，网络设备或存储交换机可以采用各种智能的包检测技术来理解被迁移的数据的本质，并就如何有效传递或存储做出决定。并且，虚拟存储或虚拟服务器池在弄清楚这些数据到底是干什么时，无法对工资单进程的运行run和针对服务器的DOS攻击（拒绝服务器攻击）进行最基本的区分。因此，业内专家认为在三个区域里考虑虚拟化十分重要，还要整合管理工具来理解应用层的需要，并且可以根据情况做出虚拟化的决策。不过，要实现这样的梦想任重而道远。存储虚拟化技术当前来说还是一项比较新的技术，而且存储虚拟化也不是万能的，不要盲目地赶潮流而抛弃已有的资源和已有的存储技术，企业存储管理人员需要把自己现有的存储资源、存储技术和存储虚拟化相关联，找到最适合自己企业的存储策略才是最为重要的。

虽然存储虚拟化技术最终不一定对所有不同数据类型和系统都合适，但是存储虚拟化是大势所趋，企业需要做和考虑的就是采用存储虚拟化策略来解决特定问题，从而提高企业存储系统的效率。

（六）存储虚拟化解决方案

超融合基础设施的扩散为管理员们在其虚拟环境赋予了更多的存储选择。目前，即使我们已经有了软件定义的存储和存储虚拟化等多种选择，但存储仍然是存储。数据中心的虚拟机不会变小，其在数量上也不会减少。现有存储框架的企业用户需要对其专门的框架和存储网络积累相关的经验，虽然这在硬件和人员方面的投资往往是相当大的，但企业需要确保其一致性、可靠性和稳固的性能。不过值得注意的是，诸如数据镜像、重复数据删除、加密和灾难恢复等功能选项现在在超融合的基础设施产品中均有提供。

软件定义的存储和存储虚拟化能够为企业用户提供诸多方面的功能。企业用户做出选择的决定往往是基于其现有的基础设施及其所寻求的存储或虚拟化而决定的。那些拥有传统的存储框架的企业可能不会寻求叉车和替换这些现有的框架。相反地，他们可能倾向于利用这些现有的传统框架，在一个软件定义的存储工具中添加新的功能。同样，我们也可以说，对于那些采用了企业级的应用程序，需要专用带宽共享传统的SAN/NAS的企业用户使用这些技术与您的虚拟化基础设施是一种行之有效的方法。这样的企业用户需要试图找到一种成本低且有效的方法。存储虚拟化解决方案是独一无二的，就像其所支持的环境一样。虽然没有人怀疑虚拟化的价值，但管理程序应该驻留在何处则是一个有争议性的问题。

第三节　云数据中心搭建

一、智慧校园数据中心的需求概述

（一）智慧校园的特点

智慧校园一般被认为是高校信息化发展的必然趋势。最初高校的各类业务一般没有或者只有独立的业务系统，例如办公、教务、学工，互相之间并不关联，用户需要通过多套账号来分别使用这些系统，数据传输、交换也一般通过线下传输、导入导出等实现。由于这种方式的不便，用户开始建立共享数据中心，部署统一身份认证等系统，这一阶段称之为数字校园。在数字校园阶段，主要工作是各类业务系统的建设，如将原来线下处理的业务升级为线上处理，建立各类业务系统，实现简单的集成，例如单点登录，统一身份认证等。在这个阶段，信息化、业务系统等依旧只是校园内各类业务的辅助手段，虽然给用户带来了不少便利，但仍未到不可缺少的地步。

随着用户需求的增加，后继则发展到了智慧校园阶段。在这一阶段，则主要是以面向师生个性化服务为理念。能灵活、全面地感知环境，利用物联网、移动通信等无缝通信的网络技术，实现物与物、物与人、人与人之间的相互感知和互联互通；通过识别高校人员个体特征和学习情景，有效支持教学过程分析评价；实现智能决策的开放教育教学环境和便利舒适的生活环境。最终实现对高校教学、科研、行政，以及生活、娱乐、交通、能耗、安防等各个方面的精细化动态管理。

简单来说，智慧校园的基础是各类业务系统如学工、教务、办公自动化。通过上述众多业务系统的深度集成来为高校的教学、科研、行政等工作提供决策支持。这一阶段，信息化以及相关的业务系统则真正成了整个校园日常工作、生活中不可缺少的部分而融入日常的业务中。数据中心则作为这些业务系统的运行平台——智慧校园提供服务，因此可以认为数据中心是智慧校园的核心之一。

（二）智慧校园数据中心需求

在传统数字校园阶段，各类业务系统总体上仍然是分散的，虽然通过单点登录等形式进行了关联，但系统与系统之间的业务关联度不高。业务都运行在分散的设备和平台上，各个业务系统的数据仅通过接口进行互联，除了账号等基础共享数据外也很少进行数据交换，缺乏深度融合和跨平台的数据分析。同时，业务和业务之间的硬件资源也无法共享。单一系统的故障或者运行缓慢并不会影响到其他业务系统乃至整个数字校园的稳定。可以认为，数字化校园虽然部分解决了业务系统层面的"信息孤岛"现象，但在数据中心层面仍然存在比较严重的"信息孤岛"。且由于信息化、业务系统在整个高校的日常运行和发展中并非那么重要，在这个阶段数据中心的重要性并不明显。

到了智慧校园阶段，不仅新增了大量的业务系统，同时各系统需要大量其他业务系统的数据才能完成全面感知、个性分析、智能决策等智慧校园特有功能。传统数据中心模式已经无法满足智慧校园的需求，主要体现在应用数据层的数据交换、系统运行、资源共享等方面存在比较大的困难。高校也因此亟须一个基于全局的，易于维护，资源、数据可方便共享，多个业务可以较好融合的数据中心，即这里所研究的SCCDC来为智慧校园服务。

从SCCDC在智慧校园所处的位置可以看出，它起到了承上启下的作用。在底层的基础设施和上层的业务系统之间形成了一个中间层，方便上下之间的互相调用。向下，可将各类基础设施包括服务器、存储、网络化及操作系统、数据库等整合起来，集中管理；向上，可向各类业务系统提供服务。

因此，为满足智慧校园需求，SCCDC总体需求应当包括：①能够较好地整合底层的软、硬件资源，实现资源的集中管理、调配；②提供易于使用的接口供业务系统调用，资源调用可灵活变动；③易于管理，方便扩展；④安全、稳定、可靠。

为方便研究，可以将SCCDC需求按照模块划分为功能性需求和非功能性需求两大类。功能需求定义数据中心的功能，即其需提供的功能及服务。非功能需求则可认为是对数据中心的一些限制条件，主要是为了满足业务需求。

1.云存储模块

存储系统是所有数据中心的核心，不同于计算，存储设备的差异很大，存储模块需要在满足SCCDC的稳定性、安全性、扩展性等需求的基础上，提供一个可靠的存储系统供上层的智慧校园业务系统调用。

其中，对于SCCDC的管理人员来说最主要的功能是文件操作、集群节点管理和节点故障管理。文件操作的实现，云存储模块的文件复制、冗余等功能，实现了文件系统的管理。集群节点管理的作用是实现基本的集群功能，而节点故障管理的作用是在分布式集群节点出现故障的情况下实现冗余，并维持正常的服务。对于业务系统管理员即云存储模块的使用者来说，最主要的功能是文件系统接口和文件操作。前者提供了调用云存储模块的接口，后者则提供了常见的文件处理方式。

2.网络管理模块

SCCDC的各业务系统通过网络进行连接，一个高速、稳定、易于管理的网络模块是整个系统的基础。通过网络模块，能够实现多种网络设备的共同联动和协作，实现传统设备难以实现的功能。

对于SCCDC管理员，网络管理模块需实现的主要功能是设备的健康监测及服务状态和流量感知，以及针对业务流量突发、后端设备故障等情况的处理。前者目的分别是了解后端设备的健康、运行状态从而为后继的相应处理做准备，后者则是在前者的基础上进行相应的处理工作。作为普通业务管理员则只需要关心设备健康检测以及服务状态、流量感知功能，实现对相关业务运行情况的监控。

3.数据处理模块

智慧校园的感知、预测功能需要对大量数据进行分析和处理，这些数据来源多，内容、格式杂，因此需要一个通用的计算模型来简化数据处理的过程，避免为每个业务系统重复开发处理功能。同时为了提高处理能力，使用了集群技术。因此需要具备比较好的集群管理能力。

使用数据处理功能是面向业务系统管理员，通过将相关数据输入数据处理模块并得出处理结果，可以比较简单地完成数据处理的业务流程。

节点和集群管理功能、数据清洗功能则主要面向SCCDC管理人员。前者的作用是维护数据处理集群的正常工作，调度集群的节点增、删，提供集群的监控、管理功能，并对故障进行处理。后者的作用则是将相应的非标准数据进行初步处理以满足数据处理功能的输入需求。

二、SCCDC总体设计

（一）SCCDC设计原则

作为为智慧校园服务的数据中心，SCCDC设计过程中遵循的原则包括：

1.整体性原则

SCCDC的设计目标之一就是消除数据中心内部的"信息孤岛"，因此必须从高校信息化整体规划、智慧校园整体建设的角度去考虑数据中心的设计。摒弃原有的业务部门各自为阵建设系统的思路，通过统一规划、统筹考虑来设计并建设一个为全校的业务系统服务的数据中心。

2.可靠性原则

智慧校园的信息系统融入了高校的日常运行和管理之中，系统的运行缓慢或者故障将会直接影响到日常工作的正常开展。因此作为承载业务系统的SCCDC必须具备足够的可靠性，必须能够为智慧校园各业务系统提供连续不间断的可靠服务，具备良好的灾备策略，面对突发访问量高峰或者部分节点故障时也能够稳定地提供服务。即利用云计算技术，智能地处理各种故障，体现智慧数据中心的特点。

3.可扩展性

信息技术日新月异，投入巨资建设的数据中心应当能满足长期的需求，设备的更新换代不能影响到业务的正常运行。这就要求数据中心的设计具有较好的扩展性，能够在方便扩展的同时不需要大规模的改变系统结构，原有的旧设备也能够充分利用。扩展性可分为横向扩展和纵向扩展。横向扩展是指当前设备性能无法满足需求，或者因设备故障而替换设备的情况下，新增的设备能够平滑地融入原有的数据中心并提供服务，对业务不会产生中断等影响。纵向扩展则是指对于时段敏感的业务（如教务选课），数据中心能够提供快速的性能扩展/收敛能力，方便其应对突发流量。利用云计算技术，在业务需求变动时，数据中心可快速地扩展或收敛，满足业务需求的同时减少人力和物资的投入。

4.易管理性原则

SCCDC使用多种软硬件来满足各种业务系统的需求，并且随着需求的不断增加，系统也会越来越复杂。对于数据中心的管理人员来说，需要能够便利地进行管理和日常运维。因此在设计过程中需要考虑易管理性原则。数据中心能够智能地反馈运行情况，自动化地进行大多数常规操作。对于管理人员来说，应当能够对数据中心的全部软硬件资源方便地进行集中处理和性能、状态检测，能够及时地判断和排除故障，从而减轻管理人员的负担并提高数据中心的运行效率。

（二）SCCDC分层架构设计

传统数据中心硬件和业务是垂直分割，相互之间资源独立，也无法共享。SCCDC则通过云计算技术，在硬件和业务之间形成了一个中间层。向下，使得硬件资源可以共享和集中管理，并具有较好的扩展性；向上，使得各业务系统之间的数据可以方便地流动和交互。SCCDC由各类子模块组成，包括软硬件管理平台，提供存储空间的云存储模块，提供网络服务的网络管理模块，为数据分析提供支持的数据分析模块等。

SCCDC作为中间层优势在于，简化了业务系统硬件调用的难度，相关系统的维护人员无须考虑底层硬件的维护，能够更专注于软件本身的功能；利用软件技术，提供了传统数据中心比较难以实现或无法实现的一些功能。通过中间层，也方便各业务系统之间的数据交互和共享。

（三）云存储模块总体设计

存储系统是所有业务系统的底层之一。由于SCCDC存储了整个智慧校园业务的数据，因此对于存储容量、可靠性、各种接口的要求比较复杂。既存在大容量低性能的存储需求（如视频文件备份），也存在小容量高性能的需求（如数据库、虚拟机）。

传统数据中心的存储体系虽然也能满足需求，但最主要的问题是设备难以满足智慧校园的复杂业务需求，具体包括：①直接采购高性能专用存储设备可以满足需求，但是价格昂贵，配置困难。且需要搭配专用的SAN存储网络，需要额外的投资，又造成了成本的提升。采用高低搭配的存储设备，设备和设备之间很难共享资源，又产生了"孤岛"现象。②信息化的高速发展，很难预估业务量的需求。对于用最大容量等参数作为核心指标的专用存储设备来说，采购高档设备可能造成浪费，采购普通设备又可能未来扩容困难，处于两难境地。③智慧校园业务对于性能的需求存在差异，云存储模块需要满足多种性能需求。

综上，为了满足各种业务需求，采用统一的高性能存储系统会造成成本过高，采用分散的多套高低搭配存储系统又会造成资源难以共享。

因此云存储模块的总体设计思路是，使用普通的机架式服务器作为存储节点，通用TCP/IP作为连接协议，通过多台服务器组成一个大集群，每台服务器均作为其中一个节点集中管理，统一对外提供服务，实现资源共享，即利用分布式集群的方式来代替传统的存储设备和存储网络。集群通过不同的节点来满足不同的性能、容量需求的业务，但所有的节点统一管理、集中维护、动态分配资源。集群具有较好的扩展性，能够根据业务需求的发展扩容而不受架构的限制，能够动态地满足业务需求，当出现常见故障时能够在系统级别智能地发现和排除，从而体现智慧校园数据中心的特点。

云存储模块的设计分为三个部分，服务管理的作用是提供基础功能，通过服务管理设计，能够实现云存储模块的基础功能并提供服务。系统容错机制是针对硬盘、节点故障等情况进行可靠性设计，提高系统的健壮性。扩展性则主要包括集群整体性能的优化、存储空间利用率的优化等。

（四）网络管理模块总体设计

智慧校园的业务系统绝大多数是联网系统，因此网络模块是SCCDC的另一个重要功能性模块。

传统的数据中心网络由交换机、防火墙、路由器、负载均衡等设备组成。各模块的运行和管理相互独立，呈分散模式。为适应网络的不断发展和各种需求的产生，技术人员提出了越来越多的网络协议。这些协议在实现功能的同时使得网络变得越来越复杂，管理和配置更加困难。同时由于云计算技术的出现，产生了一些新的需求。这些新需求在已经非常复杂的传统网络上越来越难以实现。例如，传统网络设备只能提供服务，却无法感知到服务的具体状态，从而也无法针对服务状态做相应的服务策略优化。

SCCDC网络管理模块使用软件定义网络的思路来进行设计。软件定义网络作为一种新兴的网络体系结构，通过数据层面和控制层面分离的方法，解决了传统网络的很多问题。它抽象了网络设备，向上提供了编程接口，大大简化了新特性的添加流程。例如，将传统的网络设备和云计算进行联动，设备和业务之间不再是独立的关系，而是相互联动、互相感知，从而方便管理、提升效率。

在网络资源模块的设计和实现中，将以业务负载均衡功能作为研究对象。业务负载均衡的主要目的是通过在服务器前端增加一台专用设备用于分发业务流量，从而提升原有业务的负载能力和安全性。传统数据中心中负载均衡功能的主要缺陷在于前后端无法联动，无法互相感知状态，在业务量变化等情况下必须管理人员介入人工处理。

（五）数据处理模块总体设计

智慧校园的业务系统产生了大量的数据，如上网日志、一卡通消费记录等。通过将这些业务系统日常运行的数据、信息收集起来并进行数据分析，就能够实现行为预测，辅助决策分析等相关的智慧校园功能，即数据处理模块所要满足的功能。

SCCDC的数据处理模块的设计主要解决以下问题：①提高数据处理的能力。对于数据分析、行为预测等功能，如果由于系统性能不足，过程需要消耗过多时间也就失去了意义。②数据的来源比较复杂，需调用的业务系统也多，为了减少开发成本，需要一个通用的计算模型来满足多样化业务的需求。

因此设计也分为两部分：一是通过多台低成本的普通服务器构建一个计算机群来满足需求。主要内容包括集群的构建，集群的可靠性和扩展性设计。由于计算需要的节点较多，集群需要智能地处理节点的增删、故障处理，减少人工干预的频次。二是通过设计一个通用的计算模型来满足数据处理的需要。主要内容是对于数据的清洗（预处理）功能设计和数据的实际分析设计。计算模型应当能够接受各种来源的数据并进行处理。

第四节　数据中心安全性研究

共享数据中心是构建信息化校园的基础，共享数据中心会存储大量的数据和信息，数据安全是需要着重考虑的问题。数据安全包括数据本身的安全和数据防护的安全。数据本身的安全主要是通过加密技术对数据进行加密处理，保证数据在存储和传输过程中的安全性；数据防护的安全则是通过存储技术对数据进行了有效备份，使得数据能够恢复到完整和正确的状态。数据安全包括机密性、完整性和可用性三个要素：机密性是指数据不被未授权者获得或获得后无法使用；完整性是指数据在存储或传输时，数据不会被未授权者恶意修改；可用性是指数据能够符合使用者的要求。

为了保证基于共享数据中心的数据安全，主要采用访问控制、加密技术、数据备份这三种方法。下面就三种方法进行详细描述。

一、访问控制

访问控制是指为用户指定对数据或资源的访问或操作权限，使得用户只能对自己授权的资源进行访问和操作，防止非法用户访问或操作资源，也禁止合法用户对未经授权的资源进行访问和操作。访问控制主要包括防火墙、身份认证、用户角色划分等方面。

由于所有的服务器都处于校园网防火墙中，各使用共享数据中心数据库服务器的应用服务器均需要在数据库服务器的防火墙中设置允许访问的IP地址，对于没有注册的IP地址将不能访问数据库服务器，这在很大程度上保障了数据库服务器的安全。

身份认证的目的是确定系统和网络的访问者是合法用户，主要采用登录用户名与口令或代表用户身份的物品（如校园一卡通等）或反映用户生理特征的标识（如指纹等）鉴别访问者的身份。本解决方案对校园信息化门户用户的认证使用统一身份认证平台。统一身份认证平台使用学工号和校园卡查询密码进行登录。学生和教职工可以使用自己正确的用户名和密码进入信息化门户，非法用户不能进入信息化门户中的各个应用系统。

学生和教职工进入信息化门户后各系统会判断该用户在系统中的角色和权限，各系统都拥有各自的角色系统，角色的权限与系统本身的业务密切相关。比如公寓管理系统中，学生只能查看自己的住宿信息而不能查看其他人的住宿信息，而且学生只能在宿舍大规模搬迁时修改自己的住宿信息；公寓管理中心的高级管理员可以对宿舍信息进行修改，如添加、修改、删除宿舍等；普通管理员则不具备修改宿舍信息的权限，只能查看宿舍住宿信息以及修改学生住宿信息。用户进入系统后，系统根据用户在本系统中的角色显示相应的菜单和信息。对于合法用户对未授权和保护资源的访问，系统会判断这些错误操作或非法操作，提示操作错误。这样合法用户就只能访问自己角色可以访问的信息和资源，保证了信息的隔离和安全，保证了数据不被非法访问。

除了应用系统中对用户角色和权限的控制，数据库用户对数据库的访问和操作也拥有详细的划分和授权。共享数据中心数据库中源于各部门数据库中的数据属于公共数据，为保证这些数据与源系统中数据的一致性、完整性以及可用性，这些数据不允许被修改和删除，对于这些数据表所有用户都只能有查询的权限。对于跨部门应用开发时新建的数据表，每个系统都有不同的用户，对于不同的用户，详细划分用户的权限和角色，为用户对每一个表或视图的查询、修改、删除以及其他操作分配权限。这样数据库用户就不能对未经授权的表或视图进行操作，在数据库级别保证了数据操作的正确性，保证了数据库中数据的安全性。

二、加密技术

加密技术是指按照某种加密算法将需要加密的数据或信息变换成无法识别的密文，避免了明文的直接存储和传输，密文在存储和传输中即使被非法获取，获取者也无法将其转换成明文信息，这样能够有效地保护信息的安全性。

对于共享数据中心的敏感数据和需要保密的数据，如来自校园一卡通的查询密码，使用加密后的密文存储于数据库中。一卡通数据来源于一卡通系统，系统为学校购买的产品，其中密码使用DES加密算法加密，由一卡通系统提供安全的第三方代理程序进行加密和解密，并且提供了加密的API，可以使用Socket与第三方代理通信，使用第三方进行加密。

统一身份认证平台使用一卡通学工号和查询密码进行统一身份认证，一卡通查询密码为6位数字，属于弱密码，为了防止密码在用户电脑与服务器通信过程中泄露，身份认证平台使用HTTPS（Hypertext Transfer Protocol over Secure Socket Layer）访问方式，使用户数据在传输过程中进行加密。HTTPS是HTTP的安全版，是在HTTP下加入SSL（Secure Sockets Layer，安全套接层）。另外，统一认证平台在用户登录成功后在与基于统一身份认证平台的应用系统通信时也使用HTTPS方式，这样可以很好地保护用户信息的安全。

三、数据备份

除了以上数据在存储、访问或传输过程中的数据安全问题外，威胁数据安全的因素还有很多：设备运行损耗、存储介质失效、运行环境以及人为原因造成的硬盘驱动器损坏；

由于操作失误，误删系统重要文件或修改影响系统运行参数等的人为错误；电源故障导致的硬盘或存储设备的损坏；磁性物质造成的数据破坏；自然灾害造成的损毁。

为了防止数据出现意外的错误或丢失后能够恢复到未出错前的正确状态，数据中心采用了多种安全防护技术来确保数据的安全。

（一）磁盘阵列（RAID）

RAID在数据中心被广泛使用，一般使用RAID5存储解决方案。RAID5的存储性能较高，存储空间的利用率也很高，且成本也较低，这是选择RAID5的原因。

（二）双机容错

为了保证关键服务，能够始终不间断地提供服务，数据中心对其进行双机热备。

（三）数据库数据备份

为防止意外而出现数据库错误甚至崩溃，数据备份显得非常重要。对于数据中心数据库，采用完全备份与事务日志备份相结合的方式进行备份。编写数据库备份的脚本程序，将其作为定时任务，一般5天进行一次完全备份，1天进行一次日志备份，建立良好的备份体系，保证数据库系统的正常。

第九章　教育大数据的智慧校园建设与应用

第一节　智慧校园建设目标与思路

　　教育信息化经过数字化校园建设，现已跨入智慧校园建设阶段。智慧校园是教育信息化的更高级形态，是数字化校园的进一步发展和提升。智慧校园综合运用大数据、物联网、智能感知、人工智能移动互联、云计算、虚拟现实等新一代信息技术，感知校园物理环境，识别师生的学习工作情景和个体特征，将学校物理空间和信息空间有机衔接，实现构建万物互联互通的智慧虚拟校园，实现"虚拟校园"与"现实校园"的无缝对接和实时更新。在学校全面数据采集的基础上，实现人、物、事、景等各方面的信息镜像，再通过以教育大数据和云计算为基础的数据计算处理，实现无处不在的网络空间教学与学习、讨论研究、校务治理、文化活动、校园生活等活动的信息化，为师生建立智能开放的教育教学环境和便利舒适的工作生活环境，提供以人为本的个性化创新服务。

　　智慧校园建设与发展是教育行业发展变革的必然趋势，有利于推动教育信息化向更高级的形态发展；有利于促进教学模式和学习方式的多样化和灵活性；有利于培养高素质人才、提高学校的办学水平、优化学校综合治理能力，智慧校园的建设和发展能够适应新时期网络技术的发展、社会的需要，以及学校管理、教学改革等方面的需要，其最终目标就是实现教育现代化和智能化。

　　智慧校园建设要体现在以下几个方面：一是要具有稳定性、可靠性、安全性、高速性和便捷性的网络环境，能够随时随地快速接入互联网；二是能提供良好的数据环境，能够科学地组织各类信息资源和服务；三是具备智能、综合的信息服务联网环境，能够在人与人、人与物、物与物之间互相交换服务需求信息。

　　智能化的网络基础设施建设是智慧校园建设的基础。智慧校园的一个核心特点就是信息的相关性，即能够在任何时间、任何地点和任何人、任何物进行交互沟通信息；智慧校园的构建，旨在提高校园工作、学习和生活环境的质量，构建一个智能、创新、开放的集教学、科研、管理和服务为一体的综合信息服务平台，智慧校园的基础是智能化的网络基础设施，其次就是智能应用系统及平台；智慧校园智能应用系统及平台的建设是在网络基础设施建设的基础上进行的，应根据学校应用实际，购买或开发具有针对性的应用软件系统或平台，智能应用系统及平台的建设包括网络教学平台、科研支撑平台、校务管理系统和校园服务系统四大部分；这几个应用系统及平台统一数据格式和接口，相互间根据通用的标准和规范，彼此信息共享、畅通，从而对学校教学、科研、管理、服务相关的数据进行整合、集成，统一管理和控制，实现全面智能化的应用和监管。

智慧校园的建设一定是以大数据、人工智能为核心支撑技术，最终实现智慧教学、智慧管理、智慧科研、智慧就业、智慧服务以及智慧环境的智慧校园。

一、智慧校园建设目标

智慧校园建设是以科学的校园建设发展理念为依据，以大数据云技术、人工智能等新一代信息技术和智慧应用为支撑，在泛在网络与泛在信息全面感知和互联互通的基础上，全面整合校内外资源，实现人、物、校之间的无缝连接与协同联动的智能自感知、自适应、自优化，从而智能识别师生群体的学习、工作情景和个体的特征，将学校物理空间和数字空间有机衔接起来，为师生建立智能开放的教育教学环境，改变师生与学校资源、环境的交互方式，达到提高教育教学质量和管理水平，促进师生全面发展。

在智慧校园建设过程中，探索智慧校园架构，探索智慧校园项目建设模式，探索智慧校园管理机制；设计合理系统架构，寻求合适的技术方案，建立起相应的组织保障措施，形成智慧校园建设标准，建成符合学校实际需求的智慧校园。

在智慧校园建设过程中，充分利用云计算、物联网、移动互联、大数据、智能感知等新一代信息技术，构建智能感知的校园环境；建设完善的业务数据库、中心数据库和数据仓库，整合各类数据，形成标准的、丰富的教育大数据数字资源与服务资源；建设智慧科研、决策支持平台，提升学校教育治理体系和治理能力现代化水平；建设移动校园平台、统一支付平台，提升学校信息化用户体验，全面推动校园信息化水平的整体提升。

二、智慧校园建设思路

智慧校园建设是一项复杂的系统工程，我们在方案设计与项目实施过程中必须采用系统化思维和科学的方法，确保所建成的智慧校园能用、好用。

（一）整体规划，分步实施

智慧校园建设是一项需要耗费大量人力、物力和财力的复杂项目，智慧校园架构需要进行顶层设计，设计时要充分考虑大数据云计算、智能化、移动化等新技术发展趋势；建设中，各级各类学校应结合本校实际需要出发，明确需求、充分调研、量力而行、统一规划、分步实施、逐步推广，合理使用有限的资金、避免重复建设、科学合理地构建智慧校园。

（二）合理功能设计，抓建设落实，重用户体验

按照智慧校园建设项目整体规划要求，各子项目在实施过程中要做好立项管理、整体管理、范围管理、进度管理、成本管理和质量管理，确保各子项目能按时按质竣工验收，以保障智慧校园建设按规划实现整体建设与应用效果。

智慧校园前端与后端设计要合理，前端一般以个性化、智能化的"一站式"服务平台为核心，支持移动App、微信等移动终端访问，提升用户体验。后端一般以教育大数据平台为核心，实现全校范围内各种数据资源的融合，通过教育大数据平台，实现统一数据标准、统一数据治理和统一数据分析，真正把数据作为学校的核心资源充分利用起来，各业务部门要通力合作，共同梳理和规范业务流程，前端与后端可以通过业务流程串联起来，构建全校范围的业务流程网络，为校内外用户提供高质量的教育教学、科学研究、教育管理、学习生活等服务。

（三）模块独立化设计，轻应用叠加功能

智慧校园建设是一个长期的过程，不能一蹴而就，只能分步实施，我们可以边建设边使用，在使用过程中发现学校在教育教学、科学研究、教育管理、学习生活等方面的迫切需求，并以此为切入点，按不同需要进行模块独立化设计，采用轻应用叠加功能，开放服务平台接口，实现轻应用的功能加载与卸载，逐渐丰富服务平台功能和满足校内外不同用户应用需求。

第二节　智慧校园建设原则

一、安全与保障原则

信息安全体系是贯穿智慧校园总体框架各层面的安全保障系统，智慧校园的信息安全保障包括物理安全、网络安全、主机安全、应用安全和数据安全，智慧校园安全体系不低于《信息安全技术信息系统安全等级保护定级指南》规定的三级要求。

（一）组织保障

1.成立领导小组

成立包括教育信息化领导小组、智慧校园建设领导小组，负责组织智慧校园规划、建设、应用等工作。

2.成立智慧校园建设专家委员会

在智慧校园建设领导小组下设立智慧校园建设专家委员会，为智慧校园建设提供智力支持。

3.组建智慧校园建设人才队伍

配齐配足学校教育信息化专门机构工作人员，并在重要职能部门或学校设立专职岗位，以满足智慧校园建设所需的信息化技术人才队伍。

（二）机制保障

1.制定智慧校园建设规划

制定智慧校园建设规划。统一设计、科学布局、合理实施智慧校园建设。

2.制定智慧校园建设管理制度

制定智慧校园建设相关的管理制度，以确保智慧校园建设的各个环节能顺利实施，达到智慧校园规划的要求。

3.发挥决策机制作用

定期召开教育信息化领导小组会或智慧校园建设领导小组会，领导小组要对学校信息化建设情况总体把控，对智慧校园建设中的重大事项进行充分论证，做出科学决策，确保智慧校园建设符合学校自身发展需要。

4.建立资金保障体系

设立统筹的教育信息化专项资金并纳入学校年度预算，做好教育信息化经费保障，建立长效投入机制。

5.建立考核激励机制

将教育信息化工作纳入学校年度考核，建立灵活有效的考核激励机制，促进信息化研发成果的转化应用。

6.加强人员培训

定期培训教育信息化管理队伍和技术队伍，提升技术人员业务水平，定期培训学校师生用户，提升师生信息化应用能力。

（三）安全保障

1.物理安全

保证信息系统设备的物理安全应具有成套的电力保障和不间断电源设备，良好的消防灭火措施、监控及门禁等，机房防雷、防盗防尘、防静电符合《电子计算机场地通用规范》和《计算机场地安全要求》。

2.网络安全

建设多区域应用级出口防火墙和服务器区多层防火墙，对系统进行3～7层隔离保护；建设综合备份一体机设备，可实现重要系统的自动备份及快速恢复；建设流量控制系统，增强流量控制技术及恶意攻击检测技术，可有效防止对内对外的大数据量攻击。对接公安系统，实现数据流实时监控，随时掌握数据安全情况，并对访问行为记录在案。

3.系统安全

各信息设备及信息系统建立严格的管理维护制度，明确管理职责，责任落实到人。建立定期巡查机制，有专人对设备及系统进行定期巡查，记录安全情况；建立数据安全备份机制，重要数据每日自动异地备份，业务系统要有数据级别备份和整机备份，并制定有数据/系统恢复手册。建立日常安全监测预警机制，定期对服务器系统进行安全扫描，并形成安全报表；建立应急预案，对安全问题进行分级处理；对专业技术人员要定期组织培训及应急演练，提高安全防范能力。

4.内容安全

对网络舆情进行有效监测和及时处理，落实国家相关信息系统安全等级保护制度，完善上网行为管理技术措施。

5.异地灾备

构建异地灾备系统。构建一套或者多套相同的应用或者数据库，起到灾难后可立刻接管系统的作用。

二、技术先进性原则

积极采用信息技术领域的先进技术，从建设目标、设计理念、技术架构、实现方法等各方面尽力提高系统适应新需求的能力，从而提升生命周期。所用智能设备能够灵敏地对现实环境中的人或物进行感知，通过预先构建的算法模型，能准确地预测出服务对象的一般规律和发展趋势，从而建设一个可持续发展、具有先进性、智慧性、开放性的智慧校园。

三、功能易扩展性原则

系统架构设计先进合理，充分考虑功能模块能方便地加载与卸载，以适应未来发展中功能需求发生变化后对于功能调整和功能扩展的需要。

四、构建开放性原则

建成的智慧校园将是一个开放性和兼容性都很强的大平台，能实现不同架构、不同业务的系统之间的无缝集成，有能力快速地融合第三方资源，能充分利用公有云上的各种共享资源和服务。

五、开发适应性

建设"大平台+微服务（微应用）"的体系架构，可以快速开发和修改需要快速响应和经常变化的应用需求，实现软件开发的敏捷化。

六、系统安全性原则

在智慧校园设计、建设与应用过程中，要充分考虑系统的安全性，包括数据安全、网络安全、传输安全、物理安全、管理安全和隐私安全等。

七、应用自动化和智能化

在各种应用中充分挖掘和实现能够自动化和智能化的功能，最终实现系统的整体智能化。

第三节　构建教育大数据平台

采用大数据技术将现有的业务系统中的数据实现统一存储、分析及应用，建立自动采集汇总机制，形成循环流转的数据流汇聚到教育大数据平台，教育大数据平台支持结构化和非结构化的数据存储。教育大数据平台主要由智能数据采集中心、智能数据预处理中心、智能存储检索中心、智能实时计算中心、智能挖掘算法中心、智能数据管理中心、智能数据安全中心、智能数据运维中心、智能统一API中心等部分构成。

一、构建智能数据采集中心

智能数据采集中心的主要功能是通过采集业务信息系统数据、硬件设备数据等方式获得结构化、半结构化以及非结构化的海量数据，这些数据是教育大数据知识服务模型的数据来源。智能采集中心采用分布式高速高可靠的数据采集、高速数据全映像等大数据收集技术；采用高速数据解析、转换与装载等大数据整合技术实现数据的智能采集与整合。

智能数据采集中心通过数据交换平台中的"采集程序客户端"采取静态知识数据（如历史数据、个人信息、人事信息、科研信息等），通过数据交换平台定时采集配置，可以对低频知识数据（如学生成绩信息、课程信息、就业信息等）进行定时采集，通过感知信息采集设备，对高频知识数据（如人脸识别、人员感知、一卡通消费、FRID等）进行实时抓取。采集到的各种类型的数据经过数据解析形成标准化的数据存储到数据采集中心。

二、构建智能数据预处理中心

智能数据预处理中心是将现有的各个业务系统中的数据进行统一标准化，去除重复数据、脏数据，建立包含学校各业务系统以及信息化建设所需的标准共享数据库，实现基础数据的共享和订阅式访问，保证了数据的一致性，同时完成学校各业务系统数据结构的标准化。

在数据采集或使用过程中，我们常常会遇到如数据缺失、数据重复、数据错误、数据不可用等问题。我们在数据治理方面，对于数据缺失问题，将根据业务系统特点，如果在业务系统中存在该数据，将采取从业务系统再次导入；如果不存在该数据，将根据数据规则手动校正数据和补入，同时建立补入规则，实现后续缺失数据的自动补入。对于没有价值或不影响业务的数据，将放弃该数据；对于数据重复问题，将采用自动对比方式，清除完全重复的数据记录，如果同一种记录存在差异，但有效只能保存一条时，则将采用按时间对比的方式，去除过期数据，如果程序不能正确判断数据是否正确的逻辑数据时，则需要人工加以判断，制定去重规则。

对于数据错误、数据不可用问题，在大数据平台中对数据进行归并和校正时，有时会遇到数据异常现象，这时将使用区间限定法和历史数据近似值等方法进行修复，如学生成绩信息，可能存在异常填写超出了正常数据范围，此时可采用区间限定方法去除异常数据对数据进行校正，如果存在数据格式错误，则将通过规则对数据进行修复，比如日期的表现格式在不同系统中可能存在不同表现格式，那么就需要使用同步规则将日期转换成统一的标准。我们在对数据进行修复时，有时也需要人工进行干预判断。

三、构建智能存储检索中心

智能存储检索中心主要包含数据仓储的建设和数据检索与管理，以Hadoop数据仓库为存储工具构建海量可扩展的存储仓库为存储介质，提供分布式、高并发性的海量存储数据存储及访问，并提供数据的管理及检索。大数据智能存储检索中心主要由五大块核心组件构成，即原始库、Impala标准数据检索框架、ElasticSearch分布式全文检索框架、主题库、数据可视化管理系统。各组件及主要功能如下所示。

原始库：由HBase、Hive、HDFS组成，非结构文件将统一存放在HDFS当中，传统关系数据库如Sqlserver、Mysql、Oracle等采集过来的数据基本都将存放在Hive数据库当中，只有当出现需要对数据体量极为庞大的数据类型进行存储与检索时，将针对不同的数据结构设计专门的HBase数据库。

Impala标准数据检索架构：该类数据本质以Hive数据格式存放在HDFS当中，并且使用Impala的MPP查询架构对存放信息进行高速查询。

ElasticSearch分布式全文检索框架：ElasticSearch分布式全文检索架构主要用于对大量索引的高速检索，其中涉及大数据分析中的语义分析功能，可以对非结构化文件生成结构化索引，达到转换查询的目的。

主题库：数据通过清洗之后进入标准Hive数据库，主题库面对上层应用进行单独的主题数据聚合、抽取，并构建相应的主题数据库。

数据可视化管理系统：数据可视化管理系统是数据管理人员的统一入口，里面包含了对数据权限的划分，数据的可视化管理操作、数据组件的管理与数据查询的交互窗口。

四、构建智能实时计算中心

智能实时计算中心主要由消息订阅分布系统Kafka和实时计算系统Spark Streaming两大部分组成。Kafka是一种分布式的，基于发布/订阅的消息系统。引入Kafka分布式消息系统，并进行深度整合，满足项目中的水平扩展和高吞吐率的要求，并能与上端算法分析应用进行深度集成与优化。Spark Streaming是Spark核心API的一个扩展，可实现高吞吐量、具备容错机制的实时数据流的处理，并支持从多种数据源获取数据，可以使用诸如map、reduce、join和window等高级函数进行复杂算法的处理，最后还可以将处理结果存储到文件系统中。

五、构建智能挖掘算法中心

在智能数据挖掘中，将分析和计算框架分为数据层、算法模型层和使用层。

数据层：主要解决数据的采集、调度、存储等问题，该层采用Hadoop框架搭建整体的计算、存储框架，保证系统的高效计算以及可靠存储，采用分布式框架可保证系统的横向扩展和持久运行。

算法模型层：主要是实现不同计算效果、匹配不同模型的算法库。在整个大数据系统中，常见的功能算法有时序分析、关联和推荐、关联规则发现、连续模式发现、深度机器学习、统计、分类聚类、回归、判别等算法，学校可根据自身需求定制出所需的大数据算法库。

使用层：主要针对前端业务应用效果开发对应的开放接口，对接相关的模型算法，计算和呈现相关的结果。使用层提供机器学习算法库，包含聚类分析、分类算法、频度关联分析和推荐系统在内的常用机器学习算法。通过大数据平台的深度挖掘和关联分析，为全校师生员工及各部门、各学院提供数据服务和综合数据分析服务。

在设计数据模型之后，已经确定业务概念、变量、业务规则，还需选择合适的算法。数据挖掘中常见的算法有回归分析、关联分析、聚类分析、孤立点分析等。数据模型根据学校关键绩效指标（KPI）自动进行相关业务分析。

六、构建智能数据管理中心

数据管理的基本原则是数据可用、操作简单、安全可靠、管理规范。智能数据管理中心主要对大数据平台的数据从查询、元数据分类、文件等方面进行安全、可用、便捷管理大数据平台提供的整体存储库中的元数据进行统一的管理。统一管理存储于大数据平台的全部Hive库的元数据，查看Hive库表的字段、类型、注释以及详细信息，如创建用户、创建时间、大小以及详细存储信息等。文件管理是对大数底层存储系统的抽象，屏蔽了底层存储系统的烦琐细节，用一种简单的逻辑结构呈现。平台提供对整体存储库中的文件进行统一的管理，利用大数据强大的计算和存储能力，提供更好的文件管理功能，可以更方便地存取数据。

七、构建智能数据安全中心

智能数据安全中心主要从数据访问安全和中心数据可靠性保证两方面来确保数据的安全。但早期的Hadoop版本并不存在安全认证一说，一般在默认集群内的所有节点都是可靠的和值得信赖的，用户与HDFS或者M/R进行交互时并不需要进行验证，这就会导致存在恶意用户伪装成真正的用户或者服务器入侵Hadoop集群上，恶意地提交作业，修改Job-Tracker状态，篡改HDFS上的数据，伪装成NameNode或者TaskTracker接受任务等。尽管在后面的版本中HDFS增加了文件和目录的权限，但是并没有强认证的保障，这些权限只能对偶然的数据丢失起保护作用。恶意的用户可以轻易地伪装成其他用户来篡改权限，致使权限设置形同虚设，并不能够对Hadoop集群起到安全保障作用。

在Hadoop中加入Kerberos认证机制，Kerberos可以将认证的密钥在集群部署时事先放到可靠的节点上。当集群运行时，集群内的节点使用密钥得到认证，只有被认证过的节点才能正常使用，企图冒充的节点由于没有事先得到的密钥信息，无法与集群内部的节点通信，这就防止了恶意的使用或篡改集群的问题，确保了集群的可靠性和安全性。

大数据系统需严格在数据、角色、进程、管理、资源这五大方面全面保障数据资源安全，制定并实施增强系统的身份认证和权限管理的安全策略，以防止数据被盗窃的风险。采用关系数据提供有效安全手段防止非授权用户的非法侵入，保证数据的正确性和稳定性。主要包括严格的用户管理机制、敏感字段数据加密、日志与安全审计等必要的安全策略。大数据分步式存储、数据仓库并行的模式将数据加载在大数据管理平台，依据相关规范制定合理的数据存储以及异构数据的关联，对数据可细化到字段级别的安全策略。

八、构建智能数据运维中心

智能数据运维中心主要功能在于对整体的大数据平台管理及运维，涵盖了对数据平台架构、数据仓储、权限控制等方面的功能，同时对建模分析控制、标准接口等方面进行管理和控制。提供严格安全审计及用户和权限管理；提供对用户、用户组和角色信息的查看、添加、删除等操作，可对用户分配用户组和权限，支持字段级别的数据加密和权限分配，权限类型包括操作权限和只读权限。

大数据平台集群化管理为整个大数据运行平台集群提供整体的管理和运维，包含对平台集群的主机进行添加删除节点等操作，实时控制平台集群的运行性能。同时，提供对整个环境的运行组件和服务组件进行管理和监控。监控大数据平台集群的健康情况，对设置的各种指标和系统运行情况进行全面监控。平台提供了对平台故障的诊断和恢复，及时发现平台运行故障并提出解决建议。

九、构建智能统一API中心

智能统一API中心提供了针对大数据平台中的数据存储调用、访问，以及应用开发的统一标准接口，开发人员可通过使用相应的接口对平台进行扩展开发。数据访问接口采用统一的标准接口，封装屏蔽由于语言和工具差异导致的接口差异。开发者只需要通过统一的访问模式即可访问平台数据，进行二次开发。同时，支持用户使用Python、Java等多种开发语言访问数据存储平台。

第四节　智慧校园建设内容及应用

根据智慧校园总体架构，智慧校园建设内容主要包括基础设施层、支撑平台层、应用层、应用终端层和技术规范及安全保障体系，每一部分又由若干子功能块构成。

一、基础设施层建设

夯实网络基础，构建智慧校园软硬件环境。对现有设备及技术进行整合升级研究，应用智能终端设备及智能技术搭建智能传感网，建设云服务平台、优化基础设施运维，逐渐达到智慧校园所需的软硬件环境要求。智慧校园基础设施建设是智慧校园平台的基础设施保障，为智慧校园的各种应用提供基础支持，为教育大数据进行大数据分析与数据挖掘提供数据支撑，该层主要包括智慧校园基础建设与应用和云服务两方面。

（一）智慧校园基础建设与应用

智慧校园基础主要包括网络基础设施、智慧教育与教学基础设施、基础设施运维平台、智能感知基础、计算资源设施、存储基础设施、安防监控设施、公有云资源设施等。

1.网络基础设施建设与应用

在国家政策的大力支持下，各级各类学校网络基础设施建设取得了巨大成效，随着网络技术的不断升级，接入带宽不断提速，很多学校建成了百兆网络、千兆网络，甚至万兆网络；很多学校已实现有线网络和无线网络全覆盖，校园网络实现多线路出口；建设标准化、规范化、技术领先、高安全性的数据中心机房，配合综合基础管理平台实现自动化管理。

各学校在网络基础设施建设方面取得了巨大成绩，能满足数字化校园建设阶段需求，但仍不能完全满足智慧校园建设的新需求，在充分考虑前沿技术及未来发展趋势的基础上，各学校应从学校及师生规模、校区布局、人力物力、资金支持等方面进行智慧校园基础设施的全面规划，建设既满足现有业务需要，又能支撑未来业务和功能扩展的高可用智慧校园基础设施。在智慧校园基础设施规划中，要设计灵活健壮的网络拓扑结构、科学的网络布线、先进的数据中心机房、性能良好的网络设备以及计算终端设备、合理规划设计智能系统等。

学校可联合网络运营商，对学校无线Wi-Fi、有线网络、手机4G/5G进行整合，实现统一接入、统一管理，提高用户体验。

2.智慧教育教学基础设施建设与应用

（1）构建智慧教室

智慧教室是利用多媒体技术、网络设备，辅以电子白板、高清跟踪摄像机、音频处理设备、智能终端等构建的智慧教学环境。智慧教室是一种新型的教育教学形式和现代化的智能教学手段，是基于物联网技术集智慧教育教学、人员考勤、课堂教学录播、资产管理、环境智慧调节、视频监控及远程控制于一体的新型现代化智慧教学系统，是推进未来学校建设的有效组成部分；智慧教室以智能化、互动性、感知性、开放性、易用性等为核心特征，通过各类智能装备辅助教学内容呈现、便利各种学习资源的获取、促进交互课堂的开展，实现情境感知和环境管理功能，为教学活动提供人性化、智能化的互动空间；通过物理空间与数字空间的结合、本地与远程的结合，改善学习者与学习环境的关系，在学习空间实现人与环境的自然交互，促进个性化学习、开放式学习和泛在学习。智慧教室支持主流的移动智能终端，支持校内外智能化、个性化访问，营造良好的智慧学习环境。

（2）构建智慧在线学习平台

提供教学、学习和管理的"一站式"教育教学服务，能灵活嵌入各级各类教育资源的公共服务平台，实现与多种信息化平台对接，利用教育大数据深度分析学生在校学习期间的学习生活轨迹，进行数据量化与标准化，提供学生群体个性化分析大数据报告；利用教育大数据深度分析教师教育教学活动，对其进行分析与评估，生成教师的教学质量报告；利用教育大数据对学校软硬件资源进行分析，建立学校常态化周期性自我诊断机制，促进学校的教学能力持续提升与发展。

（3）构建智慧课堂

以智慧环境和智慧在线学习平台为基础，以资源为支撑、以服务为导向、以课程为中心、以教师为主导、以学生为主体，以资源建设为核心，集成网络教学、师生交流互动答疑和管理等功能。包括以课程为主线，高度整合校内外的所有资源；以课程为中心，展开作业、考试、答疑、讨论、评价等互动教学活动，充分发挥平台在教与学活动中的作用。通过智慧课堂，对课堂内的学习、教学、科研、管理和生活服务等所有相关的教育教学信息资源进行整合、集成和全面的数字化，以构成统一的用户管理、统一的资源管理和统一的权限控制，实现智慧课堂教学。

3.基础设施运维平台建设与应用

平台集成所有服务器设备、网络设备、智能终端等基础设施，经过信息化方式实现一体化的自动化管理，集预警、报警、短信提醒、远程监控为一体的智能运维平台，实时掌握设备的运行状态和周围环境状况，研究平台运维管理智能化建设，监控学校网络设备服务器、虚拟主机、数据库、中间件、应用系统、机房环境，网络拓扑管理及故障分析等，能快速定位设备故障，提供自动修复功能或智能给出故障解决方案。

4.智能感知基础建设与应用

感知智能是指将物理世界的信号通过摄像头、麦克风或者其他传感器的硬件设备，借助语音识别、图像识别等前沿技术映射到数字世界，再将这些数字信息进一步提升至可认知的层次。

近年来，随着信息化技术的快速发展，大数据、物联网、云计算、人工智能等技术的应用越来越广泛，智能感知技术也得到了快速发展。智能感知技术逐渐在各行业被认可和使用，比如环境感知、位置感知、状态感知、身份感知、行为感知、图像识别、语音识别、生物识别（人脸识别、指纹识别）、智能搜索、生活预测、人机交互等。

在智慧校园建设中，我们要重点研究节能监测系统建设，对校园水、电、气等的运行状况进行监测，对楼宇节能进行监控，对楼道、教室、道路灯光自动调节控制等，为学校智慧教育提供全面监控管理。

5.计算资源设施建设与应用

计算资源一般指计算机程序运行时所需的CPU资源、内存资源、硬盘资源和网络资源。建设虚拟化计算资源池，整体计算物理核心、逻辑处理单元、运行内存可根据学校实际业务需求进行配置，配置虚拟网络总线实现万兆，提供数据库、应用、中间件等底层资源支持，可实现计算资源的无缝转移和有效利用。研究服务器虚拟化、存储虚拟化建设，为学校各级部门提供云计算资源，为师生提供云存储服务。

6.存储基础设施建设与应用

建设大容量存储资源池，重要区域使用双机光存储保障各系统的安全和性能，另外配合虚拟化存储池以及大容量独立网络存储实现大数据量教学资源的存储。如应用虚拟化技术构建云桌面，为师生提供网络存储空间。

7.安防监控设施建设与应用

结合学校安全保卫工作实际需求，安防监控建设项目以高清视频监控为应用基础，总体规划布局，有序实施、平稳过渡，最大限度保护学校资产和师生员工的生命财产安全。

建设一套技术先进、系统稳定，以安全大数据理念集成包含治安监控、安全预警、交通管理、调度指挥、舆情管理、安全宣导、系统安全等功能的安防监控系统，真正做到事前有效预防、事中有效控制、事后有效取证，将各种资源进行有机融合，形成人、物、事的安全管控管理闭环，充分利用现代信息技术提高校园综合安防监控与管理能力。

安防监控系统主要功能包括：网络与传输系统、视频监控系统、交通管理系统、安全预警系统、应急调度指挥系统、安全宣传系统，功能覆盖整个校园的治安监控、智能行为分析、智能感知管理、校园车辆出入口管理、校内车辆超速抓拍、安全预警物联网监测、重要设备物资监管、应急可视立体指挥、安全教育与引导信息发布等，同时通过打造安全智能准入管理、行为日志记录管理等安全管理系统提升安保系统工作管理水平，提高安保系统安全能力。系统中各子系统子模块在综合安防管理平台下互联互通、统一管理。

安防监控系统可按应用场景配置设备，采用具备红外夜视功能的高像素高清摄像机，具备前端区域入侵、拌线入侵、场景变更等智能分析功能，并且与报警、智能感知模块进行联动，保证图像传输系统功能调度方式联动视频监控系统，实现报警联动功能，如自动弹出报警点附近关联的摄像头监控画面。

安防监控系统可实现智慧安消资源管理、重点区域环境及设施设备运行状态物联网采集、出入口应急人员疏散执行管理、安全大数据分析及预警应用、应急调度指挥等功能。在校园重点区域环境及重要设施设备运行状态进行物联网数据采集。该系统具备对校内各类安消主机设备进行信息联网融合，能够对消防报警探测器，对告警和故障等数据进行实时采集；具备对管网水系统管道水压等数据的实时采集和分析、压力异常报警；具备对蓄水箱池液位状态的实时采集和分析；具备对弱电井等高风险位置区域安消探测器的告警和故障信息的实时采集和分析，实现安消自动报警、警笛警号联动、区域视频联动；具备建筑物滞留人员和疏散通道人流情况探测的数据实时采集、分析、告警。该系统还应具有安全大数据分析及预警功能，实现综合智慧安消资源管理信息、重点区域环境及设施设备运行状态物联网采集和人员分布与人流疏散情况进行数据实时查询和多维度分析，建立安消预警分析标准库和预警预判模型。

安防监控系统具备通过告警发生率和处置率、故障的发生率和处置率、安消物质资源的完好率进行时间维度、区域维度等多维度的灾害和处置能力预警分析；可以对消防报警进行统计，分析最易触发火警的区域，从而进行重点监控；具备对人员日常工作闭环监督管理数据分析，实现安消工作执行力综合分析；生成各类报表，以曲线图、直方图或饼图形式进行分析结果的图形化综合呈现；具备在电子地图上呈现告警、故障、资源资产等与位置有关的指挥调度参考信息功能。

安防监控系统具有物联网智能感知功能。通过前端物联网设施设备的数据采集，对人、设施设备、区域环境的信息进行采集与管理；通过物联网技术实现对校园内人员活动状态的感知和联动，能够获取人员分布统计、人流统计等状态数据，支撑重大节假日、重大群体事件、重要校内活动的人群管理，支撑安全管理和应急疏散预案执行和效果评估；通过物联网技术实现对校园内资源设施设备运行状态的感知和联动，能够获取灾害告警和故障数据，如水资源储备或水资源质量等，支撑安全预警建模分析；通过大数据和移动互联网技术实现对校园内高危区域环境状态的安消感知监测和联动，如易燃易爆或危害人员安全的气体环境等，支撑安全预警建模分析；通过远程联网监测协议转译和联动，实现对校园内主要建筑体安消主机设备运行监测，支撑安全预警建模分析。

安防监控系统能视频监控覆盖校园，重点区域实施多角度监控，具备夜视功能；建有集中监控中心和监控调度屏幕墙，能通过校园数字广播系统实现对监控区域喊话警示；具备门禁管理功能，对学生生活区等重点区域应配备智能报警设备；具备智能面部识别功能。

8.公有云资源设施建设与应用

为学校调用公有云资源提供软硬件支撑环境，如服务器设备、存储设备、网络环境等。

（二）云服务

云服务包括私有云服务和公有云服务。私有云服务主要提供数据库服务和虚拟服务器服务，数据库与服务器是智慧校园海量数据汇集存储系统，数据库包括业务数据库、中心数据库、数据仓库等，服务器包括应用服务器、文件服务器、资源服务器等。公有云服务实现调用公有云上的资源与服务。

1.私有云服务

私有云是学校自己建设的云服务，因而能提供对数据、安全性和服务质量的最有效控制，学校拥有私有云上的所有的资源。

（1）业务数据库

业务数据库是记录业务操作的过程数据；提供业务查询、统计等数据；为运维提供业务查询、统计等数据运维服务；向中心数据库提供共享视图；接收从中心数据库分发的其他业务数据。

（2）中心数据库

通过数据总线集成各信息系统的共享数据，并根据应用需求和权限配置将共享数据及时分发到相应信息系统；具备对非标准数据的格式转换和数据清洗功能；负责信息编码标准的管理和执行；提供数据运维管理支持；具备统计分析功能。

（3）数据仓库

数据仓库是在企业管理和决策中面向主题集成的、与时间相关的大容量的和不可修改的数据集合，为企业提供数据挖掘和决策支持的系统；能为企业提供智能化的业务流程改进、智能控制时间管理、成本管理及质量管理。通过抽取、清洗集成校内核心信息系统数据，按不同的主题组织系统数据，实现自动化管理与数据的高效访问。

（4）应用服务器

为降低成本、节约能源，可把高性能服务器进行虚拟化设置，一台服务器可映射成若干虚拟服务器，应用服务器使用虚拟化计算资源，动态分配应用服务器，可根据应用的计算要求调整计算能力、可根据应用结构实时负载分配、可根据系统要求提供各种操作系统的底层支持。

（5）文件服务器

使用虚拟化存储资源池，可动态调整文件服务器的存储能力，可实现在多个不同类型的存储池中迁移，可配合应用服务器实现独立的文件读取上传功能。

（6）资源服务器

建设独立的资源服务存储池，根据教学资源、图书资源、视频资源的特点采用大容量的专用存储实现资源存储，实现学校大资源的专门化存储。

2.公有云服务

公有云服务通常是指第三方提供商为用户提供的能够使用的云服务，公有云服务一般通过Internet进行资源访问使用，公有云服务的核心属性是共享资源服务。学校利用公有云服务可以实现调用公有云上的资源与服务。学校可根据信息化建设需求，实现按需购买公有云服务资源，如云计算资源等。

二、支撑平台层建设

支撑平台层是智慧校园的核心层，为智慧校园的各类应用提供驱动和支持，包括数据中台和服务中台两部分。

（一）数据中台

数据中台主要解决的是教育数据"存、通、用、智"的问题，通过采集留存在各设备、各系统中的数据，打通各部门的数据孤岛，进行全局数据运营，为各部门提供数据分析和挖掘支持，建设智能场景应用。数据中台主要包括数据交换、数据处理、数据服务等。

1.数据交换

数据交换是将分散建设的若干应用系统或设备所产生的数据进行整合，提高信息资源的共享与利用率。通过计算机网络构建的数据交换平台，保障分布异构系统之间互联互通，通过数据交换实现各类数据在大数据中心汇集，进一步实现数据的抽取、清洗、集中、加载、传播和展现，以构造统一的数据处理和交换模式。

通过梳理、分析各类业务需要的数据交换流程，按照执行标准、权威数据、过程数据的分类对交换流程进行划分，坚持数据"谁产生、谁维护"的原则，制定学校的信息采集、交换和共享的统一标准。为各应用信息系统之间提供数据交换的统一通道，使数据交换达到准确性、高效性以及畅通性，最终实现数据的交换与共享，为学校大数据中心提供一个可靠的数据采集通道。既能实现数据的实时、定时、轮循、心跳、批量、增量采集，还能实现消息、数据的实时推送，也可为学校"一站式"服务平台提供实时的数据交换服务。数据交换平台支持非结构化的课件、文本、图片、音视频等资源的采集，为资源数据仓库提供统一的数据交换和共享机制。

通过数据交换平台，实现不同系统、不同结构的数据通过数据交换平台和公共数据平台很好地进行连接、充分数据共享，这大大提高了学校各方的办事效率；通过数据交换平台实现数据整合、构建数据容灾平台，保障数据安全、应用大数据分析，促进数据流转与共享，方便用户获取信息；通过数据交换平台与校园感知平台实现信息自动采集，提高采集的准确性和可靠性，建立全校统一的信息资源标准，为其他业务系统提供标准数据格式。在数据交换平台实时交换下，从各自独立的业务数据库抓取学校核心数据、重要数据，汇聚到大数据中心库，为学校发展决策提供数据分析夯实基础。

数据交换主要包括：数据存储、数据汇聚与分类、数据抽取、数据推送等。

（1）数据存储

将产生的结构化数据和非结构化数据持久地存储在计算机内部或外部的存储介质上，数据存储反映系统中静止的数据，表现出静态数据的特征。

（2）数据汇聚与分类

数据汇聚是把具有共同属性或特征的数据归并在一起，通过其类别的属性或特征来对数据进行区别；把具有相同内容或相同属性的信息以及需要统一管理的信息放在一起，而把相异的或需要分别管理的信息区分开来，然后确定各个集合之间的关系，形成一个有条理的分类系统。

（3）数据抽取

数据抽取是从源数据中抽取数据的过程，即从源数据系统抽取目的数据系统需要的数据的过程。数据抽取的方式包括：全量抽取、增量抽取。

（4）数据推送

根据特定的业务，将校验完的数据推送到预定的系统，以便完成后续的业务流程。

2.数据处理

数据处理的基本目的是从大量的、可能是杂乱无章的、难以理解的数据中抽取并推导出对于某些特定的人们来说是有价值、有意义的数据。数据处理包括数据挖掘、大数据分析、数据融合和数据可视化等。

（1）数据挖掘

数据挖掘是指从大量的数据中通过算法搜索隐藏于其中的信息的过程。数据挖掘也称数据库中的知识发现，是对数据的深层次分析，采用自动或半自动化的方法在数据中抽取隐含的、未知的、潜在的、有价值的信息和规则。数据挖掘技术主要应用于数据分析和决策支持。数据挖掘的基本步骤包括：分析数据、整合数据、建立模型、理解规则、实施应用、预测未来等。提供针对教育行业关于学习、教学、管理、日志、互联网数据等数据的特定算法及模型库，以及针对高校开发的成绩标准换算、成绩预测分析算法、协同过滤推荐等行业算法库。

（2）大数据分析

通过实时监测、跟踪研究对象所产生的海量数据，通过加工、整理和分析，使其转化为有用信息并进行数据挖掘分析，发展出有规律性的东西，通过关联分析，最终得出研究结论和对策。

（3）数据融合

数据融合是将多信息源的数据和信息加以联合相关和组合，以便获得更大的数据价值。

（4）数据可视化

借助图形化手段，清晰有效地传达与沟通信息，将数据库中每一个数据项作为单个图元元素表示，大量的数据集构成数据图像，同时将数据的各个属性值以多维数据的形式表示，可以从不同的维度观察数据，从而对数据进行更深入的观察和分析。

3.数据服务

数据服务包括数据安全服务、数据报表服务、数据共享服务等。

（1）数据安全服务

通过采用各种技术和管理措施使网络系统正常运行，从而确保网络数据的可用性、完整性和保密性，确保经过网络传输和交换的数据不会发生增加、修改、丢失和泄露等。同时通过严格的授权角色及权限控制功能保证平台及数据安全。通过结合数据多副本、数据加密技术、加密传输技术等保证平台的安全访问及可靠保证，并同时建立规范化的安全访问体系。

（2）数据报表服务

提供表格、图表等格式来动态显示数据。

（3）数据共享服务

建立统一的数据交换标准，规范数据格式并建立相应的数据使用管理办法，使各系统尽可能采用规定的数据标准，实现数据在各系统中畅通流转，实现真正的数据共享。

（二）服务中台

服务中台是构建具有独立的高内聚低耦合的微服务模块中心。它主要实现具有安全性、开放性、可管理性和可移植性的中间件和服务接口等，同时以微服务的架构模式实现各种平台包括身份认证统一门户、微应用（微服务）、权限管理、菜单管理、访问控制等。

服务中台设计原则：以教育大数据为核心，围绕核心业务进行整体设计，重点是明确业务规则和逻辑实现。

服务中台主要包括接口服务和支撑平台两部分。

1.接口服务

接口服务是智慧校园实现安全性、开放性、可管理性和可移植性的中间件，如API接口、B/S接口、C/S接口以及一些个性化接口等。

（1）API接口

基于数据中台对基础性数据的处理结果提供统一的本地调用接口，并约定所有本地接口的调用规范、调用模式、调用数据格式等，实现在不同平台、不同开发语言下的统一调用接口。

（2）B/S接口

基于数据中台对基础性数据的处理结果提供统一的 Web API 接口，全面支持 RESTfull、SOAP 等协议，实现 Json、Xml 等多种交换格式，约定所有 B/S 接口的调用规范、调用模式调用数据格式等，实现统一调用接口。

（3）C/S接口

基于数据中台对基础性数据的处理结果提供统一的C/S调用接口，实现基于Socket、RPC、Web Socket等常用协议的接口，并约定所有接口的调用规范、调用模式、调用数据格式等，实现在不同平台、不同开发语言下的统一调用接口。

（4）个性化接口

基于数据中台对基础性数据的处理结果及具体业务需求提供个性化的接口。

2.支撑平台

支撑平台包括统一身份认证平台、统一门户平台、微应用（微服务）平台、敏捷流程再造与应用中心、权限管理平台、菜单管理平台、访问控制平台等。

（1）统一身份认证平台

统一身份认证平台是学校统一、开放、安全的授权认证平台，是为用户提供"一站式"服务的基础和前提。学校可以根据自身特点和条件设计统一认证方案，如IP认证、第三方系统认证等。通过身份认证平台进行系统集中，实现用户角色和组织机构统一的权限管理，实现校内各种应用系统间跨域的单点登录，即用户只需登录一次即可访问集成的所有资源而无须重复登录。统一认证平台包括身份认证、用户管理、权限管理、目录服务、审核管理、认证集成等。通过统一身份认证平台，实现用户、认证和权限的统一管理。

（2）统一门户平台

统一门户平台将各种应用服务、数据资源和互联网资源集成到统一的平台，实现跨系统的、异构的数据资源的统一集成，为学校各类用户群提供快速准确地获取有效信息的入口。

（3）微应用（微服务）平台

基于数据中台，建设"大平台+微服务（微应用）平台"，为微应用（微服务）开发提供业务支撑。

（4）敏捷流程再造与应用中心

通过敏捷流程再造和应用中心实现对应用资源的二次利用，根据业务需求快速实现流程修改与再造、业务创新、持续交付。未来建设的系统都能顺利接入智慧校园软件大平台，实现与整体框架的集成对接。

（5）权限管理平台

通过统一的权限管理系统集中对用户进行管理。根据系统设置的安全规则或者安全策略，用户可以访问而且只能访问自己被授权的资源。

（6）菜单管理平台

通过统一的菜单管理系统，根据用户组需求，可灵活勾选或取消其可访问的菜单选项。

（7）访问控制平台

访问控制可有效地防止未授权的用户对资源进行访问，从而保证设备或系统是在合法的范围内使用。访问控制通常用于系统管理员控制用户对各种资源的访问。

三、应用层建设

应用层是智慧校园应用与服务的具体体现。在支撑平台层的基础上，构建智慧校园的环境、资源、管理和服务等应用，为师生员工及社会公众提供各类服务，包括智慧教育教学应用、智慧管理与服务应用、智慧科研应用、微应用（微服务）、网上办事大厅、可视化展示平台、管理预警决策支持系统等。

（一）智慧教育教学应用

依托实体的教育教学环境、虚拟的教育教学环境或虚实相结合的混合教育教学环境，为学校智慧教育教学提供智慧服务，主要包括智慧教学平台和智慧教育教学资源。

1.智慧教学平台

智慧教学平台是智慧校园的核心业务应用平台，是智慧化学习、教学环境，是实现信息技术与教育教学深度融合、促进教育理念和教学方式的深刻变革、提高教育教学质量的基本手段。

（1）智慧课堂教学应用

智慧课堂是基于动态学习数据分析和"云、网、端"的运用，创建智能、高效的智能课堂环境；以教室为单元的高密无线局域网环境，支持跨系统的移动终端设备无线投射到教室的投影仪、大屏幕或学生的手持设备中，实现全体师生在教室内高速、高效地完成无障碍的交互；根据角色不同，建立教师和学生类型移动终端，教师端提供教师进行智慧教学的基本工具，实现备教、改、导、考、管的全场景教学应用服务；学生端为学生提供学习工具、任务工具、交互工具和考试工具等多种学习应用，并能够接受教师端的组织及控制。

智慧课堂具备如下功能：

①在线备课功能

教师通过智慧在线平台可以在线设置课程、创建课程、设置学分考核机制和课程展示模板等，学生通过智慧在线平台可以实现在线学习、在线阅读、在线提问、在线作业、在线考试、在线互动；学校管理者通过智慧平台可实现对师生的教育教学活动进行监管、学分审核、学分授予等。在线备课功能可实现：A.课程共建。支持多人共建一门课程，支持师资共用即在教学平台中的教师可相互选择组织课程开发团队，成为课程共建人。B.辅助教学功能。为了减轻教师的教学工作量，提供简单易用的慕课制作工具，为教师提供辅助教学功能。C.快速建设功能。通过选择模板、编辑课程信息、编辑课程章节内容，实现快速建课。

②课堂线上互动功能

支持师生在课堂上使用教室屏幕广播、师生多屏互动、小组讨论多屏互动等功能。实现屏幕广播、课堂细节展示、定向学生示范；笔记本电脑、智能终端等设备与平板投影仪多屏互动等功能；实现课堂问答、课堂测验、课堂抢答、课堂投票、随机选人、资源调用等功能。

③课堂信息采集功能

智慧课堂可以完整地将课堂测验记录、考勤记录、屏幕录制、课堂笔记、授课PPT、教学资料等数据进行采集整理及自动归类。通过大数据分析，形成一套可用的高质量课堂教学资源，并上传到学习平台，可对资源设置访问权限并在一定范围内共享。

④课程资源

智慧课堂可通过备课系统进行课堂授课，教师可在课堂上直接使用备课系统中已经创建好的课程及资源，包含课程章节内容、作业模块、考试模块、资料模块、学生管理等内容。教师在课堂上，可以随时调用平台中事先准备好的教学内容，实现课前、课中、课后的连贯性。

⑤云盘资源

教师的个人云盘可以直接对接智慧课堂平台，教师可以随时随地调用云盘资源，支持常规文档格式的在线预览功能，下载过的资源自动缓存到本地，避免大文件反复下载，节省时间。

⑥教案资源

教案是专门针对课堂而存在的一个功能模块。教师备课时可以使用不同的终端对某一课堂所需的资源进行访问，经过资源编辑最终生成课堂所需的教案资源。教案资源内容包括：文字、视频、图片、教学互动控件等；课堂上可以灵活使用教案资源进行教学，同时，如果课堂临时发起的一些课堂活动，也可以以教案资源的形式进行保存上传，以便用于以后课堂的重复使用。

⑦题库、试卷库资源

智慧课堂支持题库共建，在课堂上或课外，教师可随时从题库或试卷库中调用相关内容与学生发起互动；同时，课堂上临时创建的题目也可以保存到题库中用于之后的重复使用。

⑧智慧桌椅

智慧教室支持教师根据不同的教育策略、教学方法灵活地实现多模态、多组合的课堂场景模式，让教师在教育教学过程中可以顺利实现分组式研讨教学。

⑨触摸式电子白板

触摸式电子白板主要由硬件电子感应白板（White Board）和软件白板操作系统（Activ Studio）集成。它的核心组件由电子感应白板、感应笔、计算机和投影仪组成。触摸式电子白板应用于教学过程可增加视觉效果、增强互动性，提高教师的教学质量，激发学生积极主动地参与教学过程、参加教学讨论、回答教师提问，能更好地激发学生的学习兴趣，提升课堂气氛。

⑩课堂录像采集与课堂数据采集

智慧课堂可以和录播系统对接，录制的视频可以直接进入智慧课堂对应系统，并通过与学习平台的对接上传到学习平台，成为课程建设的素材，方便师生随时随地调取、编辑和使用素材。

智慧课堂可以完整地将课堂测验记录、考勤记录、屏幕录制、课堂笔记、授课PPT、教学资料等数据进行采集整理及自动归类，通过大数据分析，形成一套可用的高质量课堂教学资源，并上传到学习平台，按设置的权限在一定范围内共享。一方面，教师可以进行数据分析，进行有针对性的授课；另一方面，通过数据分析可以为教学的过程性评价提供数据依据。

⑪课堂质量报告

智慧课堂结束之后，会形成一套课堂质量报告。智慧课堂系统可以对课堂教学活动全过程作完整的记录，可以对课堂的教学情况一目了然。智慧课堂系统能够统计、分析、监控课堂中所有的教学活动，最终形成一套课堂质量报告，进一步方便学校管理。所有的统计数据均支持列表化与图表化，同时支持原始数据导出，方便学校做个性化的课堂统计分析。

（2）智慧在线学习平台应用

提供教学、学习和管理的"一站式"教育教学服务，能灵活嵌入各级各类教育资源的公共服务平台，实现与多种信息化平台对接，利用教育大数据深度分析学生在校学习期间的学习生活轨迹，进行数据量化与标准化，提供学生群体个性化分析大数据报告；利用教育大数据深度分析教师教育教学活动，对其进行分析与评估，生成教师的教学质量报告；利用教育大数据对学校软硬件资源进行分析，建立学校常态化周期性自我诊断机制，促进学校的教学能力持续提升与发展。智慧在线学习平台应用将打破教学时空限制，实现"人人皆学、处处能学、时时可学"的学习型社会。

（3）虚拟仿真实训应用

针对学校实践性教学的需要，通过建立数学模型及载体计算机系统，利用物理效应模型及设备、部分实物组成仿真实训环境，对实际系统进行仿真，对现实操作环境进行模拟，实现对真实生产过程的模拟，模仿出真实的工作环境、工作程序和动作要求。基于虚拟仿真实训系统，让学生以角色扮演的方式参与互动，学习者可通过键盘、鼠标、操纵杆、手柄等简单设备实现与操作对象的交互，支持模拟生产、教学实训和考核鉴定等教学活动，为学生提供在线学习、考核、交流平台，并可实现实训实习活动过程的智能监控和信息管理。

2.智慧教育教学资源

智慧教育教学资源建设与应用是智慧校园建设的重要任务，也是学校开展信息化教育教学应用的基础。通过建设教学数字资源平台和共享服务平台，推进网络在线课程资源和仿真实训实习资源建设，并实现与其他共享资源平台互联互通，以丰富学校的数字资源，提升学校教育教学资源服务的能力。

（1）教学资源平台建设应用

教学资源平台以校本资源为核心提供符合本校特色的教育教学资源，提供资源整理分类、在线预览存储管理和应用服务等功能，支持开发教学课件、教学课程；提供微课程管理与应用服务功能；提供体系化、习题化与动态化的微课程资源服务。

（2）网络课程资源建设与应用

根据学校专业教学需要，网络课程资源主要包括网络精品课程、网络公开课、在线开放课程、网络选修课等网络课程资源。网络课程学习平台支持教师对网络课程资源的上传下载、在线维护、课程在线建设等；支持学生对网络课程的检索与学习；支持在线对网络课程评审，实现对网络课程在线使用过程和效果的评价。

（3）仿真实训实习资源建设与应用

根据学校实践教学的实际需要，可建设多种类型的仿真实训资源，形成丰富的仿真实训数字化资源体系，重点突出专业类仿真实训资源建设，大力构建基于互联网、虚拟现实技术的仿真实训资源，包括桌面级虚拟仿真实训、沉浸式虚拟仿真实训、增强型虚拟仿真实训以及分布式虚拟仿真实训等软件，以便大范围共享应用；探索对特定专业主干课程进行全仿真的资源建设，对无法实际体验、参与或无法实地观察的实验、实训环节，可利用仿真软件来支持实习实训的指导与训练过程，在仿真环境引导下完成学习任务。

（4）数字图书和档案资源建设与应用

针对本地区、本学校特点，搭建具有本校特色的资源数字化硬件和软件平台，构建具有地区行业职业特色、学校专业特色的数字教育资源体系。利用新技术新媒体提升数字图书服务的智能化水平，建立全校文献资源共建共享的文献集成管理系统，基于RFID智能识别技术构建虚拟馆藏文献定位系统，基于移动互联技术建立移动阅读系统，基于智能推送技术实现个性化服务；面向学校档案馆的核心业务，搭建档案信息采集、存储、归档、管理、检索和服务的智能环境，确保电子档案归档完整、准确、系统和快捷，提升档案管理数字化、智能化水平。

（二）智慧管理与服务应用

智慧管理应用主要满足行政管理、教学管理、科研管理、人力资源管理、资产管理、财务管理等协同办公的管理信息系统。智慧服务应用是以信息技术为手段，为教学提供基于互联网的智慧校园服务支撑体系。

智慧管理与服务平台是智慧校园业务管理和生活服务的重要平台。以网络协同办公平台为基础，通过建立智能化综合管理平台智慧校园生活服务平台、校企合作信息服务平台，并建立学校教育大数据挖掘和分析平台，创新学校教育管理和生活服务模式，更好地服务学校广大师生，为学校领导决策提供数据支持，提高学校教育信息化治理能力。

1.智慧OA系统的建设与应用

整合优化办公业务流程，以电子化的方式实现公文收发、交换和存档的管理，支持学校实现电子公文一体化运转；提供审批管理功能，基于可自定义的电子表单与图形化工作流，实现远程电子审批，满足校内各种各样的事务审批需求；提供网上事件协作办理，通过请示汇报、任务下达、信息互通、任务互助、工作协调等事件处理，形成基于信息的协作办公模式；建立移动办公系统，基于智能移动终端的移动应用，全面支持多种客户端应用，实现校内校外全天候移动办公处理。

2.智能综合管理平台的建设与应用

基于校园基础支撑平台和现有各类管理业务系统，进行集成化建设，提升管理的一体化、智能化水平。系统能够适应学校各类管理业务需求，利用统一的业务应用集成平台和新一代信息技术手段，建立智能化的业务管理系统，如基于数据统计分析的人事综合管理系统，基于智能排课、智能评价的教学综合管理系统，基于资源整合、知识管理的科研综合管理系统，基于物联网、智能感知、智能监控的资产设备与安全综合管理系统等，支持学校管理流程优化与再造，提升校园管理效率与管理智能化水平。

3.智慧校园生活服务平台的建设与应用

构建智慧化一卡通系统，实现一卡通数据传输网络化、用户终端智能化和结算管理集中化；构建智能可视化安全防范系统，建立语音视频监控、入侵报警、电子巡更等系统模块，对监控区域实现全天候的实时监控，实现远程控制和报警联动等功能；构建校园节能管理系统，应用先进的能耗监测和技术手段，完成能耗数据的数字化采集、统计和分析，有效支撑学校的节能减排工作；搭建师生健康管理服务平台，实现健康物联网、健康云平台与健康大数据资源的整合，面向个人提供多维度、多层次、一体化的健康管理服务。

4.大数据决策分析平台的建设与应用

建立大数据采集机制，采用"伴随式收集"方式，将教育及管理过程中产生的教育教学数据、用户访问行为数据、管理数据等统一采集、汇聚到大数据平台中，形成学校教育大数据；提供大数据治理功能，利用技术手段在数据整合过程中对数据采集、转换、加载、使用、消亡的全生命周期进行实时质量监控和定期质量审计，确保数据的完整性、及时性、准确性；提供大数据决策分析和推送应用功能，利用数据分析和挖掘技术，从不同维度对各类大数据进行相关分析，进行在线数据分析和图形呈现，为学校科学决策提供数据支撑和智能化信息推送服务。

（三）智慧科研应用

智慧科研应用实现科研项目、科研团队、科研成果、科研奖励等全过程管理以及科研数据智能统计与分析，实现科研业务管理的信息化、网络化、智能化服务。

（四）微应用（微服务）平台

基于教育大数据平台，建设"大平台+微服务（微应用）"的体系架构，根据当前业务需求，可以快速开发和修改需要快速响应和经常变化的应用需求，实现软件开发的敏捷化。基于微服务（微应用）平台，通过快速敏捷的开发方法，快速实现学校微服务开发部署与应用。

（五）网上办事大厅

网上办事大厅实现日常办事网上申请、网上审批，并可实现流程的可定制化、推送智能化，实现移动办公的目的。

网上办事服务大厅以"简化、优化、便民、高效"为原则，推动部门之间服务相互衔接与联动，实现数据集中、应用整合及流程优化再造，致力于打造校园"一站式"办事服务平台。

（六）可视化展示平台

可视化展示平台是基于校园物理环境，以真实校园整体为蓝本，利用网络技术、虚拟技术等信息化技术完成校园的可视化地理信息系统的搭建，实现校园多维度的虚拟展示和呈现，并在此基础上提供场景数据的可视化服务和智能应用的打造。

数据的可视化是对校园内的空间位置数据进行采集与业务属性数据关联，结合校园的管理、生活、科研和服务的实际需要，实现静态、动态数据接入和呈现。

通过可视化展示平台，结合场景智能应用，实现基于学校空间位置的应用打造，为校园师生提供智能化的服务。

（七）管理预警与决策支持系统

通过全面的数据分析，给各层级领导、管理者的决策提供数据支持。利用大数据技术生成各种预警信息推送给相关人员，以便其及时掌握各种特殊情况从而迅速处理；利用各种分析统计方法和大数据技术，自动生成并智能推送领导决策需要的各种相关信息。

四、应用终端层建设

应用终端层是接入访问的信息门户，用户可以通过统一身份认证平台"一站式"门户，以浏览器或移动终端访问，随时随地共享平台资源和服务，它包括用户和接入访问两方面。

（一）用户

用户主要包括教师、学生、管理者、社会公众等群体。

（二）接入访问

用户可以通过网页浏览器或移动终端接入访问以获取资源和服务。

第十章　新媒体运营的数据处理体系

第一节　大数据与新媒体运营之间的关系

一、大数据是新媒体产业链生存发展的基石

（一）新媒体机构的本源是数据

正如上文所述，新媒体机构在每天的正常运营中会诞生大量的数据，这些数据既包括结构化数据也包括非结构化数据，这些数据也成为新媒体机构的重要资产。例如，谷歌、Facebook、亚马逊这三家互联网巨头，积累了不同的数据资产。谷歌为全世界的公开网页建立了最为庞大的索引数据库；Facebook拥有的社交网络使其积累了全世界最为庞大的人际关系数据库；亚马逊网站上沉淀了大量的商品信息，使其成为互联网上最为庞大的商品数据库。不同的数据资产，决定它们不同的战略选择和商业模式。

（二）基于网络与新媒体环境的数据服务机构出现

数据与新媒体产业链之间相互作用的另一个表现在于越来越多的基于新媒体传播环境、新媒体渠道和需求的数据服务机构开始出现。事实上，为了更好地测量、评估、优化媒体传播效果，数据服务机构一直是媒体产业链中的重要一环。在传统媒体占主体的传播环境中，以CSM、CTR、赛立信等为代表的数据监测与服务机构发挥了极为重要的"第三方"作用。

所以，当以互联网为代表的新媒体形式日渐成熟，信息传播的方式和方法都发生巨大变化之后，新型的数据服务需求出现，这一市场也逐步成长、成熟。在这个过程中，一批专业性较强的数据服务机构也开始出现。例如，尼尔森网联的成长伊始是一家服务于数字

电视运营的收视数据提供商，可以从机顶盒回传的海量数据里提供百万户级普查以及万户级的海量样本收视行为测量。

（三）新型广告营销机构出现

当新媒体技术改变了整个传播环境和媒体环境，催生了新的媒体类型，构建了新的媒体传播秩序之后，基于新媒体的营销传播需求也自然会出现。此时，一方面，传统的广告营销机构在业务层面会出现新的调整和拓展；另一方面，新媒体的产业链条中也会诞生新型的广告营销机构；而且基于媒体传播的广告营销产业也会发生巨大的变化，实时竞价广告技术（Real Time Bidding，RTB）及其生态系统的出现与成熟就是典型代表。

二、大数据改变了新媒体的内容运营模式

在我国有不少新媒体机构通过大数据来进行内容运营。例如，依托百度搜索的大数据，爱奇艺发现每天有很多网民在网络上搜索菜谱，但搜索结果大部分都是图文资讯，于是爱奇艺打造了《美食每刻》这档自制栏目，将最经常被搜索的菜肴的制作方法做成视频节目，并由百度搜索进行关键词关联和推荐。依靠这个模式，爱奇艺实现了300%～400%的业绩增长。随着用户对网络视频的依赖不断加深，以搜索为主导的功能性视频需求成为一个崭新的领域。只要用户和客户有需求，对应的"种子"就会应运而生，并迅速传播开去。继美食烹饪节目之后，爱奇艺"蒲公英计划"又推出了《城市榜单》，节目偏向于寻找一些容易被人们忽略的小型经典美食店面。

总体而言，大数据技术的运用对于新媒体机构的内容运营会从内容生产、内容编排与推荐、内容营销、版权交易等多个方面产生影响。

三、大数据可以直接形成新媒体的产品，带来全新的商业模式

大数据对于新媒体的另一项重要影响在于，只要利用得当，数据可以直接形成新的产品，从而为媒体机构带来新的盈利点，甚至创造全新的商业模式。对于企业IT建设来说，最关键的是数据，不同于传统时代数据被视为应用的"副产品"，目前数据已经成为企业的核心生产力，成为驱动应用创新和商业变革的重要力量，人们的生活也会因此发生质的改变。淘宝在2012年前后就曾经对外公布过未来发展的战略，并表示自身将转型成为数据服务商，将大数据视为未来发展的重要支撑。通过电商平台的运营，淘宝采集和存储了海量的交易数据，自建云存储系统Ocean Base，实现数据的产品化，从而实现从交易平台到"生态圈"基础服务提供商的角色转变，完成由平台销售向数据销售的盈利模式的转变。

四、大数据可以帮助新媒体有效地提升用户体验

对于新媒体来说，用户体验至关重要。很多时候，产品使用体验会直接决定用户对于新媒体产品的评价，进而影响到新媒体机构的运营与发展。在这个方面，大数据同样可以产生较为明显的影响。

通过大数据，我们可以监测一个产品是否足够简单，我们可以基于大数据构建很多的用户体验监测模型。如用户行为的漏斗模型，我们可以把用户使用产品的关键触点（Touch Point）定义出来，监测每个触点之间的转化率。如电商购物，用户进入首页、查看产品详情、把产品放到购物车、购买以及支付等是用户的关键触点，通过监控各环节之间的转化率以及从最开始的接触点到最终的接触点的转化率来衡量产品的体验是否做得足够好、足够简单。我们相信，用户完成一个产品操作任务所用的步骤越少，转化率相对就越高。

通过大数据的手段，我们可以帮助产品更好地、更快速地迭代，以提升效果。亚马逊就非常善于利用A/B测试方法进行实时改善。A/B测试简单来说，就是为同一个目标制定两个方案或版本（如两个页面），让一部分用户使用A方案，另一部分用户使用B方案，通过及时地统计使用效果数据，如点击率等，看哪个方案更符合设计目标。Google很多新的产品上线或者功能优化上线前也都会进行A/B测试。对于常规的A/B测试，同一个目标一般要做两种方案，很多互联网公司为了简化流程，一般只做一种方案，进行灰度上线（只抽取一小部分用户进行产品发布）以后，再通过大数据实时监测，对比这个效果和之前版本的效果，如果效果不如之前的版本，新版本就放弃正式发布。

通过大数据的手段也可以帮助产品实现微创新的效果。360公司的董事长周鸿祎说过，口碑是衡量创新的标准，因为给用户带来强烈体验的东西一定能形成口碑。通过大数据可以及时监测产品的口碑。利用大数据爬虫的手段，我们一方面可以抓取产品在互联网上的评价，如抓取微博、论坛、电商评论等，通过自然语言处理的手段和语义分析，对评论等非结构数据进行处理和挖掘，计算产品的推荐度，实时掌握产品的口碑情况；另一方面，我们也可以通过大数据的分析实时发现产品的问题点，这样会有利于产品的改进。很多大型的产品导向型互联网企业，都会要求若1小时内有3人同时反映一个问题，就定义为Bug，必须在24小时内解决。基于大数据的手段对于产品问题的及时发现和定位非常有帮助。

五、大数据颠覆了传统的基于媒体的营销体系

在广告营销体系当中，媒体一直发挥着必不可少的作用。然而大数据技术的不断发展与成熟几乎颠覆了原本基于传统媒体的营销体系。在新媒体的发展过程中，一套全新的营

销体系被逐步建立起来。

从广告营销的流程上来说，大数据对这个体系的改变较为明显地体现在以下四个方面。一是消费者洞察方面。在这个领域，大数据技术的运用可以帮助我们更好地进行深度的消费者洞察，帮助广告营销机构实现受众碎片化之后的数据重聚，并在这个过程中更加精准地把握消费者的需求。二是制定传播策略方面。一直以来，传播策略都是基于数据参考而制定的，而大数据技术给了人们海量的数据与更加先进的数据收集、处理、分析手段，可以有效地缩短广告营销的沟通距离，提供决策支持；可以实现从原本的媒体购买转变为受众购买；可以帮助企业构建长期稳固的品牌关系；可以实现实时可控的传播过程。三是创意策划方面。在传统的广告营销体系之中，创意是广告的核心环节，也是一项极为依赖"人脑"的工作。但是大数据可以充分挖掘数据的价值，可以更好地利用目标消费者的信息，从而将数据转变成创意。这样一来，广告代理机构的传统作业模式就被打破和颠覆了。四是效果评估方面。对广告营销信息传播的效果进行评估是传统广告营销机构以及广告主都极为关注的，而大数据可以帮助我们实现从效果评估到未来预测的改变，可以实时追踪传播效果，可以加入更多的评估指标与评估方法，完善广告营销的效果监测工作。

在实际的营销案例中，利用大数据进行创新也非常常见。例如，金霸王为旗下的充电宝产品投放的视频广告创意灵感就来自消费者在社交网站上的各种评论与意见。在三星的一支对比广告中，所有关于苹果产品的负面评价全都来自对消费者在社交网站"吐槽"的文本的分析、整理、归纳及筛选。在兰蔻全球页面上，此前是搜索导购在右侧，广告在左侧。大数据推算的结果显示，将导购移到左侧会更契合受众的使用习惯。按此修改之后，兰蔻在不增加广告投放预算的前提下，在线预算收入提高了300%。通过数据分析可以真正有效地改善用户体验和网络广告的投放，提升传播与营销效果。

六、大型数据中心的建设成为新媒体机构的重要战略发展规划

大数据对于新媒体产业发展的另一项重要影响就在于越来越多的新媒体机构已经意识到了大数据对于自身发展的重要性，也因而将更多的花费投入大型数据中心的建设上。

例如，Facebook位于俄勒冈州普林维尔的数据中心，耗资上千万美元打造属于未来派的节能数据中心。与普通数据中心相比，Facebook数据中心的能效高38%，建造成本低24%。Facebook此前一直在加利福尼亚州和弗吉尼亚州租用第三方机构的空间，利用数据中心批发的特性作为快速增加容量的方式，但是这种服务器环境是不同的。Facebook定制了数据中心的许多元素，从不同寻常的电力输送系统（电压是277V而不是传统的208V，从而消除了降压）到制作专用的最小化硬件。Facebook的服务器高度略微超过6.7厘米，采用精简的设计来减轻重量并减少材料消耗：没有喷漆、徽标、贴纸，也没有前面板，硬件材料比典型的服务器所使用的材料少22%；选择更大尺寸是为了容纳更大、更高效的风扇

和散热片。除了数据中心的基础设施之外，Facebook在保密性方面也采用了与众不同的做法。Facebook没有将普林维尔数据中心的技术细节视为专有信息，而是将它们公开，通过其开放项目对外提供服务器、机柜、电气以及机械方面的规范。

第二节　新媒体数据体系构建的基本过程

一、新媒体数据体系构建的基本要素

在新媒体机构的运营过程中，如果要充分地使用大数据技术，首先就应当具备一套比较完善的数据挖掘体系。一般来说，新媒体机构数据挖掘体系的建设可以从使用者的视角来审视，从四个基本环节来实现。

（一）数据库与数据处理体系构建的三个阶段

从使用者的视角来筹建数据体系，主要是指数据的获取可以划分为使用前、使用中和使用后三个阶段。

第一个阶段是在用户使用媒体产品之前，新媒体机构可以通过对目标用户的充分研究获得一定的用户数据，从而更好地了解用户、服务用户；同时，可以通过对现有的市场发展环境进行调研，获得行业发展数据以及竞争对手数据，从而更好地了解自身所处的行业发展情况以及竞争情况；此外，还可以通过对各类合作机构进行调研获得相关的数据，了解合作机构对自身的预期与要求，更好地促进自身的运营。

第二个阶段是用户使用媒体产品过程中留下的相关数据，包括用户在使用媒体产品时的各种行为记录，从而熟悉用户的媒体使用习惯及特征；用户针对媒体产品产生的一些反馈信息，这是用户主动留下的数据信息，可以有效地转化为新媒体产品与优化服务的参考依据；用户在使用其他媒体产品时相关的、可获得的数据同样可以作为自身产品与服务设计的重要参考。

第三个阶段是用户使用媒体产品后的数据，包括用户对媒体产品的态度与评价信息，针对用户的营销传播活动有效性判断的数据信息，与竞争对手进行比较的数据信息，来自合作伙伴的反馈数据信息，等等。

（二）数据库与数据处理体系构建的四个步骤

从数据处理体系的构建环节来看，一般可以分为采集、导入和预处理、统计和分析、挖掘四个基本步骤。

大数据的采集是指利用多个数据库来接收发自客户端的数据，并且用户可以通过这些数据库来进行简单的查询和处理工作。比如，电商会使用传统的关系型数据库MySQL和Oracle等来存储每一笔数据。除此之外，Redis和MongoDB这样的NoSQL（关系型数据库）数据也常用于数据的采集。在大数据的采集过程中，其主要特点和挑战是并发数高（指网站在同一时间访问的人数，人数越多，瞬间带宽要求越高），因为同时可能会有成千上万的用户在访问和操作，比如火车售票网站和淘宝，它们并发的访问量在峰值时可以达到上百万或上千万，所以需要在采集端部署大量数据库才能支撑网站正常运行。如何在这些数据库之间进行负载均衡（Load Balance，即将操作分摊到多个操作单元上进行）和分片（互联网协议允许IP分片，这样的话，当数据包比链路最大传输单元大时，就可以被分解为足够多的小片段，以便能够在其上进行传输），的确是需要深入思考和设计的。

虽然采集端本身会有很多数据库，也会有不同的数据类型，但是如果要对这些海量数据进行有效的分析，就应该将这些来自前端的数据导入一个集中的大型分布式数据库中，或者分布式存储集群中，并且可以在导入基础上做一些简单的清洗和预处理工作。也有一些用户会在导入时使用Twitter的Storm来对数据进行流失计算，以满足部分业务的实时计算需求。导入与预处理过程的特点和挑战主要是导入的数据量极大，每秒钟的导入量经常会达到百兆级别，甚至是千兆级别。

大数据的统计和分析阶段，主要是利用分布式数据库，或者分布式计算机群来对存储于其内的海量数据进行普通的分析和分类汇总等，以满足大多数常见的分析需求。在这方面，一些实时性需求会用到EMC的GreenPlum、Oracle的Exadata，以及基于MySQL的列式存储Infobright等，而一些批处理，或者基于半结构化数据的需求可以使用Hadoop。统计与分析这部分的主要特点和挑战是分析所涉及的数据量是否会极大地占用系统资源，特别是I/O。

与前面统计和分析过程不同的是，数据挖掘一般没有什么预先设定好的主题，主要是在现有数据上面进行基于各种算法的计算，从而起到预测的效果，并实现一些高级别数据分析的需求。比较典型的算法有用于聚类的K-means、用户统计学习的SVM（Support Vector Machine，是一个有监督的学习模型，通常用来进行模式识别、分类以及回归分析）和用于分类的Naive Bayes（朴素贝叶斯法，是基于贝叶斯定理与特征条件独立假设的分类方法），主要使用的工具有Hadoop的Mahout等。该过程的特点和挑战主要是用于数据挖掘的算法很复杂，并且计算所涉及的数据量和计算量都很大，常用的数据挖掘算法都以单线程为主。在此，我们不做过多涉及。

整个大数据处理的普遍流程至少应该完成这四个方面的步骤才算得上是一个比较完整的大数据处理。

二、新媒体机构大数据获取的基本方法

作为新媒体机构搭建大数据处理体系的第一步，如何获取数据是相当重要的。它决定了新媒体机构是否能够高效、快速地收集到尽可能多的数据，以便于下一步进行相应的数据处理。

（一）三种基本的数据获取方法

一般来说，新媒体机构在获取数据、搭建数据体系的时候，常用的方法包括搜索获取法、Agent法（在IT领域，Agent可指能够自主活动的软件或者硬件实体，通常被翻译为"代理"）、扫描法和载体监听法。

其中，搜索获取法包括"搜索—下载法"和"搜索—抽取法"。前者主要是指利用搜索引擎等工具进行数据搜索并下载；后者指搜索到所需要的数据之后，链接到相应的数据源，分析并入侵该数据源的数据，建立数据获取程序，定期获取所需数据。Agent法是指将一个Agent植入数据源服务器，然后监控数据源服务器的运行，一旦发现有新的数据产生，就将这些数据传送到指定的服务器上，完成一次数据获取。扫描法需要设计一个扫描程序，定期扫描各种数据源服务器，将数据源中需要的数据抽取出来。载体监听法则是通过监听各种数据载体，例如各种网络、无线信号、路由设备，甚至盗窃服务器等，从中截获数据。

（二）具体方法与案例

1.Cookie

所有互联网机构获取用户数据的最基本的方法就是Cookie。Cookie由服务器端生成，发送给User-Agent（一般是浏览器），浏览器会将Cookie的Key/Value保存到某个目录下的文本文件内，下次请求同一网站数据时就发送该Cookie给服务器（前提是浏览器设置为启用Cookie）。Cookie的基本组成包括：Cookie的名字（Name）、Cookie的值（Value）、Cookie的过期时间（Expires/Max-Age）、Cookie的作用路径（Path）、Cookie所在域名（Domain）、使用Cookie进行安全连接（Secure）。前两个参数是Cookie应用的必要条件。另外，还包括Cookie的大小（Size，不同浏览器对Cookie个数及大小限制是有差异的）。进行Session管理、个性化识别以及跟踪与监测是Cookie的基本功能。

Cookie有什么作用呢？几乎所有网站都有新用户注册这个选项，当用户注册之后，等

到下次再访问该站点时，网站会自动识别用户，可以免去登录的操作并且向用户问好。更重要的是，网站可以利用Cookies跟踪统计用户访问该网站的习惯，比如什么时间访问，访问了哪些页面，在每个网页的停留时间等。

利用这些信息，一方面可以为用户提供个性化的服务；另一方面，也可以作为了解所有用户行为的工具，这对于网站经营策略的改进有一定的参考价值。

通常来说，Cookie可以分成三种类型：第一种为Session Cookie。一个用户的Session Cookie（也称为内存Cookie或瞬息Cookie）是当用户浏览网站的时候，网站暂存的Cookie。当用户在该Cookie的有效日期或者有效间隔内访问网站，Session Cookie将被创建，当用户关闭浏览器的时候，Session Cookie将被删除。第二种为第一方Cookie。第一方Cookie是由受访网站以相同域名（或其子域名）创建的。第三种为第三方Cookie。第三方Cookie是由受访网站以不同域名创建的。

2.网络爬虫

网络爬虫是一种自动获取网页内容的程序，是搜索引擎的重要组成部分，因此搜索引擎优化很大程度上就是针对爬虫而做的优化。网络爬虫为搜索引擎从万维网下载网页，一般分为传统爬虫和聚焦爬虫。

传统爬虫从一个或若干个初始网页的URL开始，先是获得初始网页上的URL，在抓取网页的过程中，又不断从当前页面上抽取新的URL放入队列，直到满足系统的一定停止条件。通俗地讲，也就是通过源码解析来获得想要的内容。

聚焦爬虫的工作流程较为复杂，需要根据一定的网页分析算法过滤与主题无关的链接，保留有用的链接并将其放入等待抓取的URL队列。然后，它将根据一定的搜索策略从队列中选择下一步要抓取的网页URL，并重复上述过程，直到达到系统的某一条件时停止。

三、新媒体机构大数据的整理与筛选

对已经收集到的数据，需要进行进一步的筛选和整理，才能够为数据收集者所用，进行下一步的数据挖掘与分析。在这个过程中，还有一个重要的步骤就是数据清洗。现在，这个工作必须有软件工具进行支持。

（一）三个重要步骤实现大数据的整理与筛选

一般来说，大数据的整理和筛选需要经过三个非常重要的步骤，包括空缺值的处理、噪声数据处理以及数据一致化。所谓空缺值的处理，是指要给出一个方法来解决属性空缺值的问题，比如忽略含有空缺值的数据记录、人工填写空缺、使用一个常量填充等。噪声数据处理是指对测量过程中出现的随机错误和变差，或者是对测量失真较为明显的数据进行处理。数据一致化是指对各个数据源之间的数据进行分析对比，发现各种数据之间的冲突，然后进行转换。

给出一个方法解决属性空缺值的问题，比如忽略含有空缺值的数据记录、人工填写空缺、使用一个常量填充等。对测量过程中出现的随机错误和变差，或者是测量失真较为明显的数据进行处理。

对各个数据源之间的数据进行分析对比，发现各种数据之间的冲突，然后进行转换。

（二）央视音像资料馆的数据处理过程

目前，央视音像资料馆的内容为央视所有公开频道中播出的内容，既包括自主生产的部分，也包括外来购买的部分。在将来，央视音像资料馆会对这些内容进行多种指标的细分，包括有无版权、使用程度和频率等。

音像资料馆每天上载的内容和数据接收量超过300小时；每年为台内节目生产提供资料下载近2万小时；共有9个磁带库房，总面积达3600余平方米；馆藏音像资料录像带100万盘，包括多种格式；具有124万盘磁带介质的存储空间。按照内容类别和种类，目前央视音像资料馆中的内容分为7类：专题、体育、素材、影视剧、新闻、综艺、纪录片。

对这些节目内容和数据进行存储和管理之前，央视音像资料馆的一个重要工作就是进行编目，相当于数据的整理和筛选。央视音像资料馆分为4个编目区、10条编目生产线、200个编目工位，按照7类内容给每个工位进行工作任务划分，每天可以完成300小时的节目编目量，全年编目量达10万小时。在编目细则方面，央视音像资料馆遵循《广播电视音像资料编目规范》与《中央电视台音像资料编目细则》制定的基本规范，将节目数据分为四层编目：节目层、片段层、场景层、镜头层。场景、镜头主要以其再利用价值和珍贵程度作为选取原则。

之后，央视音像资料馆会对这些节目资料进行数字化处理，并最终形成可用的信息数据。这个流程可以基本分为10个步骤，即资料筛选、磁带清洗、预处理、上载、质量控制、存储管理、编目下发、编目标引、编目审核、应用。其中，央视音像资料馆在上载这个环节中建设了24个上载通道，包括18个工作站点采集通道和6个机械手采集通道。通过视频服务器上载和数字化工作站上载两种方式将原始音像资料数字化，同时生成用于归档保存的高码率视音频数据和用于编目检索、网络发布的低码率视音频数据。

央视音像资料馆在编目标引环节采用多点协同工作的编目生产流水线方式。来自上载数字化环节的待编节目数据进入编目检索系统后，审核人员按照四层编目进行审核。在用户应用环节，通过现有7个下载工作站和下载输出软件模块将资料馆内的节目资料数据进行多种介质的复制或转录。在管理人员对预约下载的数据进行合理性审查和统计分析等工作后，用户可快速获取所需数据。

四、数据挖掘与数据分析

数据挖掘（Data Mining）是通过分析每个数据，从大量数据中寻找其规律的技术，主要有数据准备、规律寻找、规律表示、结果评价四个步骤。

数据准备是从相关的数据源中选取所需的数据并整合成用于数据挖掘的数据集；规律寻找是用某种方法将数据集所含的规律找出来；规律表示是尽可能以用户能够理解的方式将找出的数据表示出来。一般来说，数据挖掘较为完整的步骤如下：理解数据和数据的来源（Understanding），获取相关知识与技术（Acquisition），整合与检查数据（Integration and Checking），去除错误或不一致的数据（Data Cleaning），建立模型和假设（Model and Hypothesis Development），实际数据挖掘工作（Data Mining），测试和验证挖掘结果（Testing and Verification），解释和应用（Interpretation and Use）。

（一）数据挖掘的常见任务

数据挖掘的常见任务包括关联分析、聚类分析、分类分析、异常分析、特异群组挖掘和演变分析等。

关联分析是寻找数据项之间感兴趣的关联关系，用关联规则的形式予以描述。比如，我们通过对超市交易的数据分析，得出"在有婴幼儿成员的家庭中，85%购买尿布的男性也会同时购买啤酒，并且购买尿布的总次数占所有购物次数的8%"这样一条关于"啤酒"和"尿布"之间关系的结论。

聚类分析指将物理或抽象对象的集合分组为由类似的对象组成的多个类目的分析过程。它的目标就是在相似的基础上收集数据来分类。比如，在电子商务网站中，通过分组找出具有相似浏览行为的客户，并分析客户的共同特征，来更好地帮助电子商务用户了解自己的客户，向客户提供更合适的服务。

分类分析是找出描述并区分数据类的模型，以便能够使用模型预测给定数据对象所属的数据类。比如，信用卡公司可以将持卡人的信誉度分类为良好、普通和较差三类。分类分析可能给出一个信誉等级的显示模型为：信誉良好的持卡人是年收入在10万～50万元、年龄在30～45岁、居住面积大于100平方米的人。这样，对于一个新的持卡人，就可以根据他的特征预测其信誉度了。异常分析是发现数据对象集中与大部分数据对象具有明显差异的数据的过程。

比如，我们在信用卡使用模式这样的大量数据中，使用可以发现明显不同于其他数据的异常对象的技术，就可以在欺诈甄别、网络入侵检测等方面发挥非常积极的作用。

特异群组是指由给定大数据集里面少数相似的数据对象组成的，表现出有异于大多数数据对象而形成异常的群组，是一种高价值、低密度的数据形态。特异群组的挖掘、聚类和异常检测都是根据数据对象间的相似程度来划分数据对象的数据挖掘任务的，但它们在问题定义、算法设计和应用效果上存在差异。大数据特异群组挖掘具有广泛的应用背景，在证券交易、智能交通、社会保险、生物医疗、银行金融和网络社区等领域都有应用需求。

（二）两大数据挖掘对象

根据数据类型和来源，数据挖掘的对象可以分为一般数据源与特殊应用数据源。

在一般数据源挖掘中，序列数据挖掘的对象是超市交易记录、证券数据等按照时间、位置顺序排列的数据。文本数据挖掘的对象是电子书、网页、各种文本格式的文档资料。Day-by-day数据挖掘的对象是每个人每天的行为数据记录，反映的通常是对象的各种主动的行为方式。流数据挖掘的对象是网络监测、电信数据管理等只要联机环境运行就会持续获得的数据。空间数据挖掘的对象是数字地图、遥感数据、交通控制、环境等领域出现的与空间有关的数据。

特殊应用数据源挖掘主要包括交易数据挖掘与Web数据挖掘两种。其中，交易数据挖掘的对象主要包括交易ID、交易时间、交易商品、交易金额等与交易行为直接相关的数据。Web数据挖掘的对象则包括内容数据、日志数据、网站结构数据等。

五、数据可视化

在这个强调可交互的信息时代，任何数据及信息的表达都应该是有趣的，至少是富有亲和力的。一幅优秀的信息图表不能仅仅罗列数据，而应该是一个系统，包括数据分类、逻辑关系、阅读习惯和视觉体验等因素。设计者依靠这个系统引导观看者进入预先设定的主题情境，启发观看者的兴趣，从而传达信息。作为数据挖掘的重要步骤之一，数据可视化可以迅速拉近用户与数据之间的距离，用最合适的方法来展示数据，并表达数据背后的信息含义，这是数据可视化的重要目标。

（一）数据可视化的含义与目标

1.数据可视化的内涵

数据可视化和信息可视化是两个相近的专业领域名词。狭义上的数据可视化是指将数据用统计图表方式来呈现，而信息可视化（信息图形）则是将非数字的信息进行可视化。前者用于传递信息，后者用于表现抽象或复杂的概念、技术和信息。广义上数据可视化是信息可视化中的一类，因为信息是包含了数字和非数字的。

从原词的解释来讲，数据可视化重点突出的是"可视化"，而信息可视化的重点则是

"图示化"。整体而言，可视化就是数据、信息以及科学等多个领域图示化技术的统称。其中Visualize是动词，意即"生成符合人类感知"的图像，通过可视化元素传递信息。Visualization是名词，表达"使某物、某事可见的动作或事实"，是将某个原本不可见的事物在人的大脑中形成一幅可感知的心理图片的过程或能力。Visualization也可用于表达对某一目标进行可视化的结果，即一帧图像或动画。在计算机学科的分类中，利用人眼的感知能力对数据进行交互的可视表达以增强认知的技术，称为可视化。它将不可见或难以直接显示的数据转化为可感知的图形、符号、颜色和纹理等，增强数据识别效率，传递有效信息。

所以，可视化通常被理解为一个生成图形图像的过程。更深刻的认识是，可视化是认知的过程，即形成某个物体的感知图像，强化认知理解。

2.数据可视化的目的

数据可视化与数据挖掘、商业智能、分析及企业报表共享一个最终目标：实现更多信息化支撑的商业决策。即时数据可视化主要是数据探索及发现有洞见价值的手段。它既不是实时报表，也不仅仅是为了生成美观图表。换言之，最有价值的数据可视化通常是基于工作人员不能确切知道他们真正要寻找什么的假设，更不用说他们能够发现什么。

可以说，可视化的终极目的是对事物规律的洞悉，而非所绘制的可视化结果本身。

（二）数据可视化的发展历程

虽然"可视化"是一个伴随着大数据发展起来的概念，但是利用图表等方式来表现数据即信息的行为却由来已久。陈为等在《数据可视化》一书中认为，可视化与山岳一样古老。中世纪时期，人们就开始使用包含等值线的地磁图、表示海上主要风向的箭头图和天象图。

可以说，可视化发展史与测量、会话、人类现代文明的启蒙和科技的发展一脉相承。在地图、科学与工程制图、统计图表中，可视化理念与技术已经应用发展了数百年。

（三）数据可视化的主要类别

在《信息设计：数据与图表的可视化表现》一书中，作者将常见的数据可视化表现方式归为四类，即示意图、统计图表、地图和象形图标。

一般来说，所有的图表、象形图标、地图等都可以被称为示意图，但是从表现形式来讲，示意图是一个相对特定的概念，主要指以插图的形式来表现难以用文字描述的概念、事件等内容。除插图以外，示意图还经常结合图表、图标等元素。其中的插图形式也是多种多样的，不仅包括计算机制图，而且可以使用照片进行合成。

统计图表的最大特点是对量化对比的柱状图、折线图，以及表示各要素所占比例的饼图等视觉元素的运用，但它并不拘泥于这三种形式。从表现手法上看，可以根据实际需要选择绘制平面或立体的统计图表，其中立体的统计图表往往会给读者带来更强烈的视觉冲击。此外，统计图表以往个人化的刻板印象还可以结合生动的插图或其他视觉元素来改变，例如增加透视效果、运用丰富的色彩等。

象形图标即以图像的形式简单明确地传达信息。象形图标在设计上与示意图有明显的区别：首先，设计象形图标通常不使用文字，这主要是因为文字受语言不通、距离较远时难以识别等限制，而示意图通常是图文结合的；其次，示意图更加形象具体，细节较多，而象形图标则更加简洁，是对事物形象的抽象提炼。在实际应用中，象形图标通常也是成套设计的，以统一视觉形象。

地图就是将真实的地理环境平面化，在统一平面上表现出特定区域内的位置关系。在日常生活中，我们常见的地图都是非常精确的，且大多以地形图为基础设计而成。但对于信息图表中的地图而言，其表现的手法与主题是多种多样的，且往往并不精确，是经过抽象提炼的。即便如此，观者同样可以借助此类地图理解基本一致的区域方向与所处位置。因此，设计信息图表中的地图时，最重要的原则就是能够让人直观地判断出方位。换句话说，就是必须具备易用性。

第十一章 大数据与新媒体的内容运营

第一节 新媒体的内容运营

一、新媒体的内容、业务和产品

（一）新媒体的内容

"内容"是媒介运营的核心要素，是指以媒介为传输载体的各类信息形态的总称。

从文化学的角度出发，"内容"这一概念的主要意义在于容纳之物有内涵，能容万物。内容指的是一种能够把外在包容其内的状态。从传播学的角度出发，传者、信息、媒介、受者和反馈是传播的五个核心要素。从媒介产业的角度出发，内容是媒介产业链条中重要的环节，和传输环节、经营环节、终端环节等同样重要。内容资源是媒体联系受众、经营广告的基础要素。

从数字新媒体运营的角度出发，内容是能够承载和传播信息的专业技术平台和软硬件上所承载的信息形态的总称。快速发展的数字技术造就了快速、通畅的传输网络，形成了强大的信息处理能力，对信息内容的处理更快、更便捷。具体来看，新媒体的内容包括文字、图片、音频、视频等。

（二）新媒体的业务

"业务"是指媒体基于现实的内容，考虑内容与用户或者广告主需求之间的关系所规划出来的方便使用的各种外在的信息服务的表现形式。从字面意义来看，业务是指个人的工作职业或者机构的专业服务项目，其解释有两个核心点：一是专业性，能称之为业务的，一般都是某个领域的专业性工作；二是事务性的具体项目，指这些专业性的工作所包含的有着特殊知识技能和要求的具体项目。

从媒体运营的角度来说，业务是附着在内容和需求之上的。在现实运作中，媒体的运营方往往是以业务形态的规划作为内容和商业模式的设计基础，而用户也往往是通过媒体提供的业务产品来实际使用和消费媒体的。在传统媒体时代，"业务"的概念还不太强，然而伴随着新媒体技术的发展、用户需求的碎片化、海量内容的出现，媒体的运营需要更多的分类规划和分解传递，媒体内容和用户需求之间的联系需要不同业务形式来构建，业务的重要性才得以凸显。

（三）新媒体的产品

"产品"是指媒介根据市场的需求所生产的，能满足媒介消费者需求的产品和服务。在经济学的解释中，产品是指能够提供给市场，被人们使用和消费，并能满足人们某种需求的任何东西，包括有形的物品，无形的服务、组织、观念或它们的组合。媒体产品的释义其实正是在这个基础上的一种延伸和拓展。

新媒体的产品是基于内容和业务所提供的，能够让用户直接接触、使用和消费的，具有可交易性质的形态。媒体产品作为产品，首先是一种商品，具有使用价值，且其价值是通过满足受众的需求来实现的，这是媒体产品的自身要素；其次，媒体产品跟其他产品一样，要实现其价值，必须投放到市场，在市场的指挥下进行流通，这是媒体产品的外部要素。

在现实生活中，一部电影、一部电视剧、一个App，都可以称为新媒体的产品，它们的共同点在于可以被用户直接接触并使用，而且可以进行消费。

（四）内容、业务、产品之间的关系

从信息传播的角度来看，内容是信息的首轮加工产品，也是媒体"传播"的对象，是媒体产品、媒体业务的重要基础与核心。产品有更深一层的加工含义，并且通常被赋予"消费""交易"的含义。

在针对消费者或者受众、用户时，业务和产品的意义有时可以通用。但是从媒体运营的角度来看，业务的范畴更大，同一业务下可以包含多种产品，而"业务"的承载和表现往往都是产品。

二、数据在新媒体内容运营中的作用

（一）新媒体与传统媒体的内容运营流程有着显著差异

在传统媒体的内容运营流程中，媒体机构负责对信息进行加工整理，形成内容产品

之后，通过各自的信息传播渠道将内容产品分发给不同的受众。受众在接收信息之后通过一定的方式向内容产品的提供者进行反馈，媒体再根据受众反馈进行下一次内容生产的调整，这就完成了一次内容生产、分发、消费的过程。

事实上，传统媒体中的信息传播流程即可对这种媒体内容生产和运营的过程做出解释。唐·舒尔茨在他的《全球整合营销》中，为依托传统大众媒介建立起来的营销传播做了一个模型图。舒尔茨清晰地标明了信息流动的方向，即从信源流向信宿，基本保持线性的流动。而消费者在营销传播中处理信息的方式也是线性的，表现为接触—注意—理解—接受—保留。

经过长期经营和管理实践的探索，目前，新媒体已经形成了较为完善的内容运营流程，以平台化的模式对内容的生产、传播进行了流程再造。首先，新媒体的内容运营需要经过内容获取、集成、分发三个重要环节。新媒体通过各种渠道广泛吸纳海量内容，新媒体机构对各种内容进行集成，使之成为符合市场需求的内容产品，并面向多种终端和用户进行传输分发。在各个环节中，新媒体内容运营均体现了多元化、多样性开放式的特点，使之有别于传统媒体封闭式、单一化的管理模式。其次，新媒体的内容运营还有两个重要支撑：一是内容监管，即内容的可管可控，通过遴选和监控保证内容的安全可靠。二是媒体资产管理系统的建设。媒体资产管理系统在新媒体内容管理过程中的作用至关重要，新媒体的内容管理流程千头万绪，需有更科学的管理系统来保证资源的合理配置。同时，原始的内容资源通过媒体资产管理系统的套配，可以进行多次开发，深度发掘内容资产的价值。

此外，新媒体机构在内容运营的过程中有一个极为重要的特点，就是将内容视为产品。互联网产品其实并未创造出全新的生产机制，只是更加灵活地根据用户反馈进行产品调整。虽然这种不断获取反馈，再不断调整的方式并不一定都会采用最新的手段与方法，大数据和小数据、中数据的结合使用是常态，但是在这方面，传统媒体工业化的程度依然有所欠缺，究其原因主要是产品意识不强。

（二）大数据在新媒体内容运营过程中发挥着巨大的作用

正如前文所述，新媒体的内容运营流程可以分为基本的内容获取、内容集成、内容分发和交易三个大的环节。无论具体的内容产品是什么，总体来看，媒体进行内容生产的最终目的是搭建起恰当的商业模式，从而实现盈利。目前，用户付费、商业广告、内容销售是最常见的三种模式。所以，对于内容运营这项工作来说，大数据的作用是要从这三个层面来提升新媒体机构的盈利能力。

在传统的媒体内容生产过程中，数据最重要的作用就是从用户与广告主的需求角度出发，为内容生产者提供必要的参考和借鉴。然而在大数据技术的支持下，数据的作用和重要程度都发生了改变，也在颠覆原有的媒体内容生产模式。在运营过程的各个环节中，大数据都可以参与其中，并且有效地提升新媒体机构内容运营的效率，优化运营效果。

第一，在内容获取方面，不管是自主内容生产还是外部引入，即通过购买、合作的方式获得内容，都需要利用数据对其进行评估，从而生产、获取更加符合市场需求的内容产品，甚至数据本身就可以成为优质的内容。

第二，在内容集成环节上，新媒体机构要实现的是内容的业务化和产品化，在这个过程中，需要根据终端、渠道、受众的不同将原始内容加工整理成更加合适的内容产品，大数据的指导作用同样重要。在这个过程中，可以利用数据的支持对内容产品进行优化，通过编辑整理让内容产生更大的价值。

第三，在内容分发环节上，如何让不同的用户在不同的时间利用不同的终端接收最合适的内容产品，并且让新媒体机构在第一时间获取用户的评价与反馈，这是大数据需要解决的重要问题。实现精准的推荐和个性化的分发模式是现在新媒体机构在内容分发层面上的工作重点。

帮助新媒体预知用户、受众的需求，提前生产出符合他们需求的内容及产品，同时进行内容产品的优化，并且帮助媒体用更加合适的方法去传播和营销，这是大数据在新媒体内容运营中的重要使命。在接下来的章节中，我们将具体探讨大数据如何帮助新媒体机构优化其内容运营的工作。

第二节　大数据改变新媒体的内容生产

本节我们以数据新闻为例，来对大数据改变新媒体的内容生产进行介绍。

一、数据新闻的概念和发展

根据业界的认知，数据新闻又叫数据驱动新闻，是指基于数据的抓取、挖掘、统计、分析和可视化呈现的新型新闻报道方式。数据新闻是在大数据的技术背景下产生的。数据新闻是随着数据时代的到来出现的一种新型报道形态，是数据技术对新闻业全面渗透的必然结果，它的出现在一定程度上改变了传统新闻的生产流程。

（一）数据新闻的起源：精确新闻报道

精确新闻学理论亦被称为精确新闻体、精确新闻报道，是由美国学者、新闻记者菲利普·迈耶在20世纪60年代提出来的。在《精确新闻报道：记者应掌握的社会科学研究方法》一书中，菲利普·迈耶将精确新闻的含义界定为：记者在采访时，运用调查、实验和内容分析等社会科学研究方法来收集资料、查证事实，从而报道新闻。

在当时的时代背景和环境下，新闻业界希望能够以更加精确的数据、概念来分析新闻事件，尽可能避免主观的、人为的错误，使新闻报道更加客观、公正，所以民意调查研究成为当时精确新闻学的最主要的组成部分。随着民意调查在强调民主的美国的日益发展与多样化、细化，以及新闻教育变革和新闻传播技术的发展，特别是电话的普及和电子计算机的广泛使用，精确新闻报道日益成熟。精确新闻报道使记者在采访时能运用科学的方法进行直接或间接的系统观察，这就使这种观察具有代表性，而且在内容上它是以严肃的数据为依据，可以使新闻报道更加客观、公正。传统的新闻报道是记者被动地报道或解释新闻事件，新闻报道被狭隘地限制在"对新闻事件的报道与解释"上。精确新闻报道的出现，使记者能采用系统的科学方法主动采集、加工资料，挖掘隐藏的真实信息。从这些关于精确新闻报道的阐释中可以看出，人们很早就开始探讨如何使新闻报道更加精确和客观，尤其是如何将数据与新闻报道结合在一起。

在这之后，新闻报道与数据之间的距离不断被拉近。20世纪90年代，随着计算机技术的普及，"计算机辅助新闻"在新闻调查与新闻报道中的比例日益增加，这进一步提升了新闻报道的精确性。之后，"数据库新闻"等概念出现，新闻报道从生产方式到报道形态都发生了巨大的变革。21世纪初，记者们开始尝试从一些数据库中找出有用的数据以便挖掘新闻专题。这些数据库既包括政府公开的数据库，也包括媒体自己的数据库。在不久之后，数据驱动新闻、大数据新闻等概念以及操作方法应运而生。显然，这一过程与人类的数据处理技术的进步是同时发生的。

（二）数据新闻的诞生和概念

关于数据新闻概念的诞生，业界和学界目前并无统一的判断，但是仍有一些标志性的事件可以帮助我们更好地了解数据新闻的发展过程。

目前，学界和业界对于"数据新闻"还没有形成统一的认知，所以在对数据新闻的概念进行解释的时候，会出现一定的差异。总结来看，学界与业界对于数据新闻有一个共同的认知，即数据新闻是一种运用了数据理念的、全面变革了的新闻报道方式与制作手段。

数据新闻与精确新闻的差异主要体现在三个方面：第一，是分析和处理的数量有着显著差异；第二，是数据对于精确新闻来说是一种辅助，但是对于数据新闻而言则是核心驱动力；第三是承载平台，精确新闻基本还是以传统媒体为介质，而数据新闻主要利用的则是数字化媒体平台。如果从数据新闻与传统新闻报道的差异点来看的话，数据新闻被认为是通过数据处理来进行的新闻报道，极为强调新闻报道与数据之间的关系。从数据新闻对新闻叙事的创新的角度来看，数据新闻是一套囊括了许许多多的用于新闻叙事的工具、技巧与方法，为了提供更加生动、鲜明的阅读体验的新闻报道生产方法。从工作流程与方式的角度来看，数据新闻应当是一种全新的工作流程，包括抓取数据、挖掘数据、数据可视化等基本步骤，在这个过程中实现数据与新闻信息的融合。

（三）数据新闻的特征和趋势

既然数据新闻强调用数据处理的理念改造新闻报道的生产与传播方式，那么数据新闻势必会与传统的新闻报道产生极大的差异。学界与业界对于数据新闻的特征也做了不同程度的梳理。

这里我们的研究视角是大数据对于新媒体内容运营的影响，以数据新闻为例其实要探讨的也是这样一个问题。从这样一个角度来看，数据新闻的特点在于利用大数据的理念，利用恰当的数据处理的方法和工具，重新构建起新闻报道的流程，强调挖掘数据本身的价值，强调新闻事件与数据之间的关系，强调用数据可视化的方式来展现新闻事件。正如大数据本身的4V特征一样，依托于大数据技术存在的数据新闻也必然拥有相似的特点。德国之声记者米尔科·洛伦兹在《数据新闻手册》中绘制了数据新闻的制作过程。这个过程大致可以分为四个步骤，即收集数据、清洗数据、可视化处理、故事化的编辑报道。

在今后一段时间内，伴随着大数据技术的发展、机器学习的升级，数据新闻也会迎来更大的发展。

二、新闻媒体的数据新闻实践

（一）英国《卫报》的数据新闻实践

《卫报》（The Guardian）是英国的全国性综合内容日报，与《泰晤士报》和《每日电讯报》被合称为英国三大报。《卫报》由约翰·爱德华·泰勒创办于1821年5月5日，该报注重报道国际新闻，擅长发表评论和分析性专题文章。一般公众认为，《卫报》的观点为中间偏左，对国际问题持"独立"观点。该报主要读者为政界人士、白领、知识分子。发展到今日，《卫报》成了严肃的、可信的、独立新闻的代名词，是一份定位于高端市场的主流大报。同时，《卫报》在传统纸媒的数字化转型探索中也颇具代表性。在数据新闻领域中，《卫报》是一个具有典型性的实践机构，运作了诸多极具代表性的数据新闻案例。

（二）美国《纽约时报》的数据新闻实践

1.从部门架构到人才培养的全方位数字化调整

《纽约时报》的数据新闻探索并非一日之功，而是从最初的数字化、网络化转型开始就打下了坚实的基础。21世纪初，《纽约时报》将报纸编辑部和网络编辑部重新组合，在新闻采集、内容生产、多平台建设方面建立紧密的协同机制。此后，一方面，《纽约时报》加大了从互联网公司引进先进人才的力度，招聘了很多信息科技、网络技术及编程人员，其IT部门人数已达500人。除此之外，该报还有一个120人组成的产品团队，30人组成的数字媒体设计团队，30人组成的用户分析团队以及8人组成的研发团队。《纽约时报》还成立了商业智囊团，专门负责《纽约时报》及报业集团的科技信息化转轨，并利用数据挖掘直接指导公司的商业决策。另一方面，《纽约时报》还建立了一套具备国际水准的支持系统，以培训传统记者，保证并激活传统采编人员向全能化、复合型人才转型。这个系统包括与国外机构建立的良好关系、完善的特约通讯员网络、坚实的研究支持以及与国外高校的新闻学院的合作，以保证充足的数字化新闻人才不断注入公司。

2.开放数据，同时打造数据新闻栏目

在具体运用"数据新闻"这一全新理念的新闻产品生产方面，《纽约时报》推出的是The Upshot栏目。《纽约时报》推出了新栏目The Upshot，将智能分析、写作、数据可视化与个性化相结合，针对社会经济领域，通过数据分析和呈现，帮助读者洞悉复杂的政经事件背后的含义。除了严肃的政经主题之外，The Upshot还推出了许多体育主题的作品，覆盖世界杯、橄榄球、棒球、足球、NBA等。根据国外网站"共同设计"的报道，在不到一年的时间内，The Upshot就取得了优良的业绩。

三、总结

（一）数据可以直接转变为内容

只要运用得当、表现得当，数据可以直接转化成媒体的内容产品。采集数据成为内容生产中的重要步骤，如何去组织和表现这些数据成为内容生产者的重要使命。

例如，国内首个大型数据新闻节目《数说命运共同体》在中央电视台《新闻联播》《朝闻天下》《新闻30分》《新闻直播间》等多个新闻栏目推出。该节目由央视新闻中心跨行业、跨领域整合多方信息源，依托国家"一带一路"数据中心、国家统计局、海关总署、世界银行、世界贸易组织的权威数据库，动用两台超级计算机，历时6个月完成。此外，该栏目还首次使用卫星定位跟踪系统数据，通过大量GPS移动轨迹，提升数据新闻的视觉表达效果；首次使用数据库对接可视化工具，使节目通过真实数据轨迹进行全景呈现。据了解，《数说命运共同体》单是挖掘数据就超过1亿GB，仅为计算"全球30万艘大型货船轨迹"而分析比对的航运数据GPS路径就超过120亿行。

（二）内容生产者被重新定义

大数据赋予新媒体内容生产的另一项变革在于内容生产者的改变。一方面是传统的"生产者"与"使用者"的界限变得模糊；另一方面是人工智能越来越多地参与到内容生产当中。

大数据的4V特征强调的就是数据量大、来源丰富、种类多样且速度迅疾，那么，利用大数据进行的媒体内容生产也理当符合这样的特征。这就在客观上要求内容提供者能够以"集成者"和"平台"的理念对自身进行重新定位，前文提到的开放新闻理念就是一个典型的代表。网络媒体的内容生产很多时候是各种分散主体的协同式"分布生产"，众包新闻就是这种变化的典型模式。此外，在豆瓣、知乎、微博、脸谱和推特等社交媒体上，用户看到的内容本身就是来自各种个体、群体、机构的"讨论"与评述，但这些信息往往又成为主流媒体进行内容生产的重要源头——专业媒体机构不但利用这些信息进行数据新闻的生产，而且也将它们视为重要的新闻报道的素材。

例如，21世纪初，《赫芬顿邮报》启动了名为"Off The Bus"的公民新闻项目，在普通民众中招募大量志愿者共同参与总统大选的报道。其基本形式是：OTB网站将采访需要提出的问题、需采集的信息等预先设计成表格分发给参与的志愿者，他们完成采访后将填好的表格信息发回网站，编辑根据其内容编发成新闻消息或存入资料库。这种"分布式"新闻报道方式的优势是由于参与者众多，能以群体力量完成时间、空间跨度较大的事件的跟踪采访和报道，并且能唤起普通民众对公共事务的兴趣，从中发掘出内容鲜活、能产生重大影响的新闻。

（三）数据在内容生产中扮演了极为重要的作用

在当前的趋势下，数据对于内容生产的指导作用被极度放大。媒体机构对于用户需求的了解会先于内容生产，以用户为中心的内容生产观念在大数据技术的支持下被全面放大。

例如，《赫芬顿邮报》利用自身的核心算法和人工处理方式紧盯谷歌搜索上的热门词汇，根据最热的新闻词汇进行相关内容的编写并发布，从而为用户提供他们最希望看到的新闻内容。《赫芬顿邮报》不是根据自己的生产能力来制作内容，而是根据用户的需要，对已有新闻进行整合后，从而最大可能地满足读者的需求。我国的"今日头条"通过对人民网、新华网、网易、新浪等各大新闻网站的新闻进行内容聚合，基于"推荐""热门""好友动态"三个维度，向用户推送资讯、评论等内容。

第三节　大数据改变新媒体的内容运营

一、新媒体的内容价值实现——内容运营

此前我们简单介绍了目前主流的新媒体机构在内容价值的实现上主要有三种方式：第一种是将内容销售给用户，包括个人用户与机构用户，然后获取一定的收入，从而体现出内容的价值。按照通常的理解，视频网站的用户付费形式就是这种内容价值体现方式的代表。第二种是合理设计内容播出过程中的各种品牌曝光机会，即广告产品，并将其销售给广告主从而获取广告收入。无论是硬广告还是软广告，都是这种内容价值的重要实现方式。第三种就是将内容的不同版权产品销售给其他媒体机构或者播出平台，从而获得相应的版权收入。

为了获得更高的利润，最大限度地实现内容的价值，新媒体机构除了需要提升内容本身的质量、增强其吸引力之外，还需要通过各种各样的包装方式、营销手段去进一步提升自身内容产品的价值，从而获取更大的收益，这就是我们所说的内容运营过程。具体来说，"运营"的概念包括内容的编辑、推荐和销售三个方面。

我们已经论述过，与传统媒体相比，新媒体的内容运营模式是有着鲜明特色的。中国传媒大学周艳教授认为，以互联网为代表的新媒体机构在内容运营方面经历了不同的发展阶段。第一阶段是较为粗放的内容运营模式：广播式媒体通过自制或者采购、合作等方式，获得优质的内容，并且按照用户需求的种类、时间、区域差异等将其编排并分发出去。而互联网媒体的内容运营因为一开始就不是构建在自制内容基础上的，没有独立的采编权，其在内容运作上是对传统媒体数十年内容沉淀的"盘剥"和"压榨"。互联网媒体能够将海量存储内容的多媒体性质呈现给用户，并且主要通过"标题党"的形式和编排手段不断创新策划，使得原来线性内容被加工整理后更符合互联网用户的使用需求。

第二阶段则开始运用数据的力量：在内容缺口和创新压力下，运用技术支持，互联网媒体构建了数据库创建内容的运作模式，通过构建强大的数据库并对其进行管理，梳理数据指标之间和不同数据库结构之间的关联。互联网能够把原本零散而没有关联的信息重新组合起来，生产出人们所需要的信息内容，于是其内容运营的能力得以大幅提升……在内容营销方面，内容本身的数据、用户的基础数据、用户的信息浏览和使用习惯数据、信息

传播过程中产生的交易行为数据等，这些通过传统方式很难得到的数据，在互联网上变得非常便捷。数据是透明的、可寻址的，这就使得互联网上的数据库营销更为常见而高效，而且屡见创新。

二、大数据在新媒体内容集成和分发中的运用

（一）人工与数据相结合的编辑策划，深度挖掘内容价值

互联网的发展带来了信息的大爆炸。对于个人用户来说，可以浏览的信息量过于巨大，不同网站内容中同质化的程度也较高，难以做出选择；对于新媒体机构来说，帮助用户进行信息筛选，同时让自身的内容产品获得竞争优势以吸引用户的注意，这些工作是通过适当的编辑、包装和精准推送来实现的。换个角度来说，即便是同样的内容素材，也会因为不同的加工方式和编辑推荐而产生不同的效果。所以，我们认为编辑与推荐过程其实是对内容价值的再次解读与深度挖掘，是新媒体内容运营的重要组成部分。大数据在这项工作中的重要意义就在于帮助新媒体机构提升效率与效益。

另外，能够体现出人工编辑、策划思路的就是新媒体内容的"排序"，首页推荐、置顶、排行榜等都是典型代表。如新浪微博推出智能排序功能，用户访问新浪微博时可选择"智能排序"或"更新时间排序"。有网友访问新浪微博时，界面会显示"温馨提示：你正通过智能排序的方式浏览微博，智能排序依据你的喜好帮你梳理微博内容"。新浪微博客服表示，智能排序是根据用户的关注、标签和微博内容等相关信息来判断用户的喜好，从而进行的排序。

（二）准确预判用户需求并进行相应的内容推荐

在进行合理的内容编辑之后，需要用到更多数据的推荐工作。除了用户可自主进行频道订阅以外，新媒体机构还会进行相应的推荐。为了提升这种推荐行为的精准程度，新媒体机构需要收集大量的用户行为数据，以准确判断用户的偏好和倾向。一个简单的例子是，用户在视频网站观看视频之后，网站通常会有相应的内容推荐，比如同一导演、演员的其他作品，相似主题的作品等，用户点击越多证明推荐越成功，这种推荐就是依靠大数据来实现的。

（三）快速、有针对性地分发传播可以有效提升新媒体内容价值

新媒体传播的一个特性就是速度迅捷。在内容生产方面，大数据等技术的出现使得抓取、编辑、整理的速度不断提升，新媒体机构在生产和集成内容的同时，也作为其他媒体机构的内容源而存在。所以，在内容集成的同时，内容分发也在发生。因此，利用数据技

术优化分发与传播路径，同样是新媒体机构内容运营的一个要点。

通常来看，如果想要优化分发与传播的效果，第一，必须对不同媒体、不同终端的用户行为偏好有充分的了解。以视频产品为例，电视端更适合播放长视频以及画面精良的视频内容，手机等移动终端多半用来满足用户碎片化时间的信息获取需求，所以视频内容宜简短；在一天的不同时间段里，用户对于视频内容的类型的需求也会存在差异，新闻类、娱乐类、科技类、生活类不一而足；不同的用户群体对于视频内容的类型和特征也会存在需求的差异点。针对这些特点，内容生产者在将内容分发至不同的媒体类型以及终端类型时，应对用户行为、需求数据有充分的了解。第二，对于下游的传播路径也应当有一定的了解，以便掌控整个内容传播的过程，从而提出相应的优化方案与问题解决方案。

三、大数据在新媒体内容交易中的运用

（一）数据与内容交易密不可分

按照此前的论述，新媒体内容运营的另一个重要环节是通过内容销售实现版权收入。这就涉及了内容交易这个话题。交易双方在交易过程中必须对所交易产品进行充分的评估。然而，媒体内容产品不同于普通的标准化产品，它兼具物质产品与精神产品的属性，因而对媒体内容的评估是一个专业化程度很高的课题，在国内外已经有了上百年的学术探索和机构实践历史。不同种类的内容产品、不同阶段的内容产品，在评估方法、交易估值方面都会存在显著的差异。

一直以来，媒体内容的交易评估都在尽可能地追求准确与精细，为了不断优化交易决策，交易双方需要了解待交易的内容产品方方面面的数据与信息，并将这些数据、信息进行有效的整合，从而为决策判断提供重要参考。

总体来说，用以进行内容交易的内容评估是一套完整的数据体系，包括评估指标、评估方法和评估流程。这三个变量的不同会直接影响最终的评估结果，从而改变交易行为。因此，一直以来媒体的内容产品交易都与数据密不可分，只是在不同的发展阶段，由于人们能够掌握的数据量的大小、数据类型的多少、数据分析和处理能力的强弱不同，因而体现出了不同的特点。

（二）大数据优化了内容产品的交易流程

内容交易的第一个环节是交易之前。此时，卖方需要考虑三个核心问题，即销售怎样的产品、何时销售、以怎样的价格销售。销售怎样的产品，需要卖方充分结合市场需求，对内容素材进行适当的编辑和包装，比如此前提到的拆条、重组等，因为不同的买方需要的内容产品是不同的。何时销售即思考在怎样的时机将产品销售出去，从而获得最高的利

润。以怎样的价格销售考虑的是定价问题。而买方考虑的问题与此相对应，也是用怎样的价格，在怎样的时间，购买怎样的产品。

此后的环节就是交易中的交易管理和交易后的交易维系等。在新媒体机构的内容产品交易中，大数据的作用体现在两个基础层面：第一，帮助交易双方获取更加大量的数据作为决策支撑；第二，帮助交易双方以大数据的理念和技术手段来处理相关数据，无论是历史积累数据还是实时抓取数据，对这些数据的正确处理都可以提升数据的使用价值，更好地促进销售。

（三）大数据改变了内容产品的交易方式与手段

大数据给新媒体机构内容产品交易带来的另一项改变体现在交易的方式与手段上。在媒体内容交易中，视频内容是非常典型的一个分支，其主要的交易方式是通过交易展会（如电视节和电影节等）、版权交易中心（各地政府均建有版权交易中心，并允许社会机构参与），以及线上交易平台来实现的。传统的交易模式已经无法适应新媒体时代的市场需求，所以开放化、精细化和在线化是今后的必然发展方向，而大数据将在其中发挥极为重要的作用。

第十二章　大数据时代新媒体发展

第一节　大数据时代社会化媒体发展

一、社会化媒体营销的基本特征

（一）多平台、多媒体传播方式

身处网络时代，人们不但具备各种各样的社会化媒介平台，而且拥有与传统不同的传播方式。以往有业界人士与学者认为，自媒体的流行会如同从前流行的博客一般，只是暂时的风光，维持不了太长时间，或是变为公司公众号。但从直播、微博、微信等社会化媒介平台，甚至那些更为垂直化的信息平台角度分析，无论个人还是企业，皆属于自媒体的一部分；而每一账号皆变为自媒体的现象，正好说明了自媒体绝非短暂流行，反而有大受欢迎的趋势。通过自媒体这一媒介平台，每人都有可能自主创造出个性化的信息体、信息平台。所以说，品牌传播能够通过各类社会化媒体平台的视频、文字、图像、音频来完成。当然，通过线下线上的互动，也能够令传播效果大幅提升。

播客、博客、个人网站等平台的影响力渐渐减弱、消失，直播、微博、微信则正处于流行中。与传统媒体相比，微博、微信最显著的特征便是能够令信息得以再次传播，二次扩展用户范围。传播人员借助新媒体将信息传播出去，目标用户将信息接收后能够借助自媒体的媒介平台，再次把信息传送给周围人群。如同跑步接力赛一般，传播信息具备循环性与延续性。接连数次的信息传递，让接收人员与传播人员的数量以几何倍数增加。最后，传播人员将欢喜地认识到，接收信息的受众较自己所预期的多许多。但是，使用户人数增多的绝非传播一手信息的人，而是那些接收过信息后再将其二次传递的人。在传播过程中，传统媒体也会发生二次传播的现象，可是新媒体天生具备的媒介优势能够让其再次传播变得越发简单。比如，微信平台上的分享朋友圈功能与微博平台上的一键转发功能。

与文字、图像等相比，音频和视频具备更强大的冲击性与亲和性，它们的传播效果也更加明显。比如，品牌方使用频率较高的脱口秀节目，相较于其他的电视娱乐节目，脱口秀最大的优点便是它并不昂贵的制作成本及轻快幽默的节目氛围，能够让用户产生一种共同探讨天下事与培养精神文化素养的共鸣。因为与会遭受各种复杂因素影响的传统电视节目不同，通常情况下，这种节目的档次直接由该节目主持人的水平决定，所以说脱口秀节目成功与否的首要因素便是媒体人的素养高低。在娱乐类的脱口秀节目中，受众的兴趣更容易由轻松有趣的话题激发出来。在节目内容方面，此类节目应更加重视表演化的内容，大部分情况下，节目主持人便是这一脱口秀自媒体品牌的代表。

（二）注重用户体验

通过各种传播手段拉近与用户的距离，把用户感受与品牌体验放在第一位的行为便是品牌传播。因为，在互联网环境下，品牌传播者与用户接触更加方便，也更有益于接收受众对产品的感受、体验以及意见等各种反馈，可谓天时、地利、人和。在这种情况下，品牌当然要借助已有的资源谋取最大的价值。但是，倘若受众的品牌体验属于负面范畴，不利信息也将轻而易举地在网络上传播，品牌传播者不但需要耗费许多时间、精力去进行危机公关，而且该信息所导致的负面影响更非短时间内可以清除的。为在消费受众心目中树立品牌的优秀形象，必须着眼于防止问题与处理问题两个角度。首先要做到以用户为第一位，把用户的体验与反馈视为最关键的信息，为使用户感受更完善的品牌体验而努力。无论是视觉接触还是使用产品，此类体验都必须是全方位的。与传统品牌相比，互联网的线下品牌体验更加方便，为受众提供体贴细心服务的成本也更为低廉。为了避免用户体验糟糕而导致负面信息，则需要对有关信息加以收集、分析、研究，进而筹备产品的升级与改良。因负面信息而造成的不利影响，要及时进行危机公关，减少对品牌的损害，竭尽全力对品牌的目标受众进行安抚。对于与品牌接触最多、且品牌在心目中地位最高的受众，必须更加关心。此外，良好的用户体验能够提高受众对品牌的信任度，有益于品牌对自身形象的维护。当品牌出现不利信息时，这些忠实用户仍会站在品牌一边，信任它、支持它。

许多品牌的铁杆粉丝用户皆能发挥这般作用，这样用户的数量对品牌而言当然是越多越好。但是，想要拥护这样的用户，所要付出的不只是钱财上的成本，更多的是时间成本与情感成本。

二、社会化媒体的分类

（一）社交网络

社交网络主要表现为Myspace、脸谱网、人人网、腾讯空间等，特征是接受众多的用户，凭借电子邮件的方式邀请身边的人加入，在网络平台上互动，实时分享视频、图像还有动态的各种信息等。

（二）合作项目

合作项目主要表现为维基百科，我国则包括百度贴吧、新浪爱问、百度百科等。合作项目的特征是促使用户进行提问和回答，借助用户的参与，对各种问题及概念加以完善，属于一种明显的Web 2.0表现方式。由于维基百科的面世，有百年历史的大英百科全书也消失在了历史的洪流中。

（三）内容社区

主要表现为Flicker、油管等，我国则包括豆瓣网、优酷网等，以UGC为特征。内容社区也就是用户将自己创作的各类视频、图像、音频等大量上传，通过分类的社区分享给别人的社区。

（四）博客及微博

主要表现为推特网，我国则包括新浪微博、腾讯微博、新浪博客等。由于移动互联网发展迅猛，在Web 2.0时代的鲜明代表已经由博客渐渐变成了微博平台，它具备广播式的传播特点，注重即时性，每一个人皆可以变为制造新闻的人，成为自媒体时代的鲜明代表。

（五）微信

微信是腾讯集团的品牌产品，作为社交网络和即时通信的交叉产物，正是通过用户手中的通信录邀请身边的人加入的。它还具备LBS的功能，只要随手摇一摇，便能知晓身边有什么人在使用着微信，还能够和对方互动，既具有QQ的即时性，又具备社交网络的黏性和互动性。可以说，微信是社交网络中的移动互联网版本。

三、大数据时代社会化媒体营销的变化

（一）大数据带给互联网营销的若干思考

大数据所具有的体量大、多样性、速度快和真实性的特征与泛互联网所具有的多样海量性、平台性、碎片性以及门户性特征存在着紧密的关联。追求大数据的商业价值将激发我们对大数据利用的如下思索：①如何推出以客户为中心的商业措施。②如何学习与大数据分享、生产、检索、存储、分析、可视化处理等相关知识，跟随行业发展趋势。③如何以大数据的业务优先级为切入点，对业务链谨慎升级。④如何以数据为中心描绘企业全部的大数据蓝图。⑤如何利用市场的监测、分析数据技术对投资收益加以预测和量化。

上述五个值得考量的问题，皆是以如何实现大数据的商业价值而得以展开的。伴随着大数据应用分析技术的进步，信息产业向着泛互联网化的趋势发展已是理所应当，毕竟信息产业向来以数据为核心资产，无论是数据还是大数据皆为产业经济新的增长点。

受大数据驱动发展的市场营销行业也属于大数据的产业发展，所以说，将来与数据关联的所有行业只有顺应大数据发展的趋势，方可在市场竞争中拔得头筹。以大数据为驱动力的未来互联网营销，具有规模化运营及减少发布成本、提升信息传播速度、增强用户价值并减少媒体价值三种优势。这三种优势给互联网营销有关产业造成的困难有：算法团队与广告市场的缺乏、活力大数据的缺乏、媒介资源的缺乏、失衡的RTB产业结构、通过大数据技术进行营销的企业数量太少我国基本不存在开放的SSP与DMP、社会化媒体平台并未得到有效利用、对品牌广告主的认知不够等。它给互联网营销有关产业带来的挑战包括行业规范与协作的模式、数据与技术的驱动及广告产业的再次构建。

公司以社会化媒体为依托进行大数据营销，在确定相关需要并制定有关的大数据对策后，也需要预测估计大数据给公司造成的风险，大致包括七个方面：①由于未明确大数据与相关的应用、分析技术，或许将提升风险成本。②由于未了解自身对大数据的发展需要，或许会导致方向出错。③由于未了解自身的发展状况与规模需要，导致迫切想要以大数据为切入点。④由于自身数据质量较低，且专业大数据分析、应用人才的水平不够，导致投资受损。⑤由于数据量提升，导致数据存储、移动与实时处理的问题。⑥由于大数据切实地进入业务层面，分析此举可能导致的风险。⑦由于大数据分析有存在谬误的可能，所以在进行结果分析与应用价值预测时应该更加小心谨慎。

（二）大数据的"四大利器"为精确营销铺路

1.大数据体量大的特点要求大数据具有"显微镜"功能

在大数据时代，数据的类型由从前的以结构化数据为主，转变为如今的非结构化新数

据占据主要地位，兼有签到数据、地理位置数据、音频、视频等众多数据类型，为数据处理提出了更高的要求。在社交化媒体中，数据量占的比例最高，因此，务必充分收集并利用社交媒体的数据，以向营销提供服务。从数据价值角度看，数据所蕴含的价值需要人们进行更多的挖掘，如此才能将大量数据中的商业价值完全开发。身处大数据时代，需要人们抛弃传统的抽样研究与量化分析，径直挑选有价值的数据或分析样本总体，如此一来，大数据中的数据量和整体之间的距离也越发拉近。在对有价值的信息进行从整体中抓取或是直接抓取时，必须令大数据发挥其显微镜的作用。

2.大数据速度快的特点要求大数据具有"导航仪"功能

以公共群体的分享及协作为角度进行分析，大数据往往具备了导航仪的功能：无论是用户洞察、用户定位、用户接触，还是用户转化，每个步骤皆能够接受高效、准确、经济、仔细的数据的指引。由于Web 3.0的降临与高速5G网络的建立，即时的传输与反馈也变得越发容易实现，因此，可以为社交化媒体营销提供更多技术上的支持。比如，通过手机终端进行的限量限时发售、即时回复、即时抢购微博微信送礼互动等活动，已变为全新营销方式，为社交化媒体营销不断地提供新的机会与噱头。除此之外，即时传输的数据也对数据库的传统模式构成了挑战。传统的查询、分析数据的方式已经难以符合即时信息的需求，对于变化万千的数据应该施以更加精准的监测。大数据所起到的导航仪作用，便是向人们提供最全面最新颖的数据支持，指引人们找寻最有价值的数据，防止盲目抓取、利用与分析数据的现象出现。

3.大数据真实性的特点要求大数据具有"纠错器"功能

从社会化媒体内部信息沟通、分享与共用的角度进行分析，大数据具有"纠错器"的功能：它可以察觉到营销过程中实时出现的问题，即刻进行对策调整，令营销效率与投资回报率（ROI）有所提升。正因为公司具有如此及时的改正错误的能力，企业以后无须浪费一分钱便可实现和消费用户的进一步沟通。大数据所起到的纠错器作用和大数据自身所具备的真实性关联极其密切。

4.大数据多样性的特点要求大数据具有"发动机"功能

从公民群体的分享层次的角度进行分析，大数据在推动社会化媒体营销方面起到了发动机的作用。作为一种准确的营销引擎驱动，它能够彻底颠覆过往的营销执行过程与营销决策模式，甚至导致广告业产生革命性的剧烈冲击。大数据所起到的发动机作用，能够令协作由线上扩展至线下、由小型活动延伸为大规模的群体社会运动，群体也因此具备了推动民主和改变社会的能力。大数据分析具有极其关键的作用。比如，微博的打拐运动，就是在2011年由于建嵘在微博平台上提出的通过随手拍照的方式将乞讨儿童拯救出来的倡议而兴起的，并获得众多微博达人的支持，在微博、春节、打拐、传统媒体等诸多要素相互作用下得以聚集能量，令其从个人事件发展为网络公共事件，再进一步延伸为社会公共事件。这一案例表明，社会媒体的大数据汇流具有推动媒体事件进程的作用。大数据还可以向社会媒体营销活动的实施提供意见、经验。当然，价值化也属于大数据为社会媒体营销带来的显著特色，这其中的价值性表示的并非简单的总量价值，而是隐藏价值与复合价值，也就是那些通过挖掘大数据才得以显现的价值。由于大数据具有巨大的数据量，所以它的价值密度便会较低，可是大数据中依然存在着极高的商业价值，这便如同埋在大地之下的黄金，倘若能得到合理的开采和挖掘，便将获得极其丰厚的回报。此外，交互数据的繁复性能够体现出大数据价值密度低的特点，每一秒用户的相关数据皆能得到传递与反馈，如此一来，得到的海量数据便唯有利用大数据技术方可完全挖掘，简单地观察用户的地理位置信息与长期登录日志是难以发掘出其中所蕴含的价值的。

（三）大数据的4M和平台化趋势

大数据能够对社会媒体起到驱动作用、令其精确营销更为迅速和中心化、更加垂直且更贴近用户，其特点是：

More Faster：时效性要求媒体具备更迅速的处理速度。

More Closer：需要更加出色的用户体验，能够直击受众心灵。

More Vertical：需要更加仔细的数据，对垂直化分工进行挖掘。

More Centralized：复杂的数据流程所要求的服务要更集中。

大数据的营销务必做到以时间营销为理念，利用所抓捕的实时大数据对用户需求进行即时分析，将时间营销维度加入用户兴趣的维度中来，在合适的时机下，将用户感兴趣的信息推送给他们。除了要迎合用户的需求，还要留意用户的心理需要，不但要推销自己的产品，还要顾及受众的相关需要。在借助社会媒体进行营销的同时，还需和消费者理性地互动，要和消费者交朋友，与他们建立起彼此信任的关系。大数据时代下的行业垂直整合模式以数据展开为中心主体，公司与终端用户距离越近，它在产业链上所具备的发言权便越大。凭借一定数量的客户群与用户数据，处于该产业链的全部企业皆将遭受一定数量用户公司的影响，也有可能被其他企业整合并购。由于泛互联网化趋势的日益扩大，商业营销亦随之迈入了智能消费时代，大数据所蕴含的价值得以完全展现。

为提供更加集中的产品服务，各企业就要求扩大各类数据的收集，从而帮助自己下决策。也可以借助一些软件系统，例如CRM，客户关系管理系统（Customer Relationship Management）或应用等，捕捉相应的数据与场景，从而对有价值的客户和合作关系在决策执行、业务数据分析、应用业务集成等三个方面进行选择和管理，以帮助企业扩大收入、降低成本、寻找新渠道、拓展新业务，并同时致力于增加客户的满意与忠实程度，提高企业的盈利和价值评价。

相对比即可发现，媒体的多元平台化在本质上与大数据的社会化、平台化内在相互契合。基于云技术，将大数据和云计算相整合的一个平台，这就是大数据的平台化。而社会化媒体所需要的大数据平台已经不能依靠传统的营销模式来提供。现今，基于互联网的营销环境逐渐趋向于平台化。纵观社会化媒体的时间历程，即从1995年发展至现在，首先经历了论坛与博客彼此独立风靡的岁月，紧接着是社交时代的来临，最后扩充至多元化的社交媒体共存的环境，自此进入高阶段社交媒体时代，而企业营销的开展也更加依赖于社会化媒体所整合的数据积累。

目前，社会化的媒体发展可以描述为以下轨迹：先是站点角色的社会化媒体，而后进入客户端时代，最后增至大型平台模式。新的时代对营销模式也有了更大的需求，单一的站点或客户端模式已然不能满足其时代要求，只有充分扩大营销环境，将社会化媒体整合为一个大型的营销平台，并以此为主要模式，与其他各种媒体方式并存，才能满足新时代的发展进步。

第二节　大数据时代影视传播发展

一、影视传播的内容

（一）新闻资讯

影视的可视性使其具有大众性和普遍的可理解性，在传播新闻资讯、宣传党和政府的方针政策方面具有得天独厚的优势：既直观生动，又简洁有力，更易为广大的受众所接受。新闻资讯包含的范畴很广，只要大众关注，新闻资讯就报道，正在发生、已经发生还包括将会持续追踪报道的新闻事实，奇闻逸事、科学发现、时尚音乐、气候变化、市场价格变化、工业农业等百姓关注的事都包含在新闻资讯的范畴中。

在各种新闻资讯传播媒介中，影视发挥着独特的作用。在当今人们所接收的新闻资讯中，影视（尤其是电视）所占据的比例越来越大。随着科学技术的发展，影像质量的不断提高，传递速度的不断加快，影视传播的地位和作用将越来越重要。电视的现场直播使影像传播的效果如虎添翼，这样一来，影视在传播形象新闻方面就有了更广阔的空间和更多样化的形式。传播形象新闻这一影视的基本功能必将得到人们的重视，并将随着科技的发展，如数码摄影技术、图像处理技术和网络传播技术的发展和社会的发展而不断发展、创新。

（二）教育与服务

随着科学技术的发展和社会的进步，社会教育的形式也发生了改变。影视教育就是新兴的教育形式和手段，它建立在电视这一传媒基础上，具有多方面优势，主要有技术先进、开放性良好、网络性、社会性，已经是社会教育的重要方式。影视教育还在大跨步地向前发展，内容的扩充、范围的扩大、手段的改进，都和科学技术的进步、生产力的发展、人们日益增长的社会需要分不开。未来很长一段时间内，不管是社会的需要还是科学技术的进步，影视教育的前景都是不可限量的。

社会教育在电视上的节目表现形式主要有两种：一种是电视教学类节目；另一种是电视社会教育节目。电视社会教育节目不管是内容还是形式都比电视教学类节目丰富得多。

从一个国家到一个民族，再到一个社会一个团体，最后到一个家庭，想要传承发展和创新进步，就需要不断积累经济、文化等方面的知识，提高科学技能、经验水平等。

电视一边进行信息服务，一边传授知识。电视在信息服务方面的贡献是日益突出的，尤其随着经济条件的不断增长，生活水平的不断提高，人们对信息服务的需求也越来越强烈。

电视传播具有很大的兼容性，这不仅表现在其丰富的信息服务内容上，还表现在其多变的形式上。除了我们熟知的报时、天气预报、法律宣传、旅游推荐等，还新添了市场经济趋势、生活娱乐等满足老百姓精神层次需求的内容，还有其他多领域内容，电视信息服务的表现形式也在不断创新。

我国一直用影视传媒来宣传经济、文化方面的成果，学习先进技术，积累经验，为成功实现两个文明建设而努力。各类科教片及专门的科教电影制作机构也构成了电影业的一大组成部分，尤其是农业科教片，由于其普及而深入、生动而传神，为广大农民群众所喜闻乐见。至于电视的科教频道或栏目，所介绍的文化知识和观念更是广大观众所熟悉的。

这些年，电视信息服务功能发生了重大改变，主要体现在以下几个方面：

第一，更加人性化。有了更多的人文关怀，从以前简单的信息服务，转为更加贴近老百姓生活，满足其精神方面的需要，这一方面表现在电视服务从物质生活进一步推进到精神生活领域；另一方面，在生活服务上，近年来的电视服务类节目也贴近老百姓的生活，细致地表现在生活的各个方面，具有精神方面的关怀。

第二，更加实用。"授之以鱼，不如授之以渔。"优秀的节目不再详细介绍具体细节，而是传授经验、方法，鼓励大众自我创新、自我发展。

第三，更加科学化。为普及科学技术知识，电视服务节目的内容更加科学化。

第四，随着经济的高速发展，电视在宣传经济方面内容的作用也越来越大，经济服务已成为电视服务的重点。随着经济的发展，广告业也在飞速发展，其带来的经济利益是巨大的，因而成为重要的信息服务内容。同时产生的社会效益也是不可忽视的，尤其是公益广告，已经得到了社会各方面的高度认可。当然，追求广告业带来的积极性的同时，不可忽视其负面影响。

（三）思想观念

在人类文明的传承过程中，不同的国家、社会及个人不可避免地会传播和自己相同的思想，不论是政府官员还是专家学者，抑或普通大众，都会无一例外地选择站在和自己价值观相同的立场进行言论传播。

人类传播行为中值得关注的是感情和态度方面的追求。电视业或多或少地影响整个社会中人的人生观、价值观、世界观、教育观、文化观，还会影响人的审美观以及社会道德。以美国历史上成功竞选总统的肯尼迪为例，相比其他各届总统，电视起到了不可替代的作用。这一事件中他展示了强大的号召力，也突出表现了电视业强大不可忽视的影响力。

引导社会舆论、传播信息和推动两个文明建设方面的成功经验也证明了影视传播的重要作用。

影视传播影响力之大，影响范围之广，与其形象化的方式、普及化的语言、通俗化的内容是分不开的。影视的功能也日益强大，逐渐在社会生活的各个角落发挥作用，如舆论监督、社会舆论引导、信息交流、社会主义物质和精神文明建设等方面。例如，在引导社会舆论方面，不论是歌颂传扬先进人物、事迹，还是批判落后行为方面，影视传播都以其形象生动的表达方式发挥着强有力的作用。

（四）审美娱乐

影像本身就追求美感，影视传播借助影像进行信息传递，人物质感魅力、画面构图、现场气氛、传神的瞬间等，使影像的价值独特而不可替代，影视传播也就有了一定的审美价值。对有些影像而言，审美娱乐是附属价值；而对有些影像而言则是重要价值。例如，那些风光旖旎的自然景色、鼓乐齐鸣的竞技体育、出神入化的表演艺术，还有平实的纪实影像，这些本身就具有高度的艺术性。

影视传播是一种创造性的活动，创造者在生活形象的画面选择中，注入了自己的思想情感。从情感注入这一层面来说，创造者注入了一定的美感，它有形式、有内容，具有审美与艺术价值。

要得到具有更强审美功能的影视传播方式，就要将影视传播的内容和形式完美地结合起来，以提高其审美、艺术价值。影视是最擅长为大众提供娱乐节目的媒介。电影自诞生之日起，就是以娱乐和审美为主要目的和归宿的，它在人们娱乐和审美中所起到的作用也是有目共睹的，早已是大众生活中最喜闻乐见的娱乐方式之一。下面主要谈审美娱乐性在电视上的体现。

电视作为人们生活中普遍使用的娱乐工具，与人们的生活越来越密切，主要得益于大众化、平民化的娱乐功能，娱乐节目是电视娱乐功能的主要传播形式。我国的电视娱乐节目主要有影视类、综艺类、竞技类、音乐鉴赏类、文艺晚会类。随着科学技术的进步，电视娱乐节目的内容和形式也在增加，未来这方面功能也将逐渐加强。

二、影视传播的功能

（一）一般传播活动的功能

对于传播的功能，许多传播学者都做过非常有价值的论述，我们现在所接受的传播功能学说就是在这些论述的基础上形成的。

从功能的角度看，传播可分为两种类型：实用性传播和娱乐性传播，也可以叫作工具性传播和消遣性传播。实用性和娱乐性传播分别满足人的生存和发展需要。

传播学界对传播功能的划分大体也是如此。托尔曼、斯蒂芬森等曾提出传播的"工具性"和"消遣性"两方面功能，"工具性"是指传播是一种命令机制，起协调和提供依据的作用，是十分实际的功能；"消遣性"是指为调剂受众情绪，从而使传播更加通畅，类似于娱乐功能。这两方面功能，相互影响、相互交融，不可分离、不可替换，互相交叉，不应抑此扬彼。

在日常生活中，传播行为也可区分出上述两种不同功能。比如，家庭成员间通过对家务活动的安排、亲朋邻里间的聊天、恋人的约会、街市里的买卖、马路上的寒暄、同事的交谈、上下级的应对、团体的会议、国家的交往等，同样，各类媒体发布的生活实用信息也包括在内。这类传播的主要价值就在于其"工具性"，是人们生存和发展所必需的；没有这类传播信息，人们的日常生活将无法进行和延续。这类传播主要满足人的生存需要。

在生存需要之上，是人的发展需要，而消遣性传播就可以视作对发展需要的满足。这类传播对人的实际生存并非必需的，却对人的精神生活的丰富、对人的全面发展有至关重要的作用。讲故事、唱歌、跳舞、游戏、文艺演出、庆祝活动、读小说、听音乐、看电视剧、看电影等，与"工具性"传播虽没有直接的关系，但通过它们促进了人的健康、全面发展，消除了人们的身心疲劳，间接地协调了人与环境的关系。

（二）大众传播的功能

1.环境监视功能

大众传播最主要的功能——环境监视功能，就是对生存的内外环境进行监控，时刻把握周遭环境变化，包括提供各类事件信息（自然灾害等），以便社会大众及时做出应对措施。为了满足人们日常生活需要，大众传媒会提供经济、文化、就业等信息，人们因此而适应社会环境，促进自身协调生存发展。为巩固、加强社会规范，大众传媒会对社会上存在的违法乱纪行为进行公开批评，起警示大众作用，社会人因此受到全体社会大众的共同监督。

环境监督功能中最重要的功能是"授予地位功能"，大众传媒通过对优秀人物进行报道宣传，使之获得拥戴、荣誉，提高了优秀人物的社会地位。对社会统治者而言，这也是十分有利的，因为通过大众传媒环境监督功能可以便捷地控制舆论导向，维系社会稳定。

2.社会协调功能

为了避免环境监督的消极影响，可以利用大众传媒的社会协调功能，有选择性地对一些新闻信息进行解释和评论，提出相关观点和策略，以把大众视野吸引到传播者想要大众关注的角度上。

大众传播社会协调功能多数情况下是积极的，通过组合社会各部分可以应对突发情况，调动人员积极响应做出应对，抵御不稳定因素的侵袭；当出现因为突发事件或偏激事件造成的过激反应时，可以借助大众传媒进行解释、评论，防止这些情况的发生；可以通过设置讨论话题来引导社会大众的关注中心，来宣传颂扬积极事件。

总的来说，为了避免受众因为信息过载而出现晕厥的现象，应对新闻信息加以选择、解释、评论、谏言，这对整个社会和个人都是有利的，能更好地发挥信息作用。

由于大众传播的公开透明性，大众传播社会协调也有负面功能：当解释、评论新闻信息时，可能会影响到现存社会秩序的稳定性，引起大众抵触情绪，因此，解释和评论功能就会被削弱、限制。限制机构不局限于政府官方，也有经济市场方面的影响。

因为，大众传媒对新闻信息的选择有片面性，而且提供的信息一贯是现成的，让民众丧失了选择的主动性，而习惯性地接受会影响整个社会和个人的判断能力。

3.文化传递功能

大众传媒有延续人类文明，传承已有的人类文化、知识经验的功能，这就是社会遗产传递功能，即文化传递功能。这一功能继承传统文化并传播社会经验知识，不仅将文化传递给了子孙后代，也传递给了离开校园教育的社会人，使全体社会人有了同一的社会规范、道德价值观，共享社会文化遗产。这对社会和个人都有着积极的影响。对社会统治者而言，此功能也有利于其权威的树立和权力的扩张。对文化而言，可使系统更加规范、更加标准。

文化传递功能自传播之日起，就附带着教育功能，尤其在当今社会，它的重要性越来越突出。

文化传递功能最负面的一个影响是扩大了"大众社会"。多数社会人没有接受过系统教育，平均受教育水平低，由这些人组成大众传媒的目标受众群体称之为"大众社会"。由于大众传媒的文化传播使"大众社会"目标受众学习一样的知识，这种"标准化"的教育模式限制了受众的创造力、想象力，不利于文化的传承，也会损害文化系统的多样性和创造性，尤其是从主流文化中派生出来的风俗习惯等。文化体系最消极不利之处就是这种一致性，正是受大众传播这种毫无创造性传播的影响。

4.娱乐功能

大众传播最明显的功能当数娱乐功能。

大众传播的娱乐功能也是传播学研究最关注也最强调的一大功能。因为随着世界范围内的文化交流融合以及经济条件的不断提升，人们越来越追求精神方面的需要，而电视技术的飞速发展满足了这一需求。娱乐功能的双面性影响也是很明显的，积极的一面可以缓解释放人们的压力；消极的一面则是由于依赖娱乐，人们会变得慵懒，审美水平会降低，主动性不高，不再积极面对生活，甚至会产生厌世情绪，不利于整个社会和个人的发展。

传播界关于大众文化和大众审美水平下降这一议题也有过争论。"大众文化"是"大众社会"中传播的文化，与传统意义上的教育文化相比，它的特点就是通俗易懂，借由大众传媒传播量大且快速。这种"大众文化"改变了传统教育模式，让教育资源不再为少数人所有，一定程度上提高了大众文化水平，所以是否由于大众传媒影响了大众审美能力并不能得到确切结论。

5.经济发展功能

大众传播中宣传的商品，很容易为社会大众接受而进入市场，引导市场的经济走向，所以大众传播在经济发展层面有着重要的功能、作用，起作用的不仅有大众传播的媒介，还包括传播的信息。随着信息化社会的不断进步，大众传媒在经济发展功能上的表现远比环境监管重要。

三、大数据时代影视艺术的变化

（一）从"直觉经验"到"全数据分析"

1.传统的"直觉经验"+"抽样调查"

传统的影视业，从影片的生产到营销过程包括选择剧本、分配资金、拍摄计划等各细节设置，都依赖于影片制作团队的整体素质。传统影视市场，一直是影视制作团队拍什么，观众就看什么，完全依靠导演对市场的洞测把握、演员的选择、剧情的制作和表演方式的设定等，并没有利用特殊技术手段去分析观众的喜好来促进影视业的发展。除了依靠导演对市场的专业把握，偶尔会进行市场采样，对影视市场需求进行分析，获取的都是一些模糊数据。例如，为我们所熟知的"收视率"，也不能把握观众的偏好。影视行业的市场预测一开始做得并不好，不利于影片的制作和宣传营销。

虽然存在着样本不足导致的准确度的问题，但是影视作品制作者、投资商和传媒单位一直都以票房和收视率评判一个作品的好坏，这具有一定的可取之处，在很长一段时间内，已经是相对科学的调研方式，可以从极少量的数据中获得影视业中很多信息参数。但是，由于样本量少，且样本处理方法有片面性，观众也无法将自己的看法、想法、感情以一种好的方式表达出来，故无法从票房和收视率中分析得到大众的喜好偏好、行为习惯，不利于影视业的发展。所以，传统影视业投资最大的不稳定因素就是无法准确地把握观众的喜好，无法准确地把握投资方向。

2.大数据下的"全样本分析"

随着科学技术的进步和互联网的普及，社会大众已经离不开现代化的传播媒介，他们利用手机、电脑、社交平台进行搜索、浏览、观看影视、评价等，影视业利用这些传播媒介记录观众的行为习惯，借助计算机技术收集每一位用户的数据，汇聚成一个大的数据库，然后分析观众群体兴趣偏好。一旦达到全数据的状态下，样本就是总体，相较于传统的抽样调研，准确度有了很大层次的提高。在此基础上，为影片制作者提供市场需求方向，使影片在创造意图上占据了很大优势。韩剧就采用边拍边播的方式，在拍摄的过程中收集观众偏好，引导拍摄方向，从而获得更高的收视率。此外，剧本的选择、演员的选择等多个方面，因为大数据技术都得到了跨越式的进步。

对图像和音频一类的传播数据，传统技术并不能进行处理，浪费了这一有利分析因素。但是，随着时代的发展，大数据技术可以对这些难处理的传播数据进行干预处理，将非结构型数据转化成结构型数据，扩大了样本的类型和数量，提高了全样本分析的可靠性。通过设计一套算法模型，对传播媒介中记录的观众兴趣偏好进行分析，利用大数据技术挖掘数据背后隐藏的相关关系，从而获得一系列观众喜好参数（观影习惯、关注热点等），最后推荐给影片制作者和投资商，按照市场需求进行影片生产，获得利益的最大化。

总的来说，随着网络技术的进步、社会经济条件的提高、线上消费的普及，人们的消费观念和生活习惯在变化，影视业为了跟上时代进步的潮流，也必将经历革新。在影片的生产环节，制作者和投资商越来越重视消费者的需要，依据大数据分析的结果，科学处理数据，进行创造。

相较于传统方式中仅依靠导演的总体把握，"全数据分析"更加科学，不论是对剧本的选择、演员的把握还是消费者的喜好，都更加全面、理性，能最终实现影片的最大收益。

需要注意的是，大数据也存在弊病。近年来出现的"高票房、低评分"可能就是由于大数据技术的某一环节没处理好导致的，这就意味着不能太依赖"全数据分析"。故而，传统的小样本调查也不可以丢，结合"直觉性小样本调查"和"全数据分析"，会更多了一份保障。

（二）从"导演中心制"到"观众中心制"

1.导演中心制的内涵

以导演为中心就是指在影片制作过程中，事事听从导演或以导演为代表的那个核心团队的指挥，即剧本的选择、演员的选定、拍摄的手法运用等，都由导演根据自身经验决策。所以，我们经常在影片开头看到导演的名字，可见导演是一部影片的关键人物。由于导演个人或导演团队的精力、经历、视角有限，同一个导演的作品都有着相同的风格，相同的艺术气息，我们把这一类作品称之为某某导演作品集。国外著名导演弗朗索瓦·特吕弗就曾说过，要像作家用笔记录生活一样，他用摄影机去记录生活并创作。影片制作也以导演满意为目标。然而导演满意并不代表观众会满意，传统影视传播要求导演对市场需求有强有力的把握，一旦导演观点偏离市场需求，就会降低影片质量和经济效益。以创作者为中心，就是从影片生产者角度对待影片，在一定条件下，这种影片会取得巨大成功。实质上，从某一层面上讲，这十分片面，毕竟影片自诞生之日起就用来迎合大众。

电影，大众传媒中很典型的一种，有着双重属性：既有艺术性，此为基础属性；又有商品性，可以用货币来衡量艺术的价值，即大众艺术独特的商品属性。当电影作为商品出现在市场中时，为了吸引消费者眼球，获得利益最大化，在生产过程中必须降低生产成本，同时以市场需求为导向。20世纪初，为降低时间成本和资金成本，也因为演员档期错不开，电影业就采用"连戏体制"：最先拍摄简单的，单个演员拍摄时，注视镜头保证不能变动，在剪辑后感觉仿佛是对手戏；多角度拍摄，方便日后剪辑，避免重拍工作。一直以来，投资商或是传媒公司为了降低投资风险，都使用现有的影视资源：成功的影视案例、优秀的有人气的演员等。重复使用这些资源，是为了迎合大众喜好，从而获得更高的收益。所以，影片是否得到观众欢迎，是创作者首先考虑的重要因素。但是，在影片拍摄前，没有让观众参与其中，而是先设定一种拍摄模式，并尽可能迎合观众的喜好，以这种模式进行拍摄；拍摄结束后，再引导大众解读影片。

2.观众中心制的确立

大数据时代，由于信息共享的广泛化、普遍化，影视市场的影响因素越来越多。在全样本条件下，通过传播媒介记录的目标受众的行为习惯、兴趣偏好，利用大数据技术进行多样化分析，影视业创造者可以获得一些观众的行为参数，了解市场方向，不论是在生产过程中还是在营销过程中，影片都能占据有利地位，观众也真正参与到影片的创作中来，最终获得影片的价值最大化。

在利用大数据技术的同时，还要牢牢抓住市场即社会大众的观影需求，再用市场化的方式进行宣传营销，使影片获得好的反响。用比喻的手法来说，"以创作者为中心"和"以观众为中心"就像是"原浆酒"和"勾兑酒"。前者浓烈香醇，后者满心满眼都是为你好。前者是自家产的，更加原始；后者完全依照大数据技术，在影视作品的创作和宣传营销过程中，使用分析得出观众行为参数，迎合社会大众的喜好，满足了市场需求。两者都能成功，只是方式不同，前者不断宣传"我是好的"，有着自己独特的创作特点；后者迎合大众的兴趣偏好，能和大众产生更多的共鸣，易于被接受。

总的来说，影视作品只有在追求艺术性的基础上尽可能地满足社会大众的观影需要，才能实现作为一个电影作品追求的目标，体现艺术与商业价值。"以观众为中心"的理念建立在大数据分析技术之上，需要以消费者的观影偏好为导向，帮助自身的创作和宣传。"全数据分析"技术通过对大量的消费者的消费行为分析，找到数据背后隐含的事物之间的联系，利用这些关系引导影片的创作。不论是生产过程还是营销过程，消费者是实时参与影片制作的。

（三）从"意义建构"到"话题生产"

1.电影文本的"意义建构"

电影也是一种语言，一种特殊语言，没有系统的标识码。它与传统意义上的语言不同，电影的语言建立在一种"意义构造"上，是为了达成某种理念来引导消费者观影的语言。麦茨认为，影片同样承载意义，不同于其他语言系统，影片有着自己独特的语言属性。皮尔斯认为，语言的符号有三种类型：由影像和图形构成的"图像"符号、语言的特征标志、语言背后的象征意义。沃伦认为，电影美学，正是建立在这三种分类上，只有三者相互影响、相互作用，才能彰显电影的意义；他还认为，影片要想作为一种语言，在文化系统中占据一定的地位，就必须有观影的意义，还要有消费者欣赏的美感，当然一切的意义都源于真实地反映社会现象。总结了索绪尔的观点之后，克莉斯汀·埃瑟林顿-莱特认为，电影语言体系构造的过程十分复杂。首先，影片语言的符号可以是一切东西，如图形、图像、颜色、形状，甚至手势，但是，要使这些符号有意义，就需要给它们赋予意义，也即这些符号能代表什么，这些符号最终代表的是什么含义。只有真正实现了这两点，才能让影片活起来。

随着经济的进步和科学技术的发展，大众追求娱乐文化的时代已经到来。尽管在娱乐功能的遮盖下，电影语言的"意义构造"从自身角度来看，仍然相对稳定，其基本原因是，电影中的文字一成不变，而文字是由语言符号构成，任何符号都由表意、释意和符号自身这个实体的存在组成，其代表的意义不会受到其他因素影响而改变。所以从这个角度看，电影语言的"意义构造"是稳定的；不管以什么方式去表现、表达电影的内涵，只要一开始确定了电影的"意义构造"，最终向大众传递的意义就不会变。当然，在进行电影文字创作时，作者会将自身观点注入其中。总的来说，电影这种艺术形式，是创作者在现实条件下创造的有艺术价值的作品，是艺术家们依据市场需求，和观众们互动的产物；有着一定商业价值，能给观众带来一定审美价值满足自身精神需求的产物。传统影视作品一直以某一主题为核心进行展开，不论是拍摄方式还是表达方式，在生产和营销电影、进行意义构造时，始终离不开这一核心主题。但是每个人对主题的理解会有不同，经历不同，而见解不同，在所难免。也正因如此，也会对电影有不同的评论。

2.影视业在大数据时代的"话题生产"

传统电影业在进行意义构造时，屏蔽了宣传营销领域，认为这两者是不同的领域，不能相互干扰、相互融合，倾向于以完整的构造体系实现意义的表达。然而，在大数据时代，影片创作者和投资商不再将关注点仅放在意义构造上，尽管电影创作本身就是意义表达。因为现如今的电影市场，需求越来越多元化。人们的生活方式在变，有些时候看电影已经不再是为了满足自身审美的需要，而是出于社交和感情交流的需要，越来越多的情侣选择电影院为约会地点，也有越来越多的家庭选择电影院进行感情的交流，彼此分享美好。所以，大众更乐意参与到影视业的创作和营销过程中来，进行电影的意义构造，诸如剧本的选择与修改、主题的确定、演员的选择、资金的分配、营销宣传的方式等。同时，影片的创作过程也就是话题的生产过程，电影的主旨也不再单一，可满足各类观众的需求，不仅追求商业价值，同时追求观众的互动性、获得感。

影视业越来越关注观众的需求，不论是影片的制作过程，还是影片完成后的宣传营销过程，都时刻"以观众为中心"。影视创作者通过大数据技术分析消费者的喜好。为了更全面的分析，利用的不仅是各大众传媒平台上的历史记录，还包括社会上的热点话题及流行元素。影视创作者和投资商，在影片刚开始投入生产时，就借助各大众传媒平台造势，利用各种话题吸引大众眼球，让大众加入影片的创作过程中；并根据和观众的互动结果，随时调整影片的拍摄方式，为影片的后续工作铺垫，通常称这类电影为"话题电影"。

从这些话题造势的过程中可以发现，传统电影的"意义构造"在如今这个大数据时代不再是追求的目标，"互动性"是这一时代条件下影视业发展的另一产物，也是影视业的最高价值追求。借助热门话题和观众行为偏好制作的影片在其后续发展中，更能吸引大众眼球。随着不断提高的曝光率，影片的关注度和热度得以提高，最终在票房和收视率上也会赢得主动。谢建华认为，大数据技术的出现，使影视业从内容价值的追求转入形式文化的追求。相较于影片的风格，故事主线不再是主要元素。

（四）从"大众营销"到"精准营销"

1.产品导向的"大众营销"

时代在进步，影视业为了发展，开始借鉴国外优秀影视文化。首先，影视工作者在不断学习，资金的注入不再局限于国营单位，营销宣传方面引入国外先进经济理论，学习好莱坞等优秀影视基地宣传模式。同时国家方面也给予政策上的极大支持。我国影视业和好莱坞的营销方式不同，一直以电视广告、海报、预告片为途径；好莱坞是通过调查进行市场分析，更加科学有根据。我国在影片创作途中鲜有与大众互动，没有选定确切的观众群体。传统影视业的"大众营销"就是在影片上映前，依靠明星影响力在各地进行路演宣传，这种宣传方式受众目标不明确，认为社会上每一个个体都是目标受众，并且每一位受众的观影需求相同，最后的效果显而易见，起不到很好的宣传效果。"大众营销"在经济学领域真正的解释是，想要将产品卖给所有人，假定所有个体都是无差异性的，假定每个人都是潜在客户，然后进行产品营销。在大众营销理念的影响下，企业不考虑客户差异性，生产的产品也没有差异化特征，而直接进行宣传，吸引观众，实现自身商业价值。

传统影视业在这种理念的影响下，也不考虑个体的差异性，不仅生产过程中不考虑，而且营销过程中也不考虑，即不会因为观众差异性的观影体验需求而做有针对性的宣传。传统影视业始终追求影片自身的价值，认为有了好的价值，观众自然趋之若鹜。少数影视公司采取广撒网、广捞鱼策略，力争获得更多的目标受众，获得更大的商业利益。但是这种策略有利有弊，利在成本低、范围广，遇见的目标受众多，获取的商业价值大；弊在难以形成稳定的目标受众，即永久客户。

2.服务导向的"精准营销"

随着互联网技术的不断进步，大众传媒的不断发展，人们观看影片的渠道越来越多，除了电影院和电视机，还有手机、电脑。获取影视资讯的平台也越来越多，微博、微信、QQ等。影片制造商要想在宣传上占据有利地位，就必须好好把握这些渠道，赢得最终的票房和收视率。影片制造商需要重点关注的两个方面是：地毯式营销和满足观众的审美期待。尽可能广地宣传，在所有能想到的大众传媒平台上发布广告，让所有潜在客户都能了解影片即将上映；尽可能高质量地以各种宣传方式吸引观众，走进观众内心，产生共鸣，引起消费，使影片制造商获取商业利益。大数据时代网络营销理念就是为实现最终目标，利用一切可利用资源进行营销。

传统营销模式难以实现上述目标。但是随着科学技术的进步，大数据技术可以做到"精准营销"并产生共鸣。通过对大众传媒平台中记录的消费者行为习惯和兴趣偏好做全样本分析，透过数据背后的事物联系，制定相应营销策略和宣传手段，精准应对目标受众的观影需求。最为常见的营销广告是通过收集、记录用户的观影记录进行侧写，做出兴趣爱好归类，并有针对性地推送相关广告。在大数据时代，营销方式已经更新：直接根据特定的目标受众进行专门的营销策略制定，可以将受众想看到的宣传信息准确推送到受众面前。基于大数据技术，爱奇艺推出"绿镜"功能，根据平台中记录的消费者行为习惯和兴趣偏好，通过进行全样本分析掌握事物联系，从影片中抽选出观众最想看到的片段，打包推送给观众，即"抢先版"或"预告版"的由来。影视业还可以借助互联网的快捷优势，利用大数据系统，引导粉丝团体和社会大众加入影片的宣传活动中来，通过互动，为影片赢得良好的口碑，为后期打下基础。既可以进行地毯式营销，又可以满足观众的审美期待，大数据时代的"精准营销"不仅可以大范围宣传，还可以进行重点、个别突出宣传，使影视作品的形象更加饱和化，这对于影视业的发展十分有利。

总的来说，大数据背景下，影视行业在影片的生产制作、宣传营销等方面都发生了进步式变化，从长远来看，十分有利于影视艺术扎根于网络文化之中。从消费者角度看，这些进步式变化都是在尽最大可能地迎合消费者的需求。大数据背景下的"精准营销"是"以观众为中心"理念的升华，目标观众的选取、定位等都依照大数据分析的结果进行，即网络上流行的C2B，即由观众需求决定影视生产，以此获取最大化的商业价值。

第三节　大数据时代广告产业发展

一、广告的功能

广告的功能，其实就是广告的基本效能，它以其传播的内容对传播的对象及社会环境形成影响。广告传播职能的范围不同，广告传播的社会功能也不同，可以有信息功能、经济功能、社会文化功能和娱乐功能。

（一）广告传播的信息功能

从告诉过渡到劝服，再从劝服过渡到诱导，最后从诱导过渡到提醒，这三个过渡，是广告传播策略的发展，是广告主依其广告产品生命周期的延展而使用的传播策略。

在产品的不同生命周期，广告传播分别有激发购买欲望、劝服购买偏好、增强购买信心、提示购买经验的功能。

在产品的引入期，因新产品刚刚上市，消费者对其还不了解，甚至没有认知，不会轻易改变已经形成的购买习惯和生活方式；有的消费者可能愿意尝试新的产品，但代价不能太大。所以，广告主需要注意：首先，宣传新产品，让消费者对其特点有所了解；其次，要勾起消费者的兴趣，让消费者产生尝试使用该商品的欲望；最后，要让消费者愿意尝试这种新商品，打消消费者的顾虑，把尝试这种新商品的代价放到最低。例如，借助已有的知名品牌帮助消费者对新产品的品质树立信心。总之，在产品的引入期，广告传播的主要目的就是让消费者了解新产品，打消消费者的尝试疑虑，激发消费者的购买欲望。

这就需要发挥广告的告知功能。告知是广告最基本的信息功能。在广告诞生初期，告知功能是广告的唯一功能。随着商品经济的发展及市场竞争的加剧，尽管单纯的告知性广告无法促进商品的销售，但告知仍然是广告最重要的功能。消费者依靠广告来筛选商品，节约选择商品的时间和精力。在产品引入期，广告可以对产品的各种功能及特点进行详细介绍，有助于消费者对商家的新产品感兴趣，激发其使用新产品的欲望。

在产品的成长期，产品已经被消费者充分认知，大部分目标消费者接受了该商品，并形成了购买习惯，需求和销量稳步增长。但由于盈利的吸引，竞争对手也逐渐增多，市场进一步扩大和细分。所以，这一时期的广告要改变初期以提高知名度为主的广告策略，转向提高美誉度、树立企业和品牌形象。由初期的告知为主转为说服为主，让消费者在同类商品中首选自己中意的商品，产生品牌偏好。

这就需要发挥广告的劝服功能。广告一度被称为"印在纸上的推销术"，即指广告需要像推销员一样说服消费者购买商品。说服消费者购买商品的理由有很多，如"人无我有，人有我优，人优我廉"。广告大师罗瑟·瑞夫斯提出的"独特的销售主张"就是实现劝服的极好方法。

在产品的成熟期，产品销量达到顶峰，消费群体相对稳定，市场进入相对饱和状态，潜在消费者已很少，市场竞争进一步加剧，宣传费用加大，利润下降。

这一时期，广告的功能是：巩固购买偏好，增强购买信心，为新产品开发上市做好准备。具体做法包括：继续提高企业或品牌的知名度和美誉度，树立企业或品牌的良好形象，加深消费者对品牌或产品的好感和信任，维系好消费者和企业或品牌之间的感情，培养品牌忠诚，吸引消费者形成购买习惯，重复购买该商品。

这就需要发挥广告的诱导功能。诱导即诱发消费者的情感偏好，引导消费者形成品牌认同，也即广告不再需要专注于寻找理性的理由去说服消费者，而是用情感、氛围、理念等引起消费者的心灵共鸣。例如，创意理论中的品牌形象论、品牌个性论等就是把商品与一个独特的形象或个性鲜明的形象联系在一起，以期引起受众的情感共鸣或个性认同，从而产生品牌偏好。品牌形象或品牌内涵的塑造是产品价值增值的有效方法，也是维系消费者和产品之间联系的强韧纽带。

在产品的衰退期，产品的销量开始走下坡路，利润也逐渐下降为零甚至为负，最终被迫退出市场。这一时期的广告主要是尽力维持现有的市场，延缓产品销量衰落的速度，同时为新产品上市做准备。所以，此时的广告以提醒消费者千万不要忘记了产品的品牌为主，这样能够把消费者购买的记忆给唤醒起来，才能让保守的消费者能够以购买习惯为主。这就需要发挥广告的提醒功能。提醒，即提示消费者继续关注。这种广告一般内容比较简单，画面简洁明了，短小精练，强调品牌名称或品牌标识等。例如，"恒源祥"的提醒广告，简单的画面配上三遍"羊羊羊"，起到巩固消费者品牌印象的目的。

（二）广告传播的经济功能

1.正面的经济功能

（1）沟通产销，满足广告主与消费者双方的需要

广告诞生之初，广告主的目的就是沟通产销，即让消费者知道这个产品，让有需要的消费者能够买到自己需要的商品，从而满足自己的需要。所以，沟通产销是广告最基本的经济功能。这是一种双赢：产品找到了买家，实现自己的价值；消费者满足了自己的需要，节省了寻找的时间和精力。在产品供给过剩的市场状况下，通过广告来选择商品对消费者来讲确实是事半功倍；而对广告主来讲，"酒香不怕巷子深"已经完全不再适用，靠广告来引得消费者的青睐是必由之路。

（2）促进销售，使企业生产规模扩大，成本降低，利润增加

在市场营销领域，广告已经被列为一种促销手段。这与广告能够激发消费者的购买欲望，促进消费者的购买行为，从而带动产品销量有直接关系。现代社会，广告能够带动产品销量已经成为一个不争的事实，许多销售神话都由广告而起。所以，每年各大广告主不惜投巨资做广告，为的是广告能带来的巨大销售额。销量增大会带来一系列连锁反应：企业生产规模扩大，单位成本降低，利润增加；商品流通速度加快，库存减少，也相对节约了成本。

（3）塑造品牌、企业形象和企业文化，增加商品价值，提升竞争力

品牌是消费者和产品之间的认知桥梁，它表达的不仅是商品的品质和特性，更多的是某种观念和价值。品牌满足的是消费者的心理需求，它在心理上创造与竞争对手的差异，使消费者产生群体归属感和情感认同，从而愿意支付更高的价格。以白酒为例，茅台的价格是普通二锅头价格的几十倍，因为茅台给消费者传递的品牌联想是豪华、尊贵、高档、奢侈，消费者喝茅台感觉自己似已跻身上流社会，所以甘愿付出高价；二锅头给消费者传递的品牌联想是市井、普通、休闲，所以其价位不可能很高。可见，品牌的价格取决于消费者的认知价值，同样质量的商品，品牌不同，价格差异可能很大。品牌价值高的商品无疑可以获得更高的利润，所以创造品牌价值是使商品价值增值、企业少投入获得高回报、利润实现最大化的法宝。未来的竞争是品牌的竞争，品牌具有强劲的竞争力。越来越多的

证据显示，消费者的购买决策往往来自他们对商品的品牌印象。

广告是创造品牌价值的有效渠道，它通过各种广告媒介向消费者传递品牌信息，塑造品牌形象，诉说品牌情感，构建品牌性格，从而在消费者心理上建立起某种品牌认知和品牌态度，继而影响他们的品牌选择。全球知名品牌的成功都离不开广告的帮助。

2.负面的经济功能

（1）广告在一定程度上造成资源的浪费

目前，广告的精准投放还是个难题，大部分广告投放是盲目的。为了实现最大范围的覆盖，广告主不惜财力，造成广告资源的浪费。例如，电视在同一时间段重复多次播放同一广告，在公交车上密密麻麻地张贴同一个广告等。广告资源的浪费还表现在广告传媒业"劣币驱逐良币"的现象上。消费者经常能够看到的广告宣传的商品实际上仅占消费者生活需要的极少一部分，消费者生活的许多需要完全得不到任何广告信息，也即消费者花大量的时间精力获得的仅是生活所需的一小部分信息，大量的时间和精力被浪费掉了。当然，相对应地，大量的广告时间和广告费用也被浪费掉了。

（2）广告使小企业无法与大企业抗衡，导致垄断的发生

在一定程度上，广告的投入和产出成正比，也即投入越大，回报就越丰厚。中小企业因为负担不起巨额的广告费用，很容易被挤出市场；而财力雄厚的企业会因巨额广告投入占据大部分市场份额，资本雪球越滚越大，从而形成市场的垄断。

（3）广告促使消费者购买不必要的商品和服务

广告通过诱导和说服，刺激人们的消费欲望，制造人们的消费需求，从而使消费者购买许多实际上并不需要的商品和服务。例如，广告不断制造流行，给消费者制造自己所拥有的商品已经落伍的印象，从而刺激消费者不断萌生新的购物欲望。至于这种新的需求是否自己确实需要的，已经完全被广告制造的流行所蒙蔽。对消费者来讲，流行就是需要。

（三）广告传播的社会文化功能

1.传播时尚文化，转变生活观念和生活方式

广告是文化的载体，它通过传播新的生活观念、生活方式、消费方式，使消费者发生有利于广告主利益的变化，做出有利于广告主的消费抉择。例如，中兴百货的系列广告，主张消费成为人们生活的重点，大肆宣扬消费主义的同时，还宣扬流行消费才是生活中的美。改变消费者消费观念的背后，广告主是最大的赢家。

广告不仅是传播价值观念的途径，还是制造流行时尚潮流的平台。广告传播者能够通过敏锐的眼光来对消费者的潜力进行准确的估计，还能预测消费的趋势，从而使流行时尚开始风行。流行功能时尚的每次变迁都有广告的功劳，如奶制品登上消费者的餐桌，女鞋款式从方变尖、从尖变圆等。

广告还通过所传播的时尚，引导消费者的思想观念和购买行为方式与流行的文化一致；当二者不一致的时候，心里就会有种莫名的挫败感，即消费者会不自觉地有与其他的消费者一致的求同心理，广告在其中发挥出了教育及社会化的作用。

2.弘扬健康的社会道德，促进公共事业的进步

拉扎斯菲尔德和默顿认为大众传播应具备两项功能：社会地位的赋予功能和社会规范的强制功能。社会地位的赋予功能，是指任何问题或意见，还有商品乃至人物及社会活动，只要在大众传媒的平台上做了广泛报道，就会成为社会瞩目的焦点，即它的知名度和社会地位会得到很大的提高。社会规范的强制功能是指大众传媒通过社会的规范和公共的道德来唤起人们的良知，对违反规范和道德的人进行社会教育，从而让人能够强制性地遵守社会的规范。

以上提到的两个功能在广告业中也适用。随着商业广告信息充塞着受众的耳目，受众对商业广告信息开始厌烦和排斥，广告传播者为了应对受众的这种排斥心理，尽力模糊广告和非广告的界限，披上公益的外衣就是其中一种方式。广告借弘扬某种社会道德冲破受众的心理防御，使受众在认同宣传的道德同时，潜移默化地接受广告商品。当然，广告宣传的社会道德也借由大众传播媒介成为令社会瞩目的焦点，成为受众希望遵从的社会规范；违背这一社会规范，受众虽然不会被新闻媒体追踪，处于强大的舆论压力之下，但也会有因行为偏离社会普遍认同的不安。例如，上海大众"不要让你的父母感到孤独"弘扬"孝"道，哈药集团"父母是孩子最好的老师"，宣扬父母要以身作则，做孩子的好榜样，等等。这些广告起码起到了提示受众关注相关的社会问题，使受众认识到社会倡导怎样的道德。有些广告主通过赞助体育、文化、教育、公共设施等来间接宣传商品、服务或品牌，也间接促进了公共事业的发展。

因为公益广告不受限制，它在弘扬健康的社会道德方面游刃有余；同时，它也把受众的关注点吸引到了社会需要的问题上来。公益广告在维护社会秩序、促进社会进步、建设精神文明方面具有重要的作用。

3.美化社会环境，丰富文化生活

广告除了是一门科学，也是一门艺术。它通过一些艺术表现手法把商品信息传递出去，这样的广告中就会出现音乐和绘画艺术，也会像音乐、绘画、文学等艺术一样追求优美的语言和动听的声音，以及赏心悦目的画面感。假若把有艺术美感的广告张贴在大街小巷和车站码头等公共的场所，那绝对是道靓丽的风景线。

4.弘扬传统文化，发挥社会遗产传承功能

与有社会遗产传承功能的大众传播相类似，广告也有社会遗产传承的功能。总的来讲，各个国家民族的传统文化都独具特色，这些传统文化已经在国民的心灵深处生根发芽，通过这种传统文化的视角极容易唤起观众的认同情感。所以搭乘传统文化的快车是广

告传播者常用的手法之一。这种广告宣传方式在拉近与消费者之间距离的同时，也为传统文化的传承起到了助力的作用。我国传统文化中包含着天人合一、重家爱国及一些价值观念，如讲究等级秩序和重视道德，含蓄和崇尚礼节的民族性格及具象性的思维方式。重要的是，我们也会有从众的习惯和对称的审美趣味，这些在广告中都有所体现。

（四）广告传播的娱乐功能

广告受众接收广告信息固然有获得商品信息、满足生活需求的目的，但大多数情况下，广告受众接收广告信息并没有具体的功利目的，只是一种生活休闲娱乐方式。受众在观赏广告的同时，获得心情的放松、视觉的愉悦。有调查显示，青少年最喜欢看的节目中广告占比很大。可见，广告具有很强的可观赏性，尤其是现代广告，艺术性越来越强，创意含量越来越高，观看广告就像是在欣赏一幅艺术作品或做一次智力游戏，把其当作生活休闲娱乐的方式，是既便捷又便宜的选择。

另外，在今天这个大众娱乐时代，受众的娱乐天性被激发释放出来了，直接催生了娱乐广告。娱乐广告是用娱乐元素刺激消费者的感官和心理，促使其产生购买行为的广告。娱乐广告是邀请受众参与的游戏，让受众在游戏的过程中接受商品信息。所以，娱乐广告的接收与其说是被说服，不如说是在游戏。受众可以通过娱乐广告得到一种愉快体验。

二、大数据时代广告主的变化

大数据时代，广告产业结构进行了大幅调整。我们把整个广告链的核心称为广告主，假若缺少了广告主，那么整个产业链也就会失去上游的资金资源，它的存在也就没有意义。其实在大数据时代的广告主才是受益者。这主要体现在运用了大数据就能够清楚地知道广告费是在哪出现了浪费，这样才能改善接下来的投放工作。除此之外，广告中大数据使精准投放功能直达人心灵深处，把广告的功能发挥得淋漓尽致，也能打动消费者，从而最终可以提高产品的销售量，还会让产品及企业的知名度得到大幅提升。这样一来，大数据不仅减少了广告主的资金流出，还让广告效果得到了提升，对广告业来讲是有益处的。因此，大数据的时代，广告主的角色已发生了改变。

从投放形式来看，大数据技术增加了广告主和目标受众沟通的渠道，打开了广告主的视野，因此，广告的投放思路也会发生改变。从前以多卖产品为主，后来以扩展企业的知名度、打造良好形象为主。优秀的企业形象一旦树立在了消费者们的心中，就会收到事半功倍的效果。这种广告投放思路的转变，使广告主愈加重视自身形象的宣传，而不是单单针对旗下某种产品进行宣传。这种转变，不仅让一些企业的投放广告模式发生了变化，还让商家投放的广告出现了两极分化。

从行业的角度来看，投放广告的都是巨头行业老客户。例如，房地产业和汽车业以及酒水业等，这些巨头行业的广告投放占了大部分。而对网游、食品及电子产品而言，它们在网络广告上的市场出现了风生水起的现象。但值得我们注意的是，伴随着大数据和各种类型的App快速地出现和发展，使得投放其他的行业的广告量和投放平台发生了巨大的变化。

三、大数据时代广告公司的变革

（一）依托大型的互联网企业及广告集团的发展模式

1.大型的互联网企业所创立的数字广告公司

大型的互联网企业的用户群是很大的，地域也很广，这是与传统的媒体不一样的地方。我们知道，大型的互联网企业手中有着非常多的资源，用户群也是庞大的，可以说拥有先天的优势。所以，互联网公司就要创立优秀的数字公司，把它们所掌握的庞大的用户群与数字公司的优势综合起来，就能够充分利用资源，让其互联网公司盈利。我们也可以说，在大型互联网企业旗下的数字广告公司由于资源被充分地利用，因此会有高质量的广告被制作出来，获得在市场的精准投放，商家当然愿意让它的资金流进互联网公司中，也就增加了广告的投入与产出的比值。我们以阿里妈妈为例说明，其实它属于阿里巴巴集团，可是对阿里妈妈来说，它的营销模式多种多样。它的精准广告营销的实现，其实有搜索的营销，也有展示的营销，更重要的还有实时竞价等，但是它的客户群体通过阿里妈妈来进行营销和推广。另外，谷歌公司是全球最大的搜索类型的公司，这个公司的业务除了线上的网络搜索，还有线上的广告服务。

2.大型的互联网企业能够并购数字广告公司

对中小型数字广告公司来讲，假若被大型互联网公司并购，会有很多的好处。

第一，大型的互联网企业通过与中小型数字广告公司结合，能够在比较短的时间内快速提升其营销的能力。第二，中小型的数字广告公司可以借助大型互联网公司的各种大数据资源迅速提升自身的综合实力。第三，以上所提到的它们能够一起搭建大数据营销平台。

3.大型互联网企业组建数字广告营销联盟

大型互联网企业一旦和数字广告公司建立营销联盟，就会有事半功倍的结果。首先，这个联盟不会让数据孤立，会使双方资源达到互通。其次，大型互联网企业可以通过这个联盟得到较为全面的消费者的数据。最后，假若某一消费者视频网站上的痕迹不能在搜索类网站看到，如果两个网站进行联盟，就能同时获取这个消费者留下的踪迹。

4.依靠大型营销传播集团成长

中小型数字广告公司快速成长的途径很多，借助大型营销集团成长是众多途径中最好的一个：不仅可得到资金和人才的支持，还能获得广告的营销经验。

这些对于沉浸在技术提升中的中小型数字广告公司而言确有帮助。在最近的几年里，确实出现了很多大型营销集团并购数字营销公司的现象。这些集团的广告营销传播的模式在大数据时代发生了很大变化。由广而告之发展成传播要精准，还把之前买媒介改变为买受众。伴随着广告主在数字广告里注入很多资金，大型营销传播集团必须改变固有的观念，这样数字广告的营销能力才会不断提高；而对中小型的数字广告公司来讲，也不可以依托其发展。

目前，我国广告市场的规模达到了全新的量级，可以说相当可观，但也出现一些问题，这就需要整合及革新广告市场。大型的营销传播集团若要用数字广告提高传播能力，肯定需要并购。因此，只有率先重视大数据，才能在广告营销中处于领先地位。在实际应用中，中国的广告公司也在逐渐地做大做强；在与西方国家的广告巨头进行较大的竞争中，也会使技术和人才得到很大的提升。谁在数字广告营销中提早应用大数据理论，那么它一定能在未来的广告市场中处于领先地位。

（二）独立型的数字广告的公司

1.加强和互联网公司的交流，提高精准营销的能力

在大数据时代，精准营销已是各方竞争的着重点。要进行精准营销，手中的数据就必须多种多样。最重要的是，要有挖掘以及获取分析数据的能力。通过增强与互联网公司的合作，自身的技术和管理人才能力等均会增加。独立型的数字广告公司在得到有效的数据之后，还得提升对数据进行合理有效分析的能力。独立型的数字广告公司可以通过以下两种方式与互联网的公司进行合作。

第一，独立型的数字广告公司和大型的互联网公司亲密无间的合作。

毋庸置疑，它们二者之间的合作是必要的，也是双赢的。大型互联网公司除了有大量的消费者之外，还有大量的数据资源，真的是一块价值宝地。假若数字广告公司与之合作，肯定会使它们的服务能力提高。面对像Twitter、Facebook、微信、淘宝等社交平台的资源，不仅要甄别群体的自然属性，还要分析其社会属性，像消费特征、消费意向等。独立型的数字广告公司与大型的互联网公司进行了非常有效的合作之后，获得的资金支持可以通过融资的方式，给独立型的数字广告公司一些帮助。

第二，独立型的数字广告公司与中小型网络媒体进行有效合作。

大数据时代，广告的程序化一定是投放的重点，数字广告公司不仅要加强这一建设，还要寻找可以发挥出二者优势的中介。只有与海量的中小型网络媒体有效合作，才能够把彼此优势发挥出来，也能够有效整合这两种类型公司的资源。在大数据技术精通后，不同类型的广告才可以有效率地投放到消费者面前。

2.运用融资手段，提高数字广告公司等级

当前，独立型广告公司最需要的资源其实就是人才、政策、技术等，但最重要的还是资金。数字广告公司只有拥有了大量的资金资源，才可以去招揽特别优秀的人才。可是，新技术的研发也是独立型广告公司的重中之重。数字广告公司资金和人才两种优势并存之时，就是和大型广告公司竞争之日。赢得资金支持的最佳方式就是融资。那么，利用吸引风投的方式获得资金支持，这其实不可忽视。独立型数字广告公司加上人才、技术及大数据的资源，发展起来很快。独立型的数字广告公司在融资时，间接得到了大型互联网公司所掌握的其他资源：不仅是平台资源，还有受众资源等。这对独立型数字广告公司的发展也有益处。但是，数字广告公司也要保持自身的独立运作的能力，要发挥出属于自己的独有的灵活性。

中国的广告产业在大数据时代危险与机会并存。广告产业及广告公司在快速发展的同时，也出现了诸多的问题，竞争力较弱就是最需要面对的问题。所以，数字广告公司一定要抓住大数据时代的大好机会，去提升小型广告公司的经营规模和实力。

3.大数据时代的广告媒体所需要的变革

传统媒体在广告产业投放平台中一直占据最重要的地位，像电视、报纸、广播、杂志等，都是广告主和广告公司求之难得的平台。当然，这种长期的合作也带来了双方的共赢。与传统的媒体合作一直都是小型且较为一般的公司宣传自己及其产品的方式。可是传统的媒体也有缺点，那就是广告覆盖面着实太小。对传统的媒体平台来讲，大数据的技术确实很有成效，能够给广告业带来新的生机，最重要的是改革了这种类型公司的经营和营销方式，而市场的结构也会催促传统的广告媒体进行不断创新。

毋庸置疑，21世纪网络上广告的量已经超过了传统的媒体所投放的广告的量。对网络广告而言，它的市场规模在增加。还有一个最不希望看到的就是传统媒体广告投放的额度在全面下降，报纸和杂志下降得尤为严重。投放广告的平台这个大蛋糕，如今被切得尤其细小。比如，电视媒体中，目前中央级的频道已然不能独大，它在广告市场所占的份额也逐渐会被各地方电视台分出去。目前，山东台、北京台、湖南台、浙江台在飞速地发展。就此来说，电视的广告市场份额在缩减，好看的省台和综艺节目收获了全国性的影响力，当然这也会增加市场中广告的投放量。

四、基于大数据的广告精准营销模式分析

（一）大数据时代的移动互联网的广告营销

1.营销的方式发生变革

对移动互联网来说，营销体系当然以消费者为核心。可是，目前的市场已经出现了有

明确分工的并全面覆盖的营销行为。这个移动营销的市场体系还不完善，它有三个主体，除了利用移动互联网去营销、去购物之外，还有使用App去营销。这些可以说明，移动互联网的营销方式发生了深刻变革，它并没有彻底推翻传统的营销方式，而是灵活地延伸发展了这种方式。

互联网因有个基础的商业模式，也就是广告，而变得更高效。但是在移动互联网的冲击下，这样的高效优势已经没有了。移动端的广告不仅在内容上，在展示方式和营销手段这两个方面都有所突破。可是，已经出现了明显的社交链的萌芽，对服务于本地的跨屏购买方式、利用互联网进行广告营销的方式越来越受欢迎。移动营销借助大数据技术后会更加精准，且整理后的数据结果也帮助广告主准确找到了目标受众，然后需要经过广告商的程序化对手段将广告的内容用户进行精准的投放，以达到所希望看到的利用移动的互联网进行营销的成果。我们可以说，移动互联网能够精确营销，的确是因为准确地利用了大数据的技术，还有营销形式的多样化，这些都是重视整合营销和程序化购买的结果。与此同时，线上与线下融合，大数据也因此就闭环了。当然，大数据的构建也让精准的营销成为生态链。伴随云计算技术的快速发展，移动互联网的广告营销的发展前景的确非常好。

一般都说消费者与其需求亲密无间。用户的行为对企业推广的行为影响极为深刻，越来越多的广告主也就会更重视移动营销的渠道，这是因为大部分的用户迁移到了移动端。

2.利用移动营销的产业链的分析

（1）移动广告主

位于产业链最上游的是移动广告主，它才是能够推动移动营销快速发展的动力源头。移动营销的主体也就是品牌广告主，还有行业广告主。有着不一样的营销目的、不一样的行业，移动营销的发展路径确实不一样。早期移动营销的先锋当然是行业的广告主，它以电商、游戏等行业为主。就此来说，在移动营销不断发展的过程中，才慢慢有了很多品牌的广告主加入移动营销的行列。这时候，移动营销的主要商品也就变成了汽车类和快消品类。

行业广告主是要付费的，这些费用都是对广告的结果权衡后才得出的。比如，移动应用及手游广告的主体是效果广告，移动应用程序的种类很多，可以给用户提供更多选择；与此同时，互联网巨头的加入也让手游市场的发展迅猛。这些都表明移动互联网的广告行业的市场潜力巨大。与行业广告主对比之后会发现，早期的品牌广告的形式不仅单一，而且投放的屏幕也很小，广告主没有看到移动广告市场巨大的价值空间。近几年使用移动互联网的客户越来越多，吸引用户的广告也出现在了市场中。这个时候的品牌广告主也看到了移动互联网广告的潜力，由被动转为主动，迈入了快速发展阶段。

（2）移动媒体

移动营销主要靠移动媒体才能生存。移动媒体把广告及其受众连接在一起。在我国，有了移动媒体后，还要建立移动的网站和对应的应用等。互联网技术在未来的发展中一定会有新的转机，但一定要靠Html5的技术才行。App指的是以智能手机为终端的能够运行的应用软件。让移动的智能终端广泛地使用，是App成为移动互联网中最重要的前提。App的渗透率高，覆盖范围极广，使其成为移动媒体中重要的一部分。

（3）移动广告代理交易平台

对广告代理公司来讲，交易平台非常重要。比如，国际代理公司ATD（Ageney Trading Desk）确实是承担了购买媒体资源的重要担子，为广告主购买目标客户时提供了方便。代理商定制服务，它还得对这个品牌的安全负责，当然安全等问题主要在ATD对接了DSP和Ad Exchange以后才会出现。在整个产业链里面，移动广告的代理商最接近广告主，也最能满足广告主的愿望。

（4）移动广告网络

Mobile AND翻译成中文就是移动广告网络。这样的网络在为广告主服务的时候也会为媒体服务。恰巧的是二者连接在一起。广告主们参考了品牌或营销者的诉求之后去购买媒体资源，对广告关注的目标受众尽可能最大化地渗透。亦可说成移动广告网络不但买断了还聚合了很多移动应用程序资源，因此广告商才能够较为灵活地去投放广告。

移动广告网络通过平台购买已经被占有的资源，而广告网络平台上App的数量和优质App所占的比例是购买的标准，以此可评判该移动广告网络平台的水平与其他平台的差距。目前，我国有多家优质资源的代理公司，如力美和多盟。

（5）移动广告平台

移动广告平台起到了中介的作用：它连接了应用的开发者和广告主。二者在独自生产着自己的产品：负责应用制作的一定是开发者，而宣传只有广告主才能承担。移动广告平台要有开发的工具包才能对软件进行开发，软件开发工具包亦可叫SDK（Software Development Kit）。利用这个工具包，才可以将广告代码放入应用程序中。用户打开了这个含有广告的App，开发者就能以一定的方式让广告主们缴纳费用。在移动应用的广告平台中，不但要有广告主，还要有提供该应用的商家和广告的代理公司，最重要的必须有对应的优化平台。这中间也应该有数据流，还得有资源流、现金流及信息流；这四个利益流连接广告平台主体。这样，利益流与平台之间就成了闭环的系统。利益流不但成了移动互联网广告的利益制造方，还推动了移动互联网的广告营销的良性发展。

（6）移动程序化购买

移动程序化购买一定要有广告的技术平台，像DSP就是一个相对于需求方来说的平台。广告是利用Demand Side Platform、Ad Exchange这些交易平台来辨别的，还需要以实时竞价模式的Real Time Bidding，即RTB及以非实时竞价模式的Non-Real Time Bidding（Non-RTB）这两种方式交易，把广告的资源买下来。与发展较早的国外比，我国的程序化购买的技术还需不断提高。2012年之前，互联网的广告早已进入移动端的购买，但是由于广告主不太了解移动营销方面的利益关系，使移动端的程序化购买在数据、资源、技术等方面都不成熟，移动互联网的广告程序化购买也发展得很慢。到了2013年，移动互联网广告的程序化购买才步入正轨。而此时的程序化购买由以前的概念变为价值，在市场上也有了移动Ad Exchange和移动DSP，这两个都相对专业。作为供应方平台的移动SSP的先进技术出现后让这个产业链更加完善了。2014年以后，我们国家才开始重视移动互联网广告程序化的购买。广告的品牌主和它的代理，以及媒体都在推动程序化购买的发展，因此，广告商还有媒体，最重要的是用户都认识到了互联网移动程序化的购买价值及其带来的巨大营销潜力。

（二）移动互联网广告精准营销运营系统

1.精准的市场细分

为了明确目标消费群体，企业一定要对市场进行目标区分。市场细分是大数据背景下互联网广告移动端精准营销的理论基础，以此为依据做出自身产品的相应改变，最终实现从功能和特性方面满足目标群体的消费需求。所以，以消费者为核心，满足其个性化需求，是企业进行精准营销的基础和前提。

2.清晰的市场定位

除了国家垄断行业，同一行业为实现同一目标，必然会出现激烈的竞争，包括行业内、行业外的竞争。如此，企业想要脱颖而出，就要树立品牌形象，提高产品质量。消费者群体要求该企业产品的口碑好，那么这个企业就必须有准确清晰的市场定位，这样才能使企业独具特色。因此，企业一定要有清晰的市场定位标签，以实现精准的营销活动。

3.定位目标客户

有了准确且独特性强的市场定位及清晰的市场定位标签后，就要进行潜在客户群体的挖掘，最终找到目标客户。只有利用数据库和互联网这两种工具，才能从海量的用户中间找到目标客户。相较于传统的营销模式，这也就是大数据背景下互联网广告精准营销的技术依托和最大优势。

4.完善分销渠道

通过对传统营销框架进行更新和改造，精准营销帮助消费者实现购买行为依赖于物流的配送体系和结算系统。它还在这个小众化分销的渠道中间依靠着通信信息的技术和网络的环境，才能实现客户的管理体系。鉴于此，才能够体现出以客户为中心，也能更高效地保护用户。

5.建立沟通体系

企业利用互联网移动智能终端找到目标客户后，便与客户进行双向互动沟通。在沟通过程中，还可以给目标客户介绍产品，解答产品的个性化问题，让客户建立对产品及品牌的信任，增强客户的购买欲，当然这也是移动互联网广告精准营销的必经之路。

6.整合增值服务

一次成功的交易并不是一个企业精准营销的最终追求，笼络住新老顾客，保持住消费者群体的稳步增长才是最终目标。这就需要建立优质的售后服务体系，提高客户满意度，也让产品品牌化，产生传播口碑的效应。企业与顾客的双向互动假若能成功构建，就不会发生不良连锁反应，能够提高顾客对企业及产品的忠诚度。在企业精准营销中，非常重要的是顾客的增值服务体系，只有这个体系趋于成熟，这个企业才能真正实现精准营销。

（三）互联网移动端广告精准营销的渠道实现

对互联网移动端广告行业而言，为实现精准营销，除了利用程序化的技术手段，还需要大数据技术及购买的其他平台先进技术的支持。唯此才能实现精准的互联网移动终端广告的投放。这样的模式投放出的广告群，最终才能建立广告投入、产出间的量化评估体系，在提高效率的同时创造出价值。可以根据不同广告主的需求，针对不同类型的顾客，做出不同形式的程序化的购买，这样才能将广告营销的效果最大化。

（四）基于大数据背景互联网移动终端上的广告精准营销

实现高效便捷的精准化营销，是移动互联网时代企业、广告商、用户三方都需要共同面对的问题。只有真正依托大数据和云计算的技术，才能获取全面的数据，也才可能实现移动互联网的广告精准营销。换句话讲，精准营销的关键就在于数据库内的资源和完备的数据库体系。"大数据"中的"大"并不是宽泛理解意义上的统计数据数量之庞大，而是对收集的数据进行深度挖掘，获取数据背后的"秘密"。只有经过深度挖掘及分析，多维度的数据、精准营销的数据模型的运算结果才科学有效。企业一定要建起基础的数据库，这是进行合理分析产品参数的基础，还要进行精准营销完备方案的制定。企业在进行数据深度挖掘和分析的同时，还要保持与顾客互动交流。及时的顾客反馈，有利于数据库的优化和更新补充，这样才能在发生变化的时候及时做调整。基于大数据的营销活动有三个特征：一是关联数据分析的结果，如纸尿裤和啤酒一起促销；二是精准化地推送用户的个人信息；三是可以跨平台账户体系。例如，阿里妈妈为了塑造更立体的用户形象，提供跨平台方式，分析账户间的关联，这种方式需要分析的数据资源源于大众媒介、网络购物等各类平台。

在大数据背景下进行广告精准营销应抓住以下三点：一是处理收集的数据获取相应信息；二是建立合适的模型便于分析数据；三是解读数据的深层内涵。收集的数据类型多样且复杂，不仅有文本这类结构型的数据，有图片等非结构型的数据，还有其他类型的，诸如交易数据、社交平台上的数据等，并且还要进行结构化的整理工作。接下来就需要构建数据的模型，如有基本统计、分类、聚类等，还要根据所建立的模型进行用户行为的预测。最后，科学地解读数据，当然这也是通过数据来引导营销的过程中最重要的环节。只有这三点同时具备，才能够阐释不同客户消费特征和产品设计的趋势，并且还能增强与顾客的互动交流。网络技术、大数据技术的飞速发展及社交平台的出现，为数据库的更新、优化、扩充提供了技术支持和资源依托，并且还会大幅提升营销活动的精准度。

五、大数据时代传统纸质媒体广告的发展策略

这里以报纸广告为例，分析在大数据时代传统纸质媒体广告如何在互联网技术加速发展中变革与进步。

（一）报纸广告"大数据转型"必要性分析

大数据技术的成熟和新媒体的蓬勃发展，对传统报纸业的冲击很大，使其不得不变革。在新媒体出现后，在互联网技术的飞速发展条件下，大众传媒所处的环境发生了巨大改变，传播媒介越来越多样化，使目标受众有了越来越多的选择，需求也越来越个性化，出现了需求的细分化现象。伴随着新媒体的精准化可行性投放，广告商希望既能少花钱又能精准地找到潜在的目标客户。在大数据技术的支持下，这种需求会越来越大。

现如今，报纸业在广告投放方面，主要采用广撒网的方式。传统的一张报纸包含"天下事"的模糊化投入方式逐渐被淘汰，随之也会有经营困难的局面出现。鉴于此，如今报纸业里的各大集团都在抓紧转型，采用多种改革措施，不过这些措施目前都在初期阶段，没有可以复制的成功模式，也没有改变传统报纸业一直以来面临的问题——严重浪费资源、粗放投放模式。在大数据时代，报纸要精准营销，就必须降低生产成本和运营成本，并提高其市场竞争力，在行业内外都能占领一定的地位。

（二）报纸广告中的"大数据转型"的总体要求

大数据最大的魅力在于精准地分析这些数据，即通过大数据的技术精准地预测广告，以此获取广告投放带来的最大利益。要实现这样的愿望，首先，要有大数据库。其次，分析数据的能力要强大。最后，是应用数据分析的能力强大。报纸广告如果想成功实现数据转型，就一定要达到以下各项要求。

1.精准确定读者对象，细化读者类型

读者才是报纸最重要的受众群体，也是所谓的广告资源。

报纸要成功实现大数据的转型，就一定要有精准的读者定位。还要建立读者数据库。这个数据库要有读者的个人基本信息和读者的阅读信息，爱读哪类文章和书，关心喜

欢什么，对报纸的评价怎样，其消费信息，消费心理等。收集到了读者的数据信息，还要进行精准的分析，调查了解收入水平、年龄层次、教育背景，并对读者进行分类。

2.精准地了解广告商的需求，确立广告传播目标

关于广告商的数据，才是报纸广告在大数据转型中最需要获取的信息。对报纸广告而言，必须有广告商所需要的传播目标，一定要了解潜在的目标消费客户的消费倾向，必须在报纸传播广告的时候了解到它的传播渠道，还有广告的内容、表现形式等。

3.准确合理地控制广告的投放过程

了解了广告商的要求及其受众特点后，要分析这些特点，然后制作完美的广告，最后再精准地投放到市场中。在提高效益的同时，降低广告成本。

（三）报纸广告大数据转型的具体措施

1.搭建全面、互接、真实的数据平台，提高分众化广告的分析能力

（1）建立读者的数据库

传统的报纸登广告，每一张都一样，这样的广告很不吸引眼球，更重要的是还会造成纸张的浪费。所以，对报纸业而言，最理想的模式就是让报纸的读者与广告的消费者是同一群体。要成功达到这个理想的模式，就一定要充分地了解报纸的受众，建立起真实的读者数据库。

所建立的读者数据库的内容一定要有读者的喜好和对应的阅读习惯，更重要的还要有其消费行为，还要了解读者的性别、年龄、职业，了解他们的收入、生活方式；了解教育背景等。除此之外，也要了解社会因素，包括家庭、亲友、同事、邻居等，当然还一定要包括购买的习惯和个人的需求等情况。读者数据库有了这些信息，才能够全面了解读者。

每年报社都会进行一次规模较大的读者情况调查，以对读者的喜好了如指掌。可这些调查都委派给了调查公司来做，在此基础上进行数据库的更新。如今，一些报社进行了媒介融合的改革，还成功地运作了起来。把国外先进的数据监测技术引入国内，就能够精准地了解读者的需求等信息。

一定要不断更新和维护读者数据库，及时去补充新的读者信息。这样还不够，还得不断地对最前沿的读者消费需求及消费的趋势大数据进行分析。只有这样，才能精准地投放报纸广告，提高竞争力。另外，还可以对读者进行二次细分，根据读者的不同需要，小众化地发行报纸，进行新闻定制。

（2）建立广告客户的数据库

报纸广告客户是报纸特别重要的资源。了解了客户的需求，制定广告的策略一定是精准的，且特别有针对性，也就会出现新的商机。因此，在报纸广告大数据转型时建立真实且较为完整的读者数据库，也就能建好可靠的广告数据库。要通过数据的分析技术，充分

了解这些广告主的信息，了解广告客户未来的投放方向。

在建立了广告产业的客户数据库以后，一定要先分清客户的类别。这样就能够通过所掌握的客户信息，制作出针对性极强的不一样的广告投放策略。最重要的是建立并维系好和大客户的关系，帮他们解决各种实际问题，要对潜在的广告客户进行挖掘。报社可以此来预测读者和广告客户的未来需求，为这二者建立起沟通的桥梁。例如，在参加企业的产品推荐会的时候，要精选有潜在需求的高价值客户等，通过数据分析来了解客户的需求，并为其进行有针对性的服务。

（3）市场资源数据库

经过长年累月的经营，必定使报社所得到的市场资源十分强大，并在业界有很好的声誉。市场的资源是独立的，和订阅报纸的客户不同。包括其他的媒体、政府机关、社会的团体等，都是独一无二的。报社一旦合理地利用了这些资源，就能有很好的关系网，为它的读者及客户进行有针对性的服务。比如，组织农产品一类博览会，让农业局和质量监督局也参与进来，那么提升农产品的形象就非常容易。所以，报社建立市场资源的数据库是必要的，但也得紧密联系其他的媒体政府机关和其他社会团体，才能提供适合这些机构向上发展的服务。

（4）各数据库之间良好互联

分析数据库之间的关联数据，是建立它的最大目的，以此可以让报纸的目标读者与企业所生产的商品的目标消费者实现最大限度的吻合。即在各数据库间做好衔接，好的资源也就能够连接。可以说，让关键的技术进入市场，就能够很好地连接它的客户数据与市场资源数据。

2.分众化发行和精确化广告投放

从前述内容可知，报纸广告的大数据的转型魅力就在于分析大量的数据，最重要的是准确地把握受众的需求，对客户进行一对一的广告服务。这样做的目的就是把报纸的发行成本和广告制作的成本降到最低，以提升广告的效益，更重要的是提升它的市场竞争力。同时要拥有大量的数据库资源，如客户的资源及对资源分析的技术，这是很难实现的目标。那么，报纸产业就必须在发行方面进行全方位的改革，利用大数据优势进行用户细分，以此来有针对性地分众化发行报纸。只有这样，才能平稳地由原来的传统大众化传播的大报发行方式慢慢地过渡到小众化传播的小报发行方式。

报纸要科学地转型，一定要用到大数据分析技术。要精准地定位报纸的受众，并进行相关合理的思考。还必须用到的就是预测技术和聚类技术，以分出受众的需求，这样才能提供客户需要的服务，而不仅是广告的内容、形式等。小报化发行，不但能快速提升读者的忠实度及读者的覆盖率，还为广告传播的精确化提供了可行性和有效性，在一定程度上降低了广告成本。

目前，在一张报纸上的信息，还没有做到分众化。因此，上面提到的分众化小报发行的举措对报纸业而言就是一种大胆的、有根据的创新。目前广告业不太景气，发展极其缓慢，如能合理地利用大数据技术，改变发报的形式，变成小报发行，或能挽救报业，也能较好地利用互联网大数据技术寻求更好的发展。还可以利用大数据技术预测哪类人群需要哪类报纸，需要什么样的内容，由此开拓新的报纸市场。

可以根据年龄的不同，将同一家报社的报纸分为不一样的小报，如《重庆日报·老年版》《重庆日报·青年版》，对不同的年龄读者发行不同版本的报纸，两种版本的报纸可以有相同的内容，又可以有满足受众需求的不同内容，如老年版更关注老年人养生、健康、养老等方面的资讯和信息，青年版更关注时尚、娱乐创业、职业、金融方面的信息。还可以对不同版本的报纸采取不同的发行方法，如老年版的报纸侧重于征订，青年版的报纸可以在公交车站、地铁站等免费发放。还可以为此组织不同的活动，如老年版的报纸组织一些养生、论坛等活动，青年版的报纸组织一些酒会、舞会、汽车展览会等娱乐性活动。这样有针对性地发行、有针对性地发布内容和组织活动，能够得到很好的效果。另外，年轻人比较习惯于互联网和移动终端阅读，可以采用报网联动、扫描报纸上的微信号或登录官方微博参与活动等形式，发展报纸新媒体客户。

此外，还可以根据读者的不同学历，发行专门针对高学历读者的精英报，这类报纸更关注深度报道和全球视野，提供有深度的新闻评论，迎合精英读者深度思考的需求。

报纸分众发行，可以根据不同小报的读者特征和消费需求，投放不同类型的广告，如老年报主要投放一些跟养老、健康、老年人旅游等有关的广告，跟传统广告相比，既精准，又有效率。分割发行量，降低印刷成本的同时，降低了广告成本，增加了在多媒体环境中吸引广告商的筹码。另外，小报跟新媒体比，即便利用了大数据技术，但是考虑到发行和印刷因素，不可能百分百精准，只能说相对精准。因此，报纸还需要更细致地分析广告商的意愿，了解其潜在目标消费者，对读者进行二次细化，针对不同读者制作不同的广告内容和广告形式，只有这样，才能让大数据的价值真正在报纸中体现出来。

3.变革报纸新闻生产流程，改革报纸内容生产

报纸在利用大数据进行广告和发行改革的同时，还必须利用技术对报纸内容生产进行改革，确保内容符合受众的需求，是受众感兴趣的热点，以培养受众的忠诚度。这是广告非常有利的资源。

（1）精确化读者调查，提供差异化的新闻服务

报纸实行分众化发行后，读者是同类者的"聚会"，有着类似的兴趣爱好。

因此，报纸可以委托数据管理公司分析分众化读者的阅读兴趣、阅读习惯、关注焦点，为他们提供感兴趣的新闻内容。例如，报纸老年版在提供大类新闻的同时，提供一些老年人感兴趣的文章和选题。

（2）利用大数据寻找热点，新闻选择和发表严格参考流量表

目前，大多数报社都在进行媒介融合改革，以"全媒体理念"经营报纸，通过建立大数据网络监测平台，对网络上受众的特征、受众讨论的热点进行监测，并根据监测的结果决定明天报纸的头条新闻和重要内容，甚至抢在第一时间发在全媒体上。另外，报纸还利用大数据寻找受众感兴趣的新闻点，并进行相关性和预测性分析，深度挖掘新闻点背后的背景，并对未来的发展趋势进行预测，提供深度的报道，提高报纸的影响力。

另外，由于网络的浏览存在时间段差异，所以可以通过监控了解受众活跃的时间段，严格根据大数据监测的结果，选择新闻发布的内容。

（3）新技术创新内容呈现方式，实现数据可视化

大数据时代，信息是爆炸性的，是否吸引眼球和关注停留时间显得非常重要。大数据时代的到来，为新闻用可视化形式呈现提供了可能，在很大程度上增加了新闻内容的直观性、体验性，引起了读者的兴趣。例如，用图片来表示，点击图片进去，便可看到每个新闻节点的介绍。

4.搭建超媒体平台，成为广告市场领导者

在新媒体时代和大数据时代，广告商的一则广告不再像传统广告那样运作，在某一家媒体或者几家媒体上投放广告，而是根据自身的广告需求，精准化地分析目标客户，依托数据管理公司，分析媒介的受众特征，对不同媒介进行资源整合，最大限度地实现所投媒介的受众与潜在目标客户相吻合。报纸广告如果单枪匹马，很难在广告市场上拥有竞争力，顶多就是分别人一杯羹而已。因此，报社要想在大数据时代成为广告市场领导者，除了对自身拥有的报纸读者和新媒体受众进行精确分析，利用大数据技术预测其消费需求，并力求广告商的需求和受众的需求相匹配，实现精准化广告投放，还要搭建超媒体平台。这个超媒体平台，既包括自身旗下的所有媒体，如报纸、微博、微信、互联网、杂志等，还包括其他报纸、互联网、微博、微信公众号、户外媒体、楼宇媒体等，然后利用自身数据库和数据管理公司数据库，对其他媒体受众特征和消费倾向作非常精确的了解和定位，根据广告商的需求和目标客户的要求，整合资源，精准化投放广告，最大限度地实现所投媒介的受众与潜在目标客户相吻合的目的。

5.做好报纸广告大数据转型的人才培养和技术储备

通过以上分析，我们不难看出，报纸广告进行"大数据转型"不仅具有可行性，而且非常有必要；它能够彻底颠覆传统报纸广告的思维方式和运作模式，创造前所未有的发展机遇。但是，作为传统媒体的报社与互联网企业比，真正运用大数据的时候还是面临着很多困难和问题。要实现数据与技术的结合绝不是一件容易的事情，最大的困难就是缺乏大数据技术人才和储存设备。大数据技术真正应用起来非常复杂，包括数据捕捉、数据处理、数据分析等各个环节，需要高难度的专业技术；离开人才，根本无法运作。另外，大

数据技术的运作需要大型的数据储存设备，还需要支持"云计算"运作的平台，因此对大数据技术设备要求也很高。

综上所述，报纸广告要想在未来实现"大数据转型"，必须未雨绸缪，做好人才和技术储备。首先，要实现人力创新，积极引进大数据人才，建立一支专业、高效的"大数据转型"运作队伍。其次，对物力创新，积极引进国内外先进的数据存储基础设备及数据处理分析软件，加强硬件设施和基础配套建设和完善。最后，要加大对大数据库建设的资金投入，加强人才培训。只有未雨绸缪，才有可能在未来真正抓住时代赋予的机遇，实现转型。

第十三章　新媒体与新闻传播

第一节　新媒体传播渠道

新媒体不仅创造了全新的传播渠道、传播方式，而且打破了以往由权力支配的话语垄断格局。

一、新媒体传播渠道对传统垄断的打破

随着移动互联网的发展与成熟，以及用户利用互联网的意识和水平提高，传统媒体曾经的渠道垄断、内容生产、行业地位都被新媒体颠覆，直接导致颠覆性Web 3.0影响的发生。

（一）操纵技巧被精妙运用的媒体垄断

本·H.贝戈蒂克安在《媒体垄断》一书中描述到："当操纵被作为控制的主要手段时，操纵技巧的精妙运用，便比其他知识活动更重要。"当较为明显的媒体垄断方式越来越遭到大众诟病的同时，一些更为隐蔽但行之有效的垄断方式随之涌现，话语权垄断便是这方面的成功者，其主要表现就是通过意见领袖、议程设置、广告等方式使其背后的利益集团达到对受众施行软控制的目的。

话语权垄断便是利用了媒体能够进行"意义的生产"功能，后者从不同角度传达出来的信息可以产生不同的社会效果，对公众进行舆论发布的同时可以进行舆论"误导"，使受众在不知不觉中进入媒体设置的意境中去，并按照媒体的意志行事。大众媒体通常所用的意见领袖和议程设置两种方式，就可以产生这样的社会效果。还有一种是通过广告来达到对话语权的控制，这个主要是金钱的力量，由广告成本决定媒体"为谁说话"。史迈兹

的"受众商品论"就是批判"媒体—受众—广告商"这样一种三角关系[①]。

（二）新媒体对传统媒体垄断的消解

在新媒体传播过程中，受众不再仅仅被动地、单向地接收媒介所"喂食"来的新闻，而可以成为主动的传播者。传播者与受众的概念开始模糊，传统意义上的受众能够自主筛选信息并传达信息。以往作为信源的传播者和作为信宿的受众被一个个"传播个体"所取代，这种"受众主体"具有搜寻者、咨询者、浏览者、反馈者、对话者、交谈者等诸多角色。信息的互动交流将整个传播过程交织成一个网络，从宏观来看，真正是"所有人对所有人的传播"；从微观来看，是可以被定义为"OTO"的一对一模式。

新媒体对传统传媒形成了一种巨大的消解力量。以往只有政府、专家、记者、编辑才能掌握的话语权力被分解，现实中的每个人都可以成为信息的发布者、评论者、传播者，每个人每时每刻都可以发布新信息、评论新观点、传播新思想。新媒体改变了传统的传播状态，由一点对多点变成了多点对多点。新媒体以其全新的技术创设了更经济、更快捷的传播手段，即时性、快捷性、海量性、多点对多点的传播成为新媒体的特征。新媒体改变了传统媒体自上而下的话语灌输模式，创造了多元空间、多元选择、多元文化、多元主体的新格局。

二、新媒体传播渠道的特点

随着新技术和新思维的层出不穷，新的传播渠道也日新月异、络绎不绝，主要包括但不限于：门户、搜索引擎、微博、SNS、博客、播客、BBS、RSS、WIKI、移动设备、微信、App等。

（一）跨媒介融合，传播复合多元性

新媒体时代，多种新媒体工具蓬勃发展，各自发挥媒介的特性，从不同角度，以不同形式全面而各具特色地传播信息。不同媒介不再像从前那样分工明显，跨媒介融合的传播趋势越来越显著，新媒体传播渠道与接收终端向多元化、复合化延伸发展。

新媒体传输设备同样体现出复合多元的特征。手机、平板电脑等移动设备推进新媒体传播时空无限性的同时，与传统的电视、广播等媒介上的影音内容，报纸、杂志上的文字内容相融合，形成信息的汇通；电脑等新媒体设备与传统媒体特色相结合，催生了网络电台、网络电视台等多类传播渠道，实现互惠发展、信息联动、优势互补、资源共享，革新了内容的生产和消费方式，推动着新媒体时代信息的海量化、多样化，大众生活的便

[①] 王援. 新闻学概论 [M]. 成都：电子科技大学出版社，2017：87—107.

捷化。

（二）智能化、数字化趋势明显

新媒体信息依靠多种智能化软件、应用元素的组合作为渠道进行传播。在新媒体平台中，受众可以主动发出指令，让新媒体信息做出智能化的调整。随着计算机与编程技术的发展，新媒体传播渠道的智能化程度会越来越高。

此外，新媒体的特性决定了新媒体的信息通过简洁的数字化渠道进行传播，信息脱离了传统媒介的平台，以数据为主要形式，依靠新技术催生的网络设备进行传播。这为信息的存在、编辑、复制和传播提供了便利：信息含量增大，信息的保存更加简单、精确；能够有效地拓展新媒体信息传播的范围，突破时空局限；受众可以方便地筛选和重组信息。

（三）过程的去中心化

P2P技术追求的是网络中各节点的平等地位，因此，在P2P技术结构中的意义被大大弱化甚至完全消解，去中心化的特点得到更为充分的体现，网络传播结构的扁平化特点也会进一步凸显。因此，"去中心化"在网络传播中心已经成为现实。

新媒体形成了具有自由开放性与往来互动性的巨大的公共舆论空间。广大受众通过网络、手机等新媒体表达形成一致性、多人共同意见的时空环境，受众通过即时沟通与交互传播形成强大的舆论，并产生强烈的社会影响，形成公共舆论空间，推动社会公共议程的发展。在报纸与受众的互动中，报纸的反映往往具有滞后性和筛选性。电视、广播与受众的互动虽然滞后性不是主要问题，但依然具有一定的筛选性，因此与传统媒体相比，网络互动中无费用、及时、无筛选的优点非常明显。开放的网络媒体可以将不同地区、不同行业、不同年龄的网民整合到一起，并且能够实现网民之间、网络媒体和传统媒体间的信息交互。这种开放型的信息互动，使得网络舆论能够以多层次、多角度的面貌快速而深入地呈现相关议题。而网络舆论一旦发动，就会在网上以超乎想象的高速度传播。

（四）葡萄藤现象的蔓延

在非正规的组织传播中，有一种"葡萄藤"现象，即小道消息传播。"葡萄藤"传播具有速度快、精度高、信息量大、反馈广等特点，这种传播常采用小群体交叉传播的形式，由于多向性和交叉性，它的传播速度和覆盖面以几何级数增长，消息很容易"不胫而走"。小道消息的负熵值较高，人们出于多种心态，留心于保存原样，使得它准确度和信息量都很高。戈德哈伯曾指出，"葡萄藤"传播的信息，准确度高达百分之八十以上。

新媒体传播中，各种意见小团体的出现，在一定程度上符合这种"葡萄藤"传播现象，比如即时聊天工具中的QQ群、MSN群，各网络社区的好友圈、点评性质的网站、微信朋友圈等。

（五）传播方式立体化、个性化

传统媒体往往利用文字和图片等平面媒介传递内容信息，在传播方式上形成了"中心—边缘"二元对立的格局。而新媒体的数字化、多媒体化、宽带化改变了这种传统模式，在传播方式上沿着立体化、个性化的方向迈进。

第一，传播方式渐趋立体化。新媒体集文字、图表、数据、声音、影像等多种通信媒介为一体，是具有集成性、兼容性、立体性的通信方式。这种超文本的传播手段改变了人们的阅读方式，使大众阅读呈现出快餐式、跳跃式的浅阅读特质。新媒体在进行内容传播的时候，往往将社会中的热点、焦点问题及难点、疑点问题分解成若干个经典片段，并配上戏谑诙谐的图片或短小精悍的视频，进行声情并茂的感性表述。这种立体式的传播手段，既抚平了各个年龄代际的知识语境鸿沟，又对精英化、规范化的传播方式进行了抗争，实现了抢占注意力的目的。

第二，传播方式彰显个性化。新媒体时代，传播者往往利用新媒体进行分众传播、小众传播，通过"点餐式"个性服务来吸引更多的受众，不断扩大自身的社会影响力。比如，传播者利用信息技术设立门户网站、微博账户、微信账号和App客户端。在这些新媒体中，传播者提供各种检索工具，使受众在海量信息中各取所需。同时，"受众还可以自主选择信息接收的时间、地点及媒介的表现形式"。传播者能够根据用户的需求，通过订单生产、定制推送等形式为受众提供相关信息的专门化服务。

（六）传播路径的网状化、裂变化

传统的社会思潮传播路径是自上而下的倒金字塔式单向传播，即社会思潮的核心层（主要包括理论专家、高级官员、社会活动家等精英群体）在考察社会心理变化的基础上，通过讨论、验证，提炼出解决社会问题、引领社会走向的思想理论，然后，这些精英群体将他们制造的思想理论进行加工、改造，通过发表文章专著、举办论坛讲座等形式，向广大知识分子尤其是大学生群体进行定向传播，由此形成社会思潮。在这种"传播者本位"的传播路径中，多数在场受众是被屏蔽的，受众仅仅是作为社会思潮传播的消费者而存在，缺失传播主体的地位和价值，被视为没有发言权的"草根"。与上层大、下层小的线性传播路径相比，新媒体环境下的社会思潮传播路径是中间大、两边小的橄榄式网状裂变传播。

一方面，社会思潮的传播路径具有网状化特征。在新媒体环境下，巨大的民间传播力量在网络上消解了传统的"议题设置"。当社会热点事件出现时，各种意见的交流、对话和冲突在网上形成强烈的"舆论场"。精英群体根据点击率、回帖率、转发率把社会舆论的中心和心理共鸣的焦点整合出来，并把问题放大，"造成舆论力量的互动和共振，形成强大的聚焦功能"。这种强大的聚焦功能又会形成巨大的舆论冲击波，形成"民意朝向"的社会思潮传播网。另一方面，社会思潮的传播路径呈现裂变化的特点。麦特卡夫定律强调，网络的有用性（价值）随着网络用户数量的增多而呈指数增长的趋势。由此得知，分享某个话题的受众越多，整体的效能就越大。在新媒体时代，社会思潮的传播线路主要有两种：一种是"粉丝"线路，即传导者在网络上发布思潮信息后，传导者的"粉丝"们都可以迅速获知信息；另一种是转发线路，即某一受众转发了传导者的思潮信息，该信息立即同步到该受众的好友圈里，然后以此类推，实现勾连与嵌套的裂变式传播。

新媒体还有"易检索性"的特点：可以随时存储内容，查找以前内容和相关内容非常方便。新媒体用强大的软件和网页呈现内容，可以轻松地实现24小时在线。独特的网络介质使得信息传播者与接受者的关系走向平等，数字技术促使媒体壁垒被打破，信息共享的概率增大，信息的获取、制作成本降低。

三、新媒体传播载体

从Web 1.0到Web 3.0，不同的新媒体承载着不同的功能，发挥着不同的作用。微博、博客、播客、SNS社交网络主要实现新媒体中的人际传播，BBS论坛、社区主要实现群体传播的功能，内部网、局域网具有组织传播的功能，各种新闻门户网站、综合型网站、数据库、视频中心主要实现大众传播的功能。多种多样的新媒体传播形式并未各自割裂开来，而是相互联系形成巨大的网络，产生新媒介自身的复合、信息的共享与互动。

（一）Web 1.0时代到Web 3.0时代

在Web 1.0时代，门户网站、搜索引擎、即时通信是三大主导产品。网站、搜索引擎是Web 1.0时代的基础应用，电子邮件、网络论坛、即时通信是Web 1.0时代具有代表性的交流形式。此外，Web 1.0时代还有网络杂志、网络报纸、网络文学、网络广播、网络电视、网络游戏等多种媒体形式。

Web 2.0时代，各种社交媒体层出不穷，而Web 1.0时代产生的媒体形式也随着技术更迭而升级变革。例如，即时通信、网络论坛、网络游戏等媒体形式都染上了浓厚的Web 2.0色彩。

即时通信、网络论坛产生于Web 1.0时代，但也将其归于社交媒体，而社交媒体本是基于Web 2.0的。其实，Web 2.0与Web 1.0没有绝对的界限。Web 2.0技术可以称为Web 1.0应用的工具，即时通信、网络论坛这些在Web 2.0概念之前诞生的媒体形式本身也具有Web 2.0特性。

各类社交媒体在网络媒体的母体里萌芽和发展，随着移动应用的快速普及，如今已经拓展到移动互联网支撑的手机媒体群。新媒体形式的典型应用分为手机端和桌面端。可以看到，几乎所有的新媒体形式都有了手机版的应用。各种媒体形式向移动形式上发展已经成为一种趋势。目前，很多应用已经成为网络媒体、社交媒体和手机媒体三者之间的交集应用，例如QQ即时通信、新浪微博、微信、人人网、优酷视频等。微信在CNNIC报告中被列为即时通信类。笔者认为，从主要功能上看应将其归入移动社交类，它同时兼具即时通信的功能。

Web 3.0时代，是融媒体乃至智媒体的实现，其核心思想在于融合，能融合各种网络内容。Web 3.0的主要应用形式是个人的门户，它是完全按照该用户关注信息的偏好和行为习惯进行组合而形成的，是基于用户需求的信息聚合。Web 3.0时代媒体的评价标准不再是流量和点击率，而是信息到达率和用户价值。

关于Web 3.0的概念，比达拉·J认为："支持创建博客、维基、播客和视频剪辑称为Web 2.0，新Web 3.0明显是Second life、Div-vio、Joost和VRML／X3D在网络世界中的具体化，预示着人类的形象符号、智能代理和丰富的多媒体特征在交互式3D环境中轻松融合。"谷歌董事长埃里克·施密特认为，"Web 3.0是一系列设施设备的结合。其核心软件技术是人工智能，它可以智能学习理解语义网，Web 3.0技术的应用可以使网络更加人性、精确和智能"。

从诸多Web 3.0的概念界定中可概括出Web 3.0的主要内容包括语义网、3D网、社交网、智能网、媒体中心五大部分。

基于PC端、WAP端、PAD端、网络电视等一系列网络设备的推陈出新，实现不同终端机器之间的互联互通、资源共享、信息传递、个性服务等。Web 3.0时代下的信息数据不再是碎片式地散漫在数字世界中，而是高效聚集、语义网罗、个性定制、智能汇合成为各类型系统网络图，实现网民对信息资源的获取、整合、使用、共享。

互联网迈进Web 3.0时代后，人们不断提高对虚拟世界的开发与运用，使现实世界中渗透着网络世界，在网络世界中体验着现实世界，二者相互映射、融合。

（二）集大成者——微信

1.微信的传播机制

传播机制指在传播过程中传播者、受传者、信息、传播媒介和反馈等各要素的功能和相互关系。具体到微信传播，微信传播机制指的就是微信信息传播的传播者、受传者、信息、传播媒介和反馈等在一定的传播制度下协调统一运作，以完成整体的传播过程。微信是基于在微信传播机制中，传播者、受传者、信息、传播媒介和反馈5个要素均对传播效果有重要作用。传播者是发出信息的行为主体，是传播过程的始发者。个人只需要用手机号码或QQ号码便可注册微信账号，政府、媒体、企业等团体提供机构名称、机构组织代码等运营信息便可注册微信公众号，拥有发布信息的权利，即成为信息的传播者。受传者是信息的接受者，是传播者的作用对象。在微信传播中，用户互为好友或用户订阅微信公众号的情况下，便能够接收信息，成为信息的受传者。

微信传播中的信息形式多样，如文字、语音、图片、视频等。从内容上看，微信传播的信息有聊天信息、新闻报道、文学作品、智力游戏等。传播媒介是信息传递的载体。微信本身并不发布消息，所以它不是媒体，而是社交工具。微信承担着"大媒体"的角色和功能，是信息交流与中转的媒介平台。它是沟通交流的通路、内容分享的平台、信息接收的终端等。

反馈是受传者参与传播活动的主要形式，体现了受传者的主动性。在微信传播中，聊天场景下，受传者的回复即反馈；在接收朋友圈和公众号发布的信息时，受传者点赞、评论、分享即反馈。在微信传播中，传播者、受传者、信息、传播媒介和反馈在技术支持下协调运行，构成一个完整的传播过程。

2.微信的传播特点

微信的传播具有互动性和双向性。在传播的模式中不断对其自身的功能进行深化，由最初的语音对讲发展为图片视频的传输，这就在很大程度上方便了人们的生活，促进其自身的发展和实用性。

传播平台更加集中。微信对手机功能进行了最大化的利用，并且在传播的同时对传播渠道进行了拓展，使其传播的平台更加集中。具有个人账号还可以设置公众平台的微信账号。微信的二维码扫描系统、定位系统等都使其传播的平台更加集中，二维码主要是对用户身份的验证，通过摄像头的扫描可以很明确地辨别用户的身份和信息，定位系统主要是用来找朋友。同时，微信也有其插件功能，其传播的平台更加集中并明确，平台的聚集和共享，把人们日常生活中的很多通信工具都包括在内，所以说微信使人们的传播平台更加集中，是通信和传播工具的"集大成者"。

内容传播与时间具有同步性：微信主要是运用对话或者是聊天的方式进行沟通，它是属于一对一的即时消息推送，到达率基本为百分之百。以语音、视频、文字、图片、专题推送等与自己的好友进行沟通。相对于短信来说其语音通信即时性不可以代替，相对于微博来说更加私密化、门槛更低、更加方便，相对于电子邮件来说它传播更加迅速。

微信传播具有及时性、准确性、私密性的特点。一般情况下，大众账号可以对图片、文字、语音进行群发。而经过认证的账号则具有更多的功能，不仅可以对图片、视频、文字进行推送，还可以对专题信息进行推送。其传播交流与微博不同，微博中的动态，粉丝可以随时进行关注，并且随时进行评论。

微信用户在发出信息前，要选定信息接收者。如果选定的是个人，那么信息的传播就是"点对点"；如果选定的是多人（包括朋友圈），那么信息的传播就是"点对面"。在

"点对面"的传播中，只有信息发出者和接收者互为好友，微信界面才会向双方显示信息和双方的互动。若第三方与任何一方不是好友关系，用户不会看到非好友的信息和互动，这是微信传播的私密性。

通过使用微信，用户拥有了传播和接收信息的权利。在传播和获取信息、消遣娱乐的过程中，建立和维系了人际关系，形成和完善了社会认同。从受众研究的角度来看，通过微信这一传播工具，受众满足了社交诉求，这对于信息时代的受众心理是非常重要的。因而，微信传播具有使用满足性。

微信通过"摇一摇"、"漂流瓶"和查看"附近的人"，能够看到陌生用户的用户信息，并可加为好友。例如，北京的微信用户可以摇到西安的用户，或捡到广州用户的漂流瓶，或看到附近1000米的用户信息。看到陌生用户的名字、头像，收到他们的信息或听到他们的声音，拓展了用户的视听范围，扩宽了用户的社交圈，也满足了用户的好奇心理。可见，微信传播具有一定的猎奇性。

（三）最具感染力——富媒体

富媒体是应用一系列最新网络技术，以二维和三维动画、影像及声音为表现形式的一种应用。包括多媒体（二维和三维动画、影像及声音），它包括HTML、Interstitial间隙窗口，Microsoft Netshow、Real Video和RealAudio、Flash，等等。

富媒体包含流媒体、DHTML等程序设计语言的形式之一或者几种的组合。富媒体可应用于各种网络服务中，如网站设计、电子邮件、BANNER、BUTTON、弹出式广告、插播式广告等。富媒体之"富"，是建立在宽带网络基础上的，是对窄带网络的信息相对贫乏而言的，是一个建立在多媒体基础上的相对概念。一般来说，富媒体即特制交互性多媒体，多媒体与交互性两项缺一不可。

富媒体本身并不是信息，但富媒体可以加强信息。将富媒体应用于广告就产生了富媒体广告，其特点是尽可能应用最生动、最具感染力的表现形式来展现广告创意，帮助广告主更好地与受众沟通与互动。如一则百事可乐的富媒体广告，采用的是"ICAST通栏扩展视频形式"，当鼠标触及通栏中播放的视频广告，视频框会立刻扩展开来，伴随声音一同播放。同时，伴有吸引人的促销信息以及"免费短信大放送"等互动措施，大大提高了广告效果，吸引更多受众登录百事活动主页，继而浏览、注册会员，从而达到此次推广的目的。

可以预见，未来的互联网上，铺天盖地的文字广告会让人觉得厌倦，大同小异的文字信息已无法吸引消费者的目光。而富媒体广告能使消费者享受网络广告的新奇乐趣，增强了广告的表现效果，先进的技术使用户可以从更高的水平上与广告主进行互动，适应于新媒体广告"个性化""互动性"的趋势要求。

（四）风起云涌——媒体云平台

1.中华云平台的内涵

2013年，中国国际广播电台、中国国际广播电视网络台旗下的国广环球传媒控股有限公司收购中华网，此后，用多年时间打造了全媒体"中华云平台"。该平台采用"云+网+端"架构，形成集素材采集、节目制作、内容共享、多终端发布、多渠道综合覆盖和用户舆情反馈于一体的、端到端的、多语种的、覆盖全球的全媒体传播新平台，通过构建分布全球的媒体云和融合传输覆盖网，对国际平台全形态的媒体战略资源进行整合和智能调度。其中，云是基础，网是支撑，端是呈现。

推进平台融合，改变了传统的媒体间采集制作方式独立、分散、水平运行的状态，通过自建或借力方式，打造适应全媒体业务发展需要的云平台。

2.搭建云平台的意义

"云"本身并非新技术的诞生，而是传统技术的集成。云平台是用一体化的思维来重新整合系统内局部之间的关系。它如同一个"资源池"，实现计算资源的集中整合，完成媒体生产过程中所有的指挥、调度和信息沟通。云平台体现着"泛在、透明、智慧、和谐"的哲学理念，用户所需要的信息服务随时集成、随时分散，如同自然界中的云一般，"聚则成形，散则成风"，实现"万世万物皆和合"的状态。

云平台作为支撑全媒体运行的后台，将成为世界最大的资源库。它呈现出以下显著优势：一是超大规模，赋予前所未有的计算能力。二是虚拟化，支持使用者在任意位置，使用各种终端获取服务。所请求的资源来自"云"，而不是固定的有形的实体。三是通用性，在"云"的支撑下构造出千变万化的应用，同一片"云"可以同时支持不同的应用运行。四是高伸缩性，"云"的规模可以动态伸缩，满足应用和用户规模增长的需要。五是廉价性，"云"的自动化管理使数据中心管理成本大幅降低，公用性和通用性使资源的利用率大幅提升。

3.云平台的"云""网""端"

（1）中华媒体云

中华媒体云可以为各类媒体提供节目制作、媒资管理、用户管理、业务流程管理等系统支撑，实现多语言、全媒体内容生产、发布的云服务；能够将不同媒体形态的内容采集、制作、存储、发布等流程整合在统一的网络平台上，实现媒体内容形态之间、生产者之间、生产流程之间的共享共通，全面提高媒体生产能力与效率；通过建设智能引擎系统，实现内容智能聚合、网络高效适配和面向用户的推荐引导。

（2）中华云融合传输覆盖网

基于广播电视网和移动互联网相融合的多渠道的综合覆盖网络。重点解决内容经济有效送达、业务覆盖范围和人群扩展、与互联网和移动互联网的融合、网络建设和使用成本的控制等问题，实现多形态融合网络的立体协同覆盖。中华云融合传输覆盖网综合利用包括卫星、地面、有线和无线等多种传播方式，兼容广播网和互联网的双重特性，实现媒体业务和用户服务的立体全覆盖。

（3）中华云终端应用服务

基于智能推荐和智能EPG技术，面向最终用户提供的多形态业务展现的服务。重点解决多渠道业务接收、融合业务展现、用户个性化服务、用户信息收集等问题，实现用户共享以及用户智能引导。中华云终端应用服务，既可以向用户提供多语种、全媒体形态个性化、精准化终端服务，也可以采集用户的内容喜好、地域分布、接收习惯等信息和数据，通过大数据技术挖掘分析，指导内容生产制作、聚合和播发，实时调整媒体策略规划和业务部署，适时满足用户个性化、多样化需求，最终实现以用户为中心的媒体战略转型。

从"铅与火"、"光与电"到"数与网"，媒体新技术的迅猛发展，不仅极大改变了信息生产方式，也深刻改变着媒体格局和舆论生态。

（五）万物互联——物联网

第五代移动通信技术为丰富智能产品种类，实现万物互联提供了可能。

1.何为物联网

物联网这一概念，最早由美国麻省理工学院阿珊提出，指的是将各种信息传感设备，如射频识别装置、红外感应器、全球定位系统、激光扫描器等种种装置与互联网结合起来而形成的一个巨大网络。具体而言，物联网是通过在物品上嵌入电子标签、条形码等能够存储物体信息的标志，通过无线网络的方式将其即时信息发送到后台信息处理系统，而各大信息系统可互联形成一个庞大的网络，从而达到对物品实施跟踪、监控等智能化管理的目的。换句话说，物联网可实现人与物之间的信息沟通。

物联网技术旨在利用射频识别技术、传感器技术、嵌入式技术、无线数据通信技术等，构造一种全球物品信息实时共享的实物互联网。物联网的发展得益于互联网和移动互联网的高速发展。物联网是新一轮通信信息产业革命的驱动力量。它是4G、5G技术的重要应用方向，现在热门的工业4.0、互联网+、智能家居、人工智能、大数据、云计算、嵌入式开发等理论都和它紧密相关。

从本质上来看，物联网是互联网在形式上的延伸与扩展，它传承了互联网的普遍性特征，也并非只是将传感器连接成网这样简单。物联网的关键不在"物"，而在"网"。这张网几乎可以把所有媒体的特质都网罗其中。物联网通过信息技术手段的扩张，重新生产了网络的意义，而且实现人与物之间的相融与互动，甚至是交流与对话。从数字化、网络化到现在的智能化，物联网是信息传播技术演化的新进展。智能化已然成为物联网传播中的关键词。

物联网的传播使得物体都被赋予了"内容",并在不断进行人与物交流、物与物交流中生产"内容"。不难发现,相对麦克卢汉的"媒介即信息",物联网这种新型传播形态在传播意义上有更大的突破——"物体即信息"。在物联网的传播中,正如物体本身的物理属性,信息是固有的、弥散的、非集中化的,但通过装置在各类物体上的电子标签、传感器、二维码等经过接口与无线网络相连,物体将循环地进行信息的"生产"与"再生产",这在更大程度上消除了对于媒介性质的认识,甚至可以认为"物体即媒介"。

2.万物互联的关键技术

当前引发这场万物互联革命的主要驱动力是来自四个方面的关键技术创新,分别是:物联网、云技术、大数据和虚拟现实/增强现实技术。

M2M通信,是物联网时代的主流。狭义的M2M是指机器与机器之间的自主通信。而广义的M2M,则可涵括机器对机器、人对机器、机器对人、移动网络对机器等之间的自主连接与直接通信,它涵盖了所有在人、机器、系统之间建立通信连接的技术和手段。这种连接不仅仅是简单的数据在机器和机器之间的传输,更重要的是,它是机器和机器之间的一种智能化、交互式、自主态的通信。也就是说,即使人们没有实时发出信号,机器也会根据既定程序主动进行通信,并根据所得到的数据做出智能化的决策,对相关设备发出正确的指令。

物联网的应用将遍布生产制造、技术升级、服务防控、起居生活、运输传播、医疗健康、安全环保等所有环节。

3.物联网新媒体形式

物联网对于新媒体发展的作用可以概括为,物联网实现了媒体维度的扩展,使信息传播媒体由"从人到人"的传播平面扩展至"人与万物"的广阔空间。借鉴于物联网的英文简称,把物联网所引发的各类新媒体形态统称为"MOT"。

物联社交网:通过各类智能装置与智能应用程序,人类之外的各类生物或无生命实体均可通过接入物联网而进一步进入人类的社交网络,在人类社交网络中实现拟人化的、极具吸引力的存在。物联社交网应用的较早实例包括宠物饮水机等,此后,交通监控摄像头开始进入微博,火星探测器开设Twitter账号,"玉兔"月球车在社交媒体上"卖萌",各类实例层出不穷。

"类微信"服务媒体:服务化是未来媒体发展的重要趋势,未来的媒体将不再是单纯意义上的信息传播载体,而将承载更具价值、更具可持续发展潜力的综合信息服务,服务能力越强,媒体的生存能力才会越强。未来获得长足发展的媒体首先是以用户需求为中心的"服务系统",以微信为代表的社交网络新媒体工具的兴起,为智能服务提供了可能。每一个微信公众号都可以成为一种与用户实现会话,能够处理用户的语音、图片和文字输入，为用户提供灵活服务的智能媒体。微信之外，类似的App或其他工具也可通过与物联网的结合，实现智能服务，并构成连接物联网与服务媒体的渠道和载体，形成"类微信"服务媒体。

物联网媒体离不开大数据。在互联网时代，无论用户在互联网中的网页浏览、视频播放、广告点击、信息搜索、收藏购买、导航定位等各类操作，还是用户在移动互联网中的App使用、即时通信、拍照上传、发帖评论、点赞转发、心跳血压等种种记录，所有行为都被转化为数字记录，并能分析出用户的喜怒哀乐、偏好等。这一记录过程突破了原有数据的样本采集方式，数据采集不再受制于主观、断点、结构和结论化的局限，逐渐形成了大数据的数据基础。互联网环境下的数据采集极大降低了数据采集成本，连续的样本检测得以客观分析更多的细节，将人与社会和自然的关系变为生命记录、活动记录和环境变化记录，最终获得更具深度和广度的数据基础。大数据不断累积效应，使得数据本身的价值又循环往复，将得以再次开发利用。

大数据时代的物联网媒体在总体特征上可被描述为依靠"大数据支撑"的媒体。媒体应当充分具备大数据的采集、分析、存储和处理能力，通过数据所产生的"内容精准化导向"，通过数据可视化技术，大规模生产用户体验更好的"数据化内容"，在此基础上利用媒体优势实现和创造相对于计算机和互联网而言"更好的数据可视化"，并最终实现基于大数据分析挖掘的"知识驱动"。

万物互联，传媒行业将会以更多元化的形式完成更加丰富的信息传达，每个人、每件智慧物品都将成为万物互联世界中的一部分，也是万物互联网络的使用者，而人类也将因此而拥有从未有过的智慧，步入人类文明的崭新境界。

第二节　新媒体与新闻传播

一、新媒体对传统媒体新闻传播的影响

媒介传播方式的改变表现为媒介的融合。媒介的融合是在数字化技术的基础上，融合多种信息格式，通过新型终端显示出来的"大媒体系统"。就目前的媒介表现形式而言，已经具备了媒介融合的基本特质。数字报业将报纸和网络两种方式结合起来，共同运用于新闻产品的生产之中，形成各取所需、物尽其用的多介质传播模式。同时，伴随异质媒体

竞争的加剧，新一轮的分化又同步产生——在媒介融合的领域和环节中显示出"合久必分的分化趋势"，在更高的层面上强化媒介属性的优势，通过具体传播环节中的"融合"与"细分"，满足受众得到"更多有效的异质信息"的需求。

由一点对多点变为多点对多点。传统媒体是编辑决定报道主题，记者收集事实，然后编辑成新闻，以报纸或节目形式传播给大众。非新闻单位、普通老百姓，甚至新闻单位的非编辑部人员均不能进行大众传播。如今，只要通过互联网、手机短信等新媒体，任何人都可以经济而便捷地向他人传播信息。新媒体使大众传播的状态和大众传媒的业态，发生了并且还在发生着深刻的变化。每个人都可以进行大众传播。传统的传播形态、通道是固定的，传播者具有较强的垄断性和控制权。如今，一个人通过发送手机短信、撰写博客日志、发起网络群聊，就可以"在任何时候、在任何地点、对任何人"进行大众传播，突破了传统主流媒体的话语权壁垒。这些随时进行的信息，甚至成为传统媒体的重要信息或信息来源，人际传播的性质得到凸显和强化。

新媒体的出现使得传统媒体赖以生存的广告收入发生了很大的变化。传统媒体的市场份额下降，特别是平面媒体的广告经营出现了严重的压力，电视媒体维持稳定。同时，网络、电台和户外广告市场高速增长。在户外媒体中，以分众传媒和聚众传媒为代表的楼宇液晶电视快速扩大市场份额，在大学校园、医院候诊厅、酒吧和行进的火车、公共汽车上也出现了液晶电视等媒体。形成了以网络为主力，以户外广告、移动电视、楼宇广告、城市广播、电梯广告等为侧翼的新媒体方阵迅猛崛起，瓜分、蚕食了传统媒体的广告份额。这些新兴媒体的出现，改变了广告主传统的品牌传播概念，对传统媒体构成了严峻的挑战。

传统媒体所具有的权威性和技术性，在受众心中的公信力是新媒体短期之内无法取代的。中国社科院发展研究中心发布的《中国12城市互联网使用状况及影响调查报告》和《中国5小城市互联网使用状况及其影响调查报告》显示，网民最信任的还是电视广播和报纸，而信任度最低的则是网络新闻。坚持"内容为王"的理念，提高传统媒体的主业盈利能力，首先要在提高内容的质量上下功夫，走精品化道路。新媒体内容的整合和发布只能借助于传统媒体的合作，或者传统媒体的廉价内容供应。因此，内容是传统媒体的一大优势，较之新媒体内容的浅显化、通俗化，传统媒体报道的内容深度、评论的深刻都是其在竞争中的优势。

传统媒体在充分发挥自身优势的同时，必须正面面对新媒体的冲击。积极转变观念、改变单一化的盈利模式，树立整体经营理念，适当转向多元化经营，调整产业盈利结构，重视形式产品和延伸产品的开发。努力提供有价值的、对受众有较大影响的"内容"，同时在强大内容吸引下，根据受众的经济能力适当地提高产品价格，使主业的盈利能力得到提高，转变营销策略。在传统的营销模式下，变化新的营销模式，借助社会的技术、体制、营销等方面制定应对之策、手段和传播渠道。对受众而言，以互联网为代表的新媒体非常便利，我们都很喜欢上网获取信息，但这也意味着无论是传统媒体还是新媒体，都承担着社会责任，应该把公平、客观的新闻报道最迅速、最准确地传送给受众。网络、手机平台并不是专门为新媒体设置的，传统媒体从业人员如果能够借助新媒体的技术手段和传播渠道，将会使两者实现"双赢"。

"新媒体"较"传统媒体"而言有一个本质的特征：数字化。如今，各类传统媒体的数字化步伐加快。虽然报刊、书籍等印刷媒体最后的形态还是以纸介质呈现在受众面前，但制作全过程已经数字化；广播在经历了调幅、调频两个技术发展阶段后，正进入数字音频广播的新阶段；电视正全面迈向数字高清晰度电视及数字压缩卫星直播电视。完全数字化后的传统媒体自然也就演变成为"新媒体"，因为它不但将原有的功能发挥到极致，同时具备了许多新的功能，并与其他任何数字传播进行快速的信息交换。在媒体市场越来越多元化的情况下，对于技术革新和市场变化带来的产业转型和升级，传统媒介应积极创新，采用数字、网络等高新技术和现代化生产方式，改造传统的文化创作，积极融合于新媒体的发展之中，将新媒体带来的压力变为自身发展的机遇。

二、新媒体给现代新闻传播带来的变化——以微博为例

微博与手机相结合，创新了原有的网络传播方式，使微博的4A特色（anytime，anywhere，anyone，anything）更加突出，而且其渠道透明化具有独特的优势：信息保持原生态，理解偏差减小。微博的舆论传播圈也变得平民化、大众化。手机终端的便捷性，用微博网络直播成为简便的事情，阅读微博者同样可随时通过手机阅读信息、发表言论。微博与手机相结合，是对网络交互行为的延伸。微博用户通过手机随时随地发布自己的所见所闻、所思所感。无论到哪，微博用户都可一直保持在线状态，及时了解事件动态，阅读别人对事件的评价，并且发表自己的意见。可借助手机成为即时报道者，对亲历或目睹的事情及时进行简洁报道，有可能超出传统媒体报道的速度和广度。可以丰富舆论参与者对现实的把握和对意见的表达。微博信息传播速度快、扩张范围广也与手机有关。当一个新闻事件发生后，微博作为一个跨媒体的传播工具，用户通过网络和手机能在数小时，甚至几分钟之内就能将新闻事件传出去。所以微博的用户只要在事件现场，就能够随时对现场情况进行直播。

在浏览他人微博时，只要点关注，就成了该用户的关注者，就是我们所说的"粉丝"。当事者发布的信息可以被关注者第一时间看到，转发的信息又会被关注者的粉丝看到，形成辐射传播，舆情遍地涌动的局面。微博这种传播使得舆情实现强大扩散。虽然每个博友因其粉丝数量而影响力相差很大，但若已经引起众博友的关注，尤其是知名博友的关注，信息就会像病毒一样海量传播出去。大批网民转发信息、呼吁，形成舆论领袖的影

响。另外微博传播是一种基于社交的人际网络传播，这种人际网络分两种：一是原有人际关系网在微博上的延伸；二是兴趣相投、有着共同信息需求而产生的人际关系。在微博转发的过程中，网民其实已经做到了对信息的筛选，有些类似行使把关人的职责。

（一）微博在现代新闻传播中的作用

1.增加了新闻传播的渠道

微博的出现为现代新闻传播增加了一种新渠道，具有独一无二的便捷性，使人人都是新闻发布的源头。微博对于用户的要求较低，只需进行简单信息发布，不必像博客的相关博文一样进行一定的语言组织及文章结构安排。微博的更新非常迅速。现代新闻传播通常是通过报纸、广播、电视新闻等渠道，随着网络的不断发展，门户网站也逐渐成为新兴的新闻传播载体，而微博正是技术与时代结合的重要产物，它通过自身的便捷性为新闻传播带来了一种新的传播渠道。

2.提高新闻传播的速度

迅速是微博的特征。传统媒体尤其是报纸的信息发布较为复杂，包括线人爆料、记者采写、编辑编稿、后期编排、印刷和最后投递到受众手中，这个过程少则十几个小时，多则以月计算。微博则带领人们进入以秒为单位的新闻传播方式，它通过网站、手机客户端及其他多种形式进行更新，正是这种便捷性，随手拍活动才引得众人围观。微博的低要求与便捷性使得每个用户都可以发布属于自己的信息，而微博广大的用户群体在更新各自所见所闻的过程中聚集的信息量非常可观，尤其在面对突发事件时，微博更显现出其迅捷的特点，相关信息瞬时多角度更新，不同的人从不同角度对同一件事进行及时解读。在这个过程中，受众不再被动接受信息，而是主动发现并传播信息，他们不仅是信息传播的受众，更是信息传播的源头，这在无形中加速了现代新闻传播的速度。另外，不能忽视的是微博传播信息的模式。它使相关信息的传播实现了最短距离，精准的定位使信息准确无误传达给受众，直接提高信息的传播速度[1]。

3.大大降低了对主流媒体的依赖

传统新闻传播媒介是严格控制的，不是人人都能随时随地发布信息。传统新闻的主体是相关工作者，是绝对的主体；而社会大众则是被动接受者，此时社会大众所接受的信息较为具体全面和深刻，但全部是经过重重筛选过的新闻。微博的出现改变了这一点，在微博的支持下，受众获得了对相关信息获取的自主权，随之而来的是摆脱了被动接受信息的受众身份。微博用户成为新闻信息发布的主体，在这一信息传播平台可自由选择并接收信息，在很大程度上降低了对主流媒体的依赖，扩大了信息透明度。用户在发布与接收信息

① 郭本锋.新媒体与新闻传播研究 [M].长春：吉林大学出版社，2020：78-89.

的过程中是平等的，相对于传统媒体高高在上的说教态度，微博以其平易近人的低姿态获得了用户的青睐。正因如此，微博获得了更多的信息发布者，所以就会有更多不同的声音和更详细的信息的更新，在这个过程中微博极大地提高了新闻的时效性，降低了对主流媒体的依赖。

微博为现代新闻传播提供了新渠道，提高了传播速度，实现了新闻的时效性，降低了对主流媒体的依赖，使得新闻传播过程中的垄断现象消失。当然，微博对现代新闻传播的作用不仅限于此，更在于它实现了新闻传播的重要命题。新闻传播过程中有一个非常重要的命题就是追求事实真相，但是在传统媒体中，追求真相的路途永远是艰难漫长的，不能不说这是个重大缺陷，而微博虽也有真假难辨的信息，但其传播方式本身就是信息不断求证的过程，传统媒体如较好地利用这一特征，就可以更好地在新闻传播过程中追求事实真相。相信随着相关技术的不断发展，现代新闻传播的迅速发展也是指日可待的。

（二）微博在新闻传播中的优势

微博不仅带来新闻传播的新格局，也让新闻采编方式发生了改变，之所以传播作用凸显，与它的特点和传播模式有很大的关系。

1.随时随地发信息，短小精悍易阅读

微博的最大特点是短小，新闻最基本的特征是讲求实效，如果在新闻现场，便能够随时对现场状况直播，无须写作技巧就可轻松叙述新闻现场的状况。与传统媒体相比，在突发事件的报道上，微博有更大的优势，它改变了新闻报道重大事件或突发事件的环境。

2.裂变传播方式传播范围广，传播速度快

微博信息的传播不同于传统媒体的线性传播，也不同于网络媒体的网状传播，它是一种裂变传播。信息发布者的社会网络越大，联系越频繁，那么他发布的信息的传播面就可能越广。

3.实名发微博可信度较高，每个人都有平等的发言权

微博传播是基于社交的人际网络传播，微博用户通常关注朋友、熟人或名人，所以微博像一个实名制博客，用户可自由选择可信的人发布信息并转发，从而形成新闻热点。普通用户在微博上发布突发事件、记录生活，更有不少名人在微博上发布信息，在网络实名制尚未建立健全的网络大环境下，相较于网络媒体的网络论坛发布的匿名信息而言，微博在新闻信息的来源上更为可靠。

微博的使用门槛低，迎合了大多数普通人想使用博客却并不具有太高的文字驾驭能力的要求，因此这种短小精悍的形式让更多的人有机会发出自己的声音，发布自己的所见所感，使受众充分行使自身的监督权和话语权，获得极大的成就感和满足感。话语权掌握在谁的手里，谁就决定了社会舆论的走向，这让微博的影响力甚至超过传统的权威报纸媒

体。新浪首席执行官兼总裁曹国伟说："将来报道新闻将是每一个人的事，如果他们有新浪微博的话，就可以把事实通过新浪微博向全世界发布出去。"

微博的使命在于围观社会诉说不公、爆料、看资讯、观明星状态，网民的围观正在形成一种虚拟回馈社会现实的力量，由此微博成了突发事件的曝光台、热点事件的衍生地、公众舆论的聚焦点，它一改传统媒体获得信息渠道的单一局限、新闻审批的复杂，利用遍布世界各地的微博使用者为新闻媒体提供了方便及时的新闻线索，往往能掌握最生动、最鲜活的第一手新闻材料。

与其在别处仰望，不如在这里并肩。微博庞大的群体为中国微博事业做出了巨大贡献，各大媒体、政府网站纷纷建立微博作为自身推广和平视角的平台，随时发布新闻信息、内容提要或节目预告，对粉丝们关注的焦点、评论及时发现并反馈，大大提升了节目的影响力、公信力和认知度。

微博突破了传统的采访编辑形式，记者只要跟采访者约好，用电脑或手机就可以随时随地进行采访。微博采访的优点除了突破空间限制外，还可随时记录采访内容，受访者甚至可以边处理事务边作答，如今越来越多的媒体在利用微博构建大众采访平台，这样的新媒体形态也逐步得到网民的推崇。

（三）微博的传播形态分析

新浪网分管微博的副编辑孟波将微博称为一场正在发生的信息传播变革。这种新的信息传播形态，不同于传统媒体的线性传播，也不同于网络媒体的网状传播，它是一种裂变传播。这种传播形态的传播速度之迅捷、传播密度之深密、传播方式之便利，是以往媒体所不能比拟的。短小是微博的显著特征，大大降低了信息发布门槛。与博客相比，微博更加简单方便。随时随地发布信息、转发、跟帖、加关注、实时搜索，还兼具博客的媒体、自秀功能，即时交流沟通，多向、自由地共享信息的速度达到了空前的地步。

微博的主题可以通过互联网、客户端、手机等多种手段，随时随地发布和接收信息。一条信息发布，所有"粉丝"同时接收，并可一键转发到自己的微博，自己的所有"粉丝"同时也收到信息。以新浪微博为例，用户可对所喜欢的用户加关注成为这个用户的关注者，即"粉丝"，那么这个用户发布的所有信息，"粉丝"可以随时、随地、随意接收，也不受回复与否的限制。想看某人的留言，关注他即可，别人想看你的，成为你的"粉丝"就行。想关注一个人，不用和他商量，加关注就能完成，可在第一时间了解他的动态。就媒体微博而言，你关注的人越多，意味着你的信息来源越丰富多元化；关注你的人越多，意味着你的影响力越大。

大数据信息技术与新媒体发展

（四）微博传播时代的来临——微博传播对传统媒体的影响

随着信息技术迅猛发展，信息传播的途径日益丰富，越来越多的人接触、关注、使用微博。微博的出现将互联网上的社会化媒体作用推进了一大步，微博强大的信息传播功能对传统媒体提出了新的挑战。

微博不仅可以聊天，也可担当起传播新闻信息的功能。由于不受时间、空间和收发终端的限制，在没有有线网络的地方，使用手机就可以即时更新自己的微博。这就使得在遇到一些大的突发事件时，如果有微博博主在场，他就可在第一时间利用手机在微博上进行现场直播，时效性以及现场感甚至超过所有传统媒体。这一特征使越来越多的专业记者和编辑变成了普通百姓，传统媒体信息源的优势受到了很大程度上的削弱。微博先于传统媒体进行突发新闻报道，快速传播信息的力量得以凸显。在网络日益发达的今天，由于其特有的大众性和平民视角，网络对传统媒体的报道提出质疑的例子很多，微博出现后更是把网络的这个特点进一步扩大，一条有价值或者有趣的信息在微博上发布后，会在博友的不断转发中迅速传播开，很快成为热点话题。毋庸置疑，微博的出现对于传统媒体而言是威胁，但也提供了新的平台。如何利用微博的优势提高传统媒体的竞争力和影响力，已经引发越来越多的媒体进行这方面的探索。

（五）微博与传统媒体完美结合

许多传统媒体纷纷开通微博，将微博作为新媒体传播阵地进行新闻信息的传播、自身媒介品牌的推广。另外，微博不仅是用户表达自己心情、见闻、感受的平台，同时也是获取新闻的重要渠道。微博这一媒介形式也促进了公民新闻的发展。

国内的传统媒体纷纷开始运用微博。微博里有情感更有风景，传统媒体有了更大的新空间。新浪微博是中国目前使用人数最多、知名度最高的微博客网站，传统媒体将微博内容作为新一类信息来源并根据自己的媒体定位对这些信息进行处理，形成自己独家的新闻产品。目前，在新浪微博上注册的传统媒体有杂志、报纸、广播电台、电视台、生活时政杂志等众多媒体。微博全力打造新闻信息传播新平台，在传播格局的新变革中，微博正成为新闻信息传播的新渠道。于是，传统媒体有了更快捷、广泛的发布平台，特别是弥补了广播新闻没有文字载体的缺憾。微博的内容是一种能够实时滚动更新的简短话语，微博技术集聚了目前网络传播新技术的优点，使数字化技术向用户的渗透达到了前所未有的深度、广度及其他技术都无法企及的传播速度。微博在我国落地不久，传统媒体对于微博的运用处于起步阶段。所以说传统媒体正在转型路上，微博并不是传统媒体的敌人，而是其转型的机遇。微博意味着信息无限生产、传播。传统媒体将微博作为重要的信息来源，使自己的新闻产品更全面、快捷、鲜活，加上传统媒体的原有优势，从而以增强其软实力来超越技术神话。作为新兴传播工具，微博成就一个个热点话题，它的出现对网络舆论造成了一定影响。

微博在网络传播中崭露头角，以其即时、广泛、深入互动等特点，成为一股引人注目的新生力量，它的别具一格将信息传播的影响力发挥到了极致。微博提升了传统媒体的品质：传统的新闻传播大多是自上而下的单向传播模式，内容的丰富和广泛性都受到限制，这正是微博的长处。通过转发、评论、回复、关注，一条微博在几分钟之内可以由一个人传播到数百人乃至上千人，传播更加直接、互动性更强。同时通过转发和评论，也可清晰地了解受众对每条消息的反馈，知道哪条新闻更有可读性，受众关心的点在哪里。对于传统媒体来说，这样的反馈使采编更有方向性和针对性，从而实现新闻传播的深度互动。通过微博更新发布信息的速度不仅快于报纸、电视等传统媒体，也抢在了其他新闻网站的前面。博主与粉丝之间的即时互动，更容易切中要害，这样使话题本身的发散性与延展性也变得更强。微博与传统媒体可以相得益彰，将影响力发挥到极致。在信息海洋中，一些有价值的微博会很快沉下去。相对于信息的极大丰富和传播的便利，注意力的稀缺进一步凸显，在这方面，传统媒体可以发挥自己的特长。他们应该而且有能力从信息的海洋中过滤、筛选符合特定受众需求的内容加以发布。用好微博可以在网络上引导舆论，正本清源。网络、报纸、广播、电视等传统媒体普遍面临受众老化的趋势。所以，如何吸引年轻受众，是传统媒体面临的课题。从信息形态上说，传统媒体同样应该学习运用微博的传播模式、策略上的优点，转变自身观念，实现信息优势和有效传播，传统媒体应用微博，既拥有内容上的优势，也满足了微博用户对于新闻信息及话题的需求。

三、新媒体四大发展趋势对新闻传播的影响

（一）云计算技术催生云传播与云媒体

云计算是一种基于互联网的超级计算模式，它的应用思想是把分布于各地的成千上万台电脑和庞大的服务器集群计算能力连接成一张大网汇集到一个远程的数据中心，形似一片电脑云。本地计算机只需要通过互联网发送一个需求信息，远端就会有成千上万的计算机为你提供需要的资源并将结果返回到本地计算机，这样，本地计算机几乎不需要做什么，所有的处理都由云计算提供商所提供的计算机群来完成。云计算的服务形式多种多样，目前，已有一些应用到日常网络活动中，比如QQ空间提供的在线制作Flash图片，360的在线收藏夹，Google的doc服务，百度的在线音乐盒，网易的网络硬盘，等等。2011年，已有多个行业利用云计算形成了各种各样的云，从而成为云行业，如教育云、金融业云、医疗云、物流云、交通云等。那么新闻传播遇到云计算会发生什么呢？

首先，带来的是云传播的概念。传统媒体和传统互联网有点对点、面对面、点对面和

面对点等多种传播方式，云传播的重要特点是简化了传播模式，只存在"云"到"端"，即C2C。在"云"的层面，可以建设信息云、新闻云、视频云等庞大的数据库，同时保证各类云的通用与安全；在"端"的层面可以让用户享受定制化服务，为用户提供个性化内容，在用户间搭建操作编辑的分享通道。其次，是云监测。互联网多点并发、频繁交互的传播特性使得网上内容在几乎完全失控的状态下被变异和再传播。要想全面、快速地掌握网上传播态势，就可以借助云计算对原始内容的浏览量以及散布于论坛、微博、SNS社区的所有再传播内容的浏览量进行实时监测，深度挖掘传播内容的变异和传播参与者的特性，并锁定特定媒体或特定传播人实现即时监测。再次，是云编辑。云计算与云存储使得信息的获得成本接近忽略不计，媒体之间获取信息的时间差也缩小至最低。信息已不是媒体竞争的主要目标，对于信息的独到解说、重新整合、编辑成为媒体胜出的关键。内容生产流程随之发生重大变化，"人人皆为传者"＋"云计算"将革新媒体从业者的分工与在组织内部的权重。最后，是云媒体。传统媒体转型，新媒体因受制于既有的发布流程、业务归口、频率分割等而举步维艰。进入云计算时代，媒体不用再重复购置服务器、终端设备等，复杂的内容分发与多媒体呈现，复杂的用户订制与广告细分等都将在"云端"处理，云媒体将在"云计算"这一全新平台上得以轻松实现。

（二）新媒体内容呈现视频化趋势

如果说中国互联网的第一个10年是以图文形式发布网络内容，那么下一个10年将是网络视频的时代。网络视频的发展一方面取决于互联网基础设施的投入和高速带宽的铺设，另一方面取决于用户浏览习惯的自然转变。相比较图文网络静态的呈现方式，网络视频以其全感官触动、可控性播放和多样化内容更容易赢得用户的青睐。来自国内外的数据都显示出新媒体的内容呈现正在从图文向视频转变，网络视频将是用户获取新闻、信息、娱乐的重要渠道。

（三）新媒体传播渠道趋向社会化网络

一般的社会化网络具备三层构造：第一层为个人信息展示；第二层为共享与分享；第三层为基于社交空间的群体协作，在社会化网络里共同完成某一任务。建构社会化网络的三个层次使得互联网越来越趋于个性化、人性化、智能化，会让网络时代进入一个"机器也会思考"的时代，网络会对用户提出的问题做出具体的、精准的解答。比如，你想带孩子去游乐场玩，然后在附近吃个晚餐，互联网会根据你的个人资料、与好友交流的信息、所处位置、平时浏览网页所显示的个人爱好等因素加以综合判断，然后给出符合你要求的游乐场、餐馆，而不需要你在海量信息中再做检索和查询。这也就意味着，社会化网络将来能帮助用户屏蔽掉99%不需要的或垃圾信息而展示剩下的、精准的1%的信息。

基于这样的一种网络环境，用户将会越来越愿意通过社会化网络获取有价值的新闻信息，而且信息共享将作为用户之间互动的一种方式存在。从Web 1.0时代用户被网络的海量信息所淹没，到Web 2.0时代搜索引擎相对精确的搜索，人们对于网络提供信息的质量要求越来越高。未来智能化的Web 3.0与拥有海量个人信息的社会化网络结合，不仅能让用户获取精准的信息内容，还能将这些内容直接推送到用户桌面，最终成为新闻传播的主渠道。

（四）新媒体进入整合式传播

从当前新闻网站乃至整个互联网生态环境可以看到，存在着内容与渠道的过剩与稀缺的悖论。内容方面，来自用户的庞杂、海量信息造成了新闻、内容的过剩，但同时每一个个体面对浩瀚的互联网又感觉无所适从，高品质、专业性、个性化的精品内容又非常稀缺；渠道方面，除了传统的报刊、图书、广播、电视等媒介外，还有网络、手机、移动阅读器、平板电脑、楼宇电视、车载电视、电子书等新媒介，多元化的渠道背后意味着渠道的过剩，也同时意味着有针对性、有效率的渠道的稀缺。

新媒体造就了新闻产、供、销多元化的生态环境，也将用户带入一个在过剩与稀缺间焦灼的社会环境。然而，新媒体的力量就在于既因为新技术产生了一种情状，又能用更新的技术来解决一种问题。面对当下的互联网生态，SoLoMo模式就是一种有效的路径，也是新媒体进入整合式传播的必然选择。So、Lo、Mo分别是Social（社交的）、Local（本地的）、Mobile（移动的）的缩写，SoLoMo是社交、本地和移动三概念的结合，目前应用于网络营销和商业模式的变革。其实SoLoMo模式同样适用于新闻传播及科学传播，能够形成一种基于内容本地化、方式社交化、获取移动化的整合式传播。移动状态下利用碎片化时间上网浏览、交流或享受网络服务将成为新媒体未来的发展趋势。为了节约自己的时间成本，提高网络使用效率，每一个用户将会更依赖与自己兴趣、爱好相近的社交圈，更关注与自身相关、与生活贴近的本地群落，而新媒体传播也自然转向依据用户的真实社交关系和地理位置推送更为精准的、有价值的新闻内容。

四、新媒体时代新闻传播格局变异

（一）虚拟空间介入常态生活

较之于传统媒体，新媒体有它自己的特点。首先，新媒体具有强大的消解力量——消解传统媒体（电视、广播、报纸、通信）之间的边界，消解国家和国家之间，社群之间，产业之间的边界，消解信息发送者与接收者之间的边界，等等。同时，新媒体可以与受众真正地建立关系，并具有交互性和跨时空的特点。分析网络和手机等其他一些应用日益广泛的新兴传播方式，可以发现它们有一个共同的特征就是基于普通市民对于信息的自主提供与分享。我国著名新闻传播学者喻国明将这种特征概括为"全民DIY"。此外，新媒体给媒体行业带来了许多新的理念和模式，节目的专业化程度越来越高，媒体的受众范围越来越小众化，卖方市场逐渐转向买方市场等。以互联网为代表的新媒体已经影响并且深刻地改变着我们的生活，其在我们现实生活之"中"而非之"外"，创造了一个新的空间——"虚拟空间"或"虚拟世界"。在观念变化、人际变化和现实社会感知变化上，虚拟空间已经介入人们常态生活之中，而随着新兴媒体技术的不断进步，虚拟空间与现实空间的互动性不断增强，相互作用，相互影响。可以预见，随着新媒体技术的发展，未来虚拟社群与现实社群的重叠与交融的趋势越来越明显，从而使虚拟世界和现实世界的边界越来越模糊，虚拟世界和现实世界的互动越来越频繁。

更有研究者表明：新媒体近乎零费用的信息发布，对受众多为免费，这对传统媒体的新闻制作造成挑战，例如，伦敦爆炸案为个案提出了新媒体的多媒体整合态势。市民用手机拍摄照片，在朋友的博客上以近乎图片直播的方式报道了这场灾难的现场。这些照片很快流入了各大电视网的新闻头条。在这次报道中，手机、博客、互联网以及博客密切配合，将第一时间、第一现场权利牢牢抓在手中，新的媒体形式和媒体工具的结合显示出了巨大的威力，对传统媒体造成了前所未有的冲击。随着新媒体时代的来临，未来几年，所有新闻机构将面临一个共同的任务，实现从模拟新闻到数字新闻的转变。而媒体则必须不断利用技术迅速进行创新，从而带来新的媒体体验，在越来越细化的市场中为全球受众提供他们所需的服务。

（二）传媒竞争从内容转向终端

移动网络的快速发展，已经使人们移动获取信息的需求成为可能。技术的飞速发展使媒体的发展有了更多选择，也促使传媒行业的变革达到前所未有的深度、广度与速度。如今，传统媒体与网络媒体的较量已不仅仅在于看谁的内容最佳，谁最懂媒体制作，谁的成本最低，还要看谁能将传统的新闻资源无限细分地占据受众的所有空间、时间和感官。换句话说，传媒的竞争已经逐步由内容转向了终端。谁拥有更多的媒体终端，拥有更完备的媒介，谁将在媒体竞争中处于有利地位，而这也正契合了麦克卢汉所提出的"媒介即信息"的观点。纵观新中国媒体的发展历史，20世纪五六十年代，最具影响力的媒体是广播，"东方红"是它传播的最响亮的声音；七八十年代最具影响力的媒体是报纸，《中国青年报》《法制日报》是其经典；20世纪80年代末到21世纪初，最具影响力的媒体是电视，《新闻联播》《焦点访谈》是其标杆；近几年，最具影响力的媒体是门户网站，新浪、网易、腾讯是其杰出代表。

智能手机能实时发布新闻，让数十亿人随时掌握新闻事件进程，将是未来媒体的发展方向。这是因为，手机是市场最大的媒体终端。通过手机这种移动终端进行阅读的受众不仅基数大，而且在继续增加。可以预见，手机阅读正日益成为人们阅读的新形式。值得一提的是，手机可以定点送达，量身定制，为媒体难以实现的收费提供突破口，从而得到了各类媒体的青睐。不少专家指出，未来几年，互联网业界的竞争，很大程度上决定了手机新媒体这块高地上的得失。近几年，国内一些有战略眼光的媒体已纷纷加入为智能手机开发客户端产品的大军中。随着传播技术的发展，越来越多的受众希望能在任何时间和地点，通过任何媒介方便地获取高质量的新闻或信息，各种各样的移动终端必然是重要的载体。未来的数字移动终端会更加多样化，但无论其怎样变化，不变的是其便携性、移动性、互动性。未来更多个性化终端的出现，必然导致媒体产品形态的变革，为媒体终端客户量身定制信息越来越成为传统媒体的共识，也成为媒体竞争的焦点。

新时代下的媒体竞争已经不仅仅局限于广告客户与受众群体的争夺，作为媒体产业链上游的媒体终端的竞争也如火如荼，能否在新技术、新理念、新体制的竞争中占领制高点将决定一个媒体的未来。全媒体传播模式对原有的新闻生产方式进行了深度转变，也对一线新闻记者的素养提出了更高的要求。记者在通过传统方法如会议、文件、线人等获取新闻线索的同时，要善于从网络、博客、微博等媒体和自媒体上获取新闻线索。同时，记者要逐步实现文字、图片、视频等的全媒体报道，使新闻一次生产，多次多媒体传播。采访之前，记者就要考虑到用何种方式报道，是文字、图片还是视频。而在撰写文章时，也要考虑到编辑的发布。第一段往往是最适合在微博等平台上发布的短小消息，之后第一段加第二段是适合在网站上发布的报道，后面的文字则是开始介绍背景、经过，适合纸媒等须深度报道的媒体使用。

结束语

　　无论是从新媒体自身发展还是从商业价值来说，大数据信息技术都将为新媒体的发展带来前所未有的机遇和挑战。新媒体企业必须克服资金、技术、人才，以及确保用户隐私等方面的困难，才能得到长足发展。总的来说，尽管新媒体行业面临着众多挑战，但大数据信息技术带来的机遇却更大。事实上，新媒体行业已经有很多成功的案例。因此，新媒体行业应该积极向大数据等信息技术转型，努力实现架构、产品、业务和管理的数据化。唯有如此，才能在未来的新媒体战场抢得一片天地。

参考文献

[1]刘珊.大数据与新媒体运营[M].北京：中国传媒大学出版社，2017.

[2]赵子忠，赵敬.新媒体与新闻[M].北京：中国传媒大学出版社，2017.

[3]刘思源，张金.大数据大营销[M].北京：中国发展出版社，2017.

[4]陈媛.大数据与社会网络[M].上海：上海财经大学出版社，2017.

[5]杨明刚.大数据时代的网络舆情[M].深圳：海天出版社，2017.

[6]薛可.新媒体·传播新生态构建[M].上海：上海交通大学出版社，2017.

[7]王建华.政务新媒体话语应用与传播研究[M].上海：上海交通大学出版社，2017.

[8]李东临.新媒体运营[M].天津：天津科学技术出版社，2018.

[9]谢耘耕，陈虹.新媒体与社会[M].上海：上海交通大学出版社，2018.

[10]孟伟.理解新媒体[M].北京：中国广播影视出版社，2018.

[11]谭辉煌，刘淑华.新编新媒体概论[M].重庆：重庆大学出版社，2018.

[12]张兵.新媒体运营手册[M].北京：中国铁道出版社，2018.

[13]韩素梅.新媒体与社会舆情[M].杭州：浙江大学出版社，2018.

[14]郭栋.网络与新媒体概论[M].西安：陕西师范大学出版社，2018.

[15]朱扬勇.大数据资源[M].上海：上海科学技术出版社，2018.

[16]禹卫华.政务新媒体的模式创新[M].上海：上海交通大学出版社，2018.

[17]欧启忠.互联网+教育教学新媒体[M].北京：现代教育出版社，2018.

[18]陈鄂，金鑫.新媒体运营[M].重庆：西南师范大学出版社，2019.

[19]王海霞.时尚新媒体[M].北京：北京日报出版社，2019.

[20]王茜.新媒体概论[M].北京：中国传媒大学出版社，2020.

[21]张雷洪，王文举.新媒体技术概论[M].北京：文化发展出版社，2021.

[22]张燕翔.新媒体科普概论[M].北京：中国科学技术出版社，2020.

[23]王纯玉.新媒体编辑[M].上海：上海交通大学出版社，2019.

[24]李莉.新媒体环境下摄影艺术的发展[M].长春：吉林美术出版社，2019.

[25]苏高.新媒体文案创作与美工设计[M].北京：中国铁道出版社，2019.

[26]郭全中.新媒体环境下传统媒体的转型战略研究[M].广州：中山大学出版社，2019.

[27]张爱萍.新媒体营销[M].长春：吉林出版集团股份有限公司，2020.

[28]林鹤，曹磊，夏翠娟.图情大数据[M].上海：上海科学技术出版社，2020.

[29]王学成，侯劭勋.新媒体技术、市场与规制[M].上海：东方出版中心，2020.

[30]韦路.想象中国:新媒体时代的中国形象[M].北京：大有书局（北京）有限公司，2020.

[31]余来文，朱文兴，苏泽尉.数字品牌·新商业·新媒体与新口碑[M].北京：企业管理出版社，2020.

[32]宋锋森.短视频营销·新媒体时代，重构营销新模式[M].北京：中国纺织出版社，2020.

[33]胡靖宇.大数据时代背景下媒体融合研究[M].北京：中国农业大学出版社，2020.

[34]王瑞民.大数据安全·技术与管理[M].北京：机械工业出版社，2021.

[35]顾理平.新媒体传播中的法规与伦理[M].北京：中国传媒大学出版社有限责任公司，2021.

[36]李嘉毅，王维家，鲍丽娟，等.新媒体重塑高校影响力[M].天津：天津大学出版社有限责任公司，2021.

[37]杨明刚.北京大学大数据与新媒体课程教材·人工智能时代的风险治理[M].深圳：海天出版社，2022.